JN109918

ライブラリ 心理学の杜 17

福祉心理学

八田純子・山本佳子・酒井貴庸・松下正輝
川島芳雄・八田武俊・森　丈弓

共著

サイエンス社

監修のことば

　心理学はどの大学でも，もっとも人気のある科目の一つです。一般市民向けの講座でも，同様です。心理学への関心の高さは，人間とは何かという尽きぬ疑問のせいもありますが，一方で，暴力と虐待，環境と災害，紛争と差別，少子化など，様々の社会問題に人の心の特質が関与しているからと思われるからでしょう。心理学に携わる者にとっては，人々のこうした関心に応えるためにも，心理学の知識を社会に対して正しく伝えていく責務があります。その中核を担うのは大学教育です。

　実証科学としての心理学では，日々，新しい知見がもたらされ，新しい理論が提起され，新しい技術が開発されています。脳科学，遺伝学，情報学など隣接諸学とのコラボレーションも進み，新展開を見せている心理学分野がある一方で，社会の諸課題に挑戦する応用分野でも心理学者の活発な活動が見られます。知識体系，技術体系としての心理学の裾野は益々広がりを見せています。大学における心理学教育も，これらの発展を踏まえ，教育内容を絶えず書き換え，バージョンアップしていく必要があります。

　近年，我が国の心理学界では大きな動きがありました。2017 年より公認心理師法が施行され，心理専門職の国家資格がスタートしました。これに先立って，心理学を講ずる各大学や関連諸学会では，大学における心理学教育の在り方をめぐって精力的に検討が行われ，いくつかの団体から標準カリキュラムの提案もなされました。心理学徒の養成を担う大学での今後の心理学教育は，こうした議論や提案を踏まえたものになる必要があり，このためにも，そこで使用される心理学テキストの内容については抜本的見直しを行うことが急務です。

　本ライブラリは，これらのことを念頭に構想されました。心理学の基本となる理論と知識を中核に据え，これに最新の成果を取り入れて構成し，現代の心理学教育にふさわしい内容を持つテキスト・ライブラリを刊行することが目標です。公認心理師養成課程はもちろん，それ以外の心理学専門課程や教養としての心理学にも対応できるよう，教師にとって教えやすい簡明な知識の体系化をはかり，同時に，学生たちが読んで分かりやすい内容と表現を目指します。

監修者　大渕憲一

阿部恒之

安保英勇

まえがき

　「福祉」とは，一般に「しあわせ」を意味する言葉とされますが，どのような状態を「しあわせ」だと感じるかについては個人差があります。たとえば，経済的な不安がないことや心身共に健康であることを挙げる人もいるでしょうし，大切な人とずっと一緒にいることだという人もいるでしょう。何を大切だと思うか，どのような状態に満足するか，そしてしあわせだと思うかどうかについては，それぞれの人の「心」が関係しています。

　医療や科学技術の進歩によって，人々が健康に暮らせる時間が長くなりました。デジタル化が進み便利な世の中になりましたが，一方でそれらの先進的な機器や新しい仕組みに馴染めず，疎外感をもっている人もいます。人とのつながりが希薄で孤立感を抱いている人もいます。経済的に困窮している人も，差別や偏見に苦しむ人もいます。福祉は，こうした人々が，ある程度「しあわせ」を感じながら生活できるようにすることを目指していますが，そうした社会をつくっていくには，資金を集めて設備や制度を整えればよいというわけではありません。人々の協力を得て知恵を活かしていくことが大事です。「しあわせ」を目指した活動を心理学の観点からさまざまに眺める中で，どのような知識を社会に還元し，どういった工夫を試みることが人々の生活を豊かにすることにつながるのか，みなさんと共に考えていきたいというのが本書のねらいの一つです。

　公認心理師制度が成立し，資格保持者が増えていくとともに，一般の方々にもその名称が知られるようになってきました。本書は，資格取得を目指す方々に向けて，公認心理師カリキュラムに対応する「福祉心理学」の領域について解説しています。「福祉心理学」という学問領域は比較的新しいもので，時代の流れの中で必要性が高まり，整備が進められてきました。時代とともに存在感を増してきているのがこの領域であり，研究と実践を積んでいくことの重要性はますます大きくなっていくと思われます。

　しかし，現時点では，福祉領域での支援活動に心理学の知見や技法がどの程

度，どのように活用できそうかについてまだまだ十分に検討されているとはいえません。研究を積み重ね，公認心理師など心理の専門家にどのような貢献ができるかについて検討し，実際の活動に応用していくことが今後の課題です。福祉領域は，心理専門職が活躍する舞台として未開拓の部分が多いといえます。将来，公認心理師としての活動を希望する方々が福祉心理学を学び，心理専門職としての活動の幅を広げ，社会全体に対する貢献度を高めていってくださることを願っています。

　最後になりますが，本書執筆の機会を与えてくださったライブラリ監修者の大渕憲一先生，阿部恒之先生，安保英勇先生とサイエンス社編集部の方々にこの場を借りてお礼を申し上げます。『福祉心理学』の各章を編むにあたり，どのような内容を盛り込むか，執筆統括者として頭を悩ませましたが，その分，この領域について学ぶよい機会となりました。また，支援に携わる者として，自分自身の姿勢をあらためて問い直す機会ともなりました。本書が，「福祉」分野で活動したいと考える読者にとって，最初の一歩を踏み出すきっかけや道しるべとなれば幸いです。

2023 年 11 月

八 田 純 子

目　次

第 9 章　高齢者の福祉　121

第 10 章　司法と福祉分野における活動　141

第 11 章　障害者福祉分野の活動　163

第12章　虐　待　189

第13章　認 知 症　205

社会福祉の歴史と動向

　日本国憲法には，国民の誰もがしあわせを追求する権利をもつことが明示されています。つまり，しあわせになることを求めるのは，人間の権利でもあるのです。

　「しあわせ」を意味する言葉である「福祉」について，本書では，生活全体の質（QOL; quality of life）を向上させるための営みと広くとらえます。「しあわせ」を目指した活動を心理学の観点からさまざまに眺める中で，公認心理師などの心理専門職がどのような貢献ができるかをみなさんと共に考えていきたいと思います。

1.1　社会福祉政策の動向

　「福祉」は，人々がしあわせに生きることや，それを可能にするための社会の仕組みなどを意味する言葉です。そして，そうした状態にする，あるいは，そうなるための方法や施策，具体的なサービスを指すものとして「社会福祉」という用語が用いられます。

　日本に限らず，近代における社会福祉の主な目的は貧困への対応でしたが，時代の流れとともに人権擁護の観点から，支援対象は児童，障害者，高齢者などへと徐々に広がってきました。現在では，公平な社会を目指す努力を社会全体で組織的に行おうとすることを社会福祉とよんでいます。日本も，憲法において基本的人権を保障し，それに沿って人々がしあわせを感じられる公平な社会づくりを目指しています。

1.1.1 日本における社会福祉の始まり

　日本で福祉に関する法的な整備が始まったのは，第2次世界大戦が終わった後のことです。貧困者の救済については，戦前にも公的な制度はありましたが，広く利用されていたわけではなくかなり限定的で，むしろ民間の慈善事業やサービスが中心的な役割を担っていました。戦後，日本国憲法が成立し，その第13条の幸福追求権，第25条における生存権保障を具体的に実現することを目指して，さまざまな制度や法律がつくられてきました。「人間たるに値する生活」を営む権利である社会権は，憲法第25条から第28条で定められています。その中心的な位置を占めるのが生存権です。「健康で文化的」に生きることを保障した第25条のもと，戦災孤児の保護や食べるものにも困窮する子どもたちを守るために1947年に児童福祉法が成立し，戦争で傷病を負った人々に対応する**身体障害者福祉法**が1949年，生活保護法が1950年に整備されました。その後，日本の経済成長に伴って徐々に**知的障害者**，高齢者，母子などへと福祉の対象が拡大していったのです。

1.1.2 福祉政策の転換

　戦後，日本では憲法第25条の生存権保障だけでなく，第13条の幸福追求権，第14条の平等権などを具体化するために，国が率先して社会福祉のあらゆる法律を整備し，制度の拡充を目指してきました。しかし，戦後の急激な経済発展が終わると，その代償として日本社会は生活インフラの遅れや公害などさまざまな問題を抱えるようになりました。また，1973年に起こった石油危機をきっかけとして，国が財政的な困難を抱えるようになったことに加えて，少子高齢化など社会情勢の変化に伴うニーズの多様化などから，社会福祉はさらなる見直し，改革が必要だとの声が上がりました。

　1990年代，国は高齢者，子ども，障害者に関する包括的なプラン（「ゴールドプラン21」「子ども・子育て応援プラン」「新障害者プラン」など）を策定し，それらに基づいて社会福祉政策を計画的に進めていこうとしていました。ところがこの頃には，少子高齢化が進み，雇用や家族構造の変容とともに格差が拡大し，子どもや高齢者に対する虐待や家庭内暴力，ひきこもりなどが増加

するなど，新しい社会問題が現れてきました。従来の福祉政策では対応できないようなことが出てくるようになったのです。ところが，国の財政はバブル崩壊後の景気停滞もあってますます苦しくなっていきます。そこで国は，1990年代後半から2000年代の前半にかけて，福祉サービスの契約制度への移行を始めました。

1.1.3 措置制度から契約制度へ

それまでの日本の福祉は，**措置制度**といって，ある基準から社会的弱者と認められた人には一律の福祉サービスを提供する，という方針が基本でした。サービスを提供する事業者は国が決めていたため，利用者は不満があっても他の事業者を選ぶことはできませんでした。サービスを受ける側と提供する側の適合性や利用者側の満足度など心理的問題はあまり重視されていなかったのです。そこで，どのような福祉サービスを利用するかなどについて，国ではなく利用者側の自己決定を基本とする制度へと転換が図られました。

2003年に導入された支援費制度によって，利用者が，都道府県から指定を受けたサービス提供事業者の中から選んで契約し，かかる費用の一部を利用者自身が支払う仕組みへと変わりました。利用者側が受けたいサービスを自らの判断によって選んで利用する**契約制度**への移行です。たとえば，同じ高齢者福祉施設でも，運営母体が社会福祉法人であるか企業であるかという違いだけでなく，施設の規模や利用時間，提供されるサービス内容にも違いがあります。この改変によって，利用者は自身の生活状況や希望に合わせてどこを利用するか自由に選べるようになったわけです。

これによってサービス提供者間の競争が生まれ，サービスの質の向上が図られたこともあり，利用者には利点が生まれましたが，その一方で，地域ごとに提供されるサービスの水準に違いがあることや，身体障害者，知的障害者，精神障害者の障害種別によってサービス体系が異なることが問題視されるようにもなっていきました。何より福祉サービス利用者の増加に伴って，財源不足が深刻となりました。これらの問題を解消するため，2006年に障害者自立支援法が施行されました。これにより，障害者の定義が統一され，サービスの地域

間格差の是正が試みられましたが，利用料については障害者が負担する額が増えてしまいました。

　そこで，2010年の改正では障害者の負担について見直しが図られ，2012年からは家計の状況に応じて支払う制度へと変わりました。2013年には障害者総合支援法が成立し，障害のある人を権利の主体と位置づける基本理念が明示されました。このように支援費制度から自立支援法，障害者総合支援法へと法制度が変わり，利用者主体のサービス提供の仕組みが整ってきました。難病者や発達障害者にも支援対象が拡大されてきましたが，今後もサービスの利用方法や負担額などについて見直しを繰り返す中で，障害者が自立した生活を送れるような社会をつくっていくことが目指されています。

1.1.4　地域福祉に向かって

　1990年代以降の日本では，福祉的ケアを地域社会や自宅において行うことを中心とした方針がとられています。1990年には，老人福祉法等の一部を改正する法律が施行され，関係する老人福祉法，身体障害者福祉法，精神薄弱者福祉法，児童福祉法，母子及び寡婦福祉法，社会福祉事業法，老人保健法，社会福祉・医療事業団法の8つの法律の一部が変更されました。これによって，各市町村でそれぞれの地域の事情やニーズに合わせた福祉的サービスを計画的に実施できるようになりました。

　その後，1994年に発表されたエンゼルプランでは子育て支援が，1993年に成立した障害者基本法では精神障害のある人々の支援や社会復帰が，それぞれ地域社会全体で取り組むべき課題であると位置づけられました。それを受けて1995年に改正された精神保健福祉法では，精神障害者の社会参加と自立促進が明示されました。このように，高齢者や障害者などが，地域で必要なサービスを利用しながら生活することを中心に考えられた施策がとられるようになっていったのです。

　2000年の社会福祉基礎構造改革により，社会福祉の活動は基本的に地域福祉を中心に進められていくことが明確になりました。地域や家庭でのケアを充実させるため，地方自治体主導の方向に進んでいますが，それによって制度が

より複雑にもなっています。地域での福祉サービスの利用促進が叫ばれる一方で，利用の仕方がわかりにくいためか，対象者であるにもかかわらず利用できない人もいます。そうした人たちをサービスの利用に結びつけていくための支援も，今後の課題の一つです。

権利擁護の流れ

日本では 1990 年代以降，国の財政的制約に加えて，ノーマライゼーション（normalization）の概念の普及もあり，社会福祉は措置制度から契約制度へと変わっていきました。サービスを受ける側の主体性を重視するようになったといえますが，変化の背景には国際的な動向も影響しています。たとえば，1989年に国連で採択された「子どもの権利に関する条約」を，日本は 1994 年に批准しました。その後，2000 年には児童虐待防止法が成立しています。また，2006 年に国連総会で採択された障害者権利条約（日本は 2014 年に批准）の意を受けて，2011 年には障害者基本法の大幅な改正を行っています。子どもや障害者の権利を尊重するという世界的な流れを受けて，現在も法制度の整備が進められています。

1.2.1 子どもの権利

子どもの権利に関する条約，子どもの最善の利益を保障する児童福祉法，児童虐待防止法など，子どもを守るための法制度はいくつかあります。しかし，いずれも部分的なものであって，子どもの権利についての包括的な法律はまだありません。子どもの権利を著しく侵害する虐待は大きな社会問題であり，国も法制度を整備するなど虐待の抑止や虐待を受けた子どもの支援に取り組んできました。たとえば，2012 年には民法の改正により親権の一時停止が可能になりました。これによって，虐待を受けている子どもを親権者から一定期間引き離すことで子どもを守ることができるようになりました。親子の距離をとることで，関係の修復を図ろうとするなど子どもの利益についての配慮も含まれています。

　その後，2016年に児童福祉法が大幅に改正され，すべての子どもは福祉が等しく保障される権利の主体であることが明記され，児童虐待防止策の強化が図られました。具体的には児童虐待発生の予防，児童虐待発生時の迅速・的確な対応，被虐待児への自立支援，里親委託などを大きな柱とした施策への取組みです。児童福祉法は2019年にも改正され，親による体罰の禁止，児童相談所の機能強化などに関する規定が整備されました。

　このように，子どもの権利拡充を目指して法制度が整備され支援の強化が図られていますが，深刻な児童虐待事件は後を絶ちません。予防や早期発見及び保護，その後の親子の関係再構築促進や里親制度の拡充などと合わせて，子どもへの直接的な心理的支援へのニーズも高まっています。心理専門職には，虐待を受けた子どもへの適切な関わり方に関して，積極的に臨床心理学的な知見にふれるなど研鑽を積み，子どもたちが主体的に生きていける環境を整えていく役割が期待されています。

1.2.2　障害者の権利

　障害者の権利についての基本的な法律が障害者基本法です。この法律は「障

BOX 1.1　合理的配慮

　合理的配慮とは，障害のある人の人権が障害のない人と同じように保障されると同時に，社会生活において平等に参加できるよう，それぞれの障害特性や困難に応じて行われる配慮のことです。つまり，障害のない人と同じスタートラインに立つための支援といえます。日本では，障害者差別解消法や改正障害者雇用促進法において，事業者に対して「障害者から助けを求められた場合には，合理的配慮の提供を行う」ことが義務となりました。共生社会の実現に向けた取組みの一つといえます。

　合理的配慮を行うことで，障害のある人とそうでない人が関わる機会が増えます。互いの理解が深まり，さらに多様な合理的配慮のあり方について検討されることが期待されます。

害」は社会の仕組みとの関連で生じるとする**社会モデル**の考え方や，当事者の意見の尊重を重視する障害者権利条約の影響を受けて 2011 年に大きく変わりました。具体的には，障害者の定義が拡大し，**合理的配慮**の概念が導入され（**BOX 1.1** 参照），障害の有無によって分け隔てることなく一人ひとりを大切にする社会（**共生社会**）をつくることを目指す旨が明示されました。その後，2012 年には障害者自立支援法が撤廃されて**障害者総合支援法**が成立し（2013年施行），障害者の社会参加を積極的に促していくような取組みが展開していくこととなったのです。また，障害者権利条約には「障害を理由としたあらゆ

BOX 1.2　「障害」の漢字表記

　日本では東京 2020 パラリンピックを前に，法律などの「障害」の表記を「障碍（がい）」と改めるため，常用漢字への「碍」の文字の追加が検討されてきましたが，2021 年 2 月，追加は見送るとの決定がなされました。

　「障害」については，「障碍」「障がい」などいくつかの表記の仕方があります（11.1.1 項参照）。「害」の字にネガティブな印象があるとの理由で，「障がい者」や「障碍者」と書き換えている自治体や団体もあります。当事者への配慮から，という理由ではありますが，そうした配慮自体が区別を前提としているという意見もあり，必ずしも当事者から肯定的に受け止められているわけではないようです。

　先に述べたように，社会モデルによれば「障害（障壁）」をつくっているのは社会です。社会の側に障害があるからそうした人々の生きにくさが目立ってしまう，といえるかもしれません。だからこそ，社会の側が率先して自らを変えていく責務があるのです。

　社会として真剣に取り組んでいくために，あえて「害」の字を隠してほしくないという当事者の声もあります。本書の執筆にあたっても，さまざまな意見について吟味しましたが，公認心理師は「公認心理師法」という法律で規定され，その条文では「障害」という表記が用いられます。本書ではそれに準じ，すべてを「障害」で統一することにしました。

る差別の禁止」が盛り込まれていることから，2013年には障害のある人への差別を禁止する法律，2016年には障害者差別解消法がつくられました。

精神疾患のある人々を守る制度についても同様に，人権保護の観点から何度か改正が行われました。1950年に制定された精神衛生法は1987年に精神保健法に変わり，精神疾患患者の入院期間を短縮することが目標の一つとされました。それまで精神疾患のある人の療養は入院を基本として考えられてきましたが，在院期間が長くなることは自由な活動や社会参加が制限されることにもなります。したがって，自宅で療養しながら社会参加を促していくことが目指されるようになったわけです。この法律は1995年に精神保健福祉法へと改正され，精神疾患のある人の社会復帰を促進していくことが強調されました。

現在の精神保健福祉法はそれを引き継ぎ，さらなる社会復帰の促進と在宅支援の充実化が図られました。この法律は，2013年の改正で保護者制度の廃止，医療保護入院の見直しが規定されるなど，当事者の意思を尊重するという方針に沿って改正されてきたことがわかります。

成年後見制度は2000年に施行されました。理解力や判断能力が十分でない利用者でも，サービス契約の際に不利益を被ることがないようにすることが目的で，介護保険制度の施行と合わせて導入されました。さまざまな福祉サービスが契約制度へと移行する中で，その意思を十分に反映させることが難しい人にとって，当人の理解力や判断力を補ったり意思を代弁したり，また，時には当人に代わって決定し，実行していく後見人がいるのはとても心強いことと思われます。こうした情勢の中，心理専門職には支援を必要とする人々に寄り添いながら支援へのニーズを見定め，的確に対応することが期待されています。

1.3 福祉政策の新しい展開

1.3.1 地域での支え合いの強化

コミュニティ・ケアの概念が導入されたことも影響し，日本でも1980年頃から在宅支援を中心とした福祉政策がとられるようになりました。必要なサービスを受けながら自宅で暮らしていくことが基本ですが，これを実現するには，

家族ばかりに負担が偏ってしまわないよう，身近な地域社会で十分なサービスが受けられる仕組みをつくっていくことが求められます。

　国の福祉政策は，近年，地域支援型福祉へと移行してきており，市町村以上に，社会福祉法人，NPO 法人，民生委員，民間ボランティアなどがサービス提供者として果たす役割が大きくなってきています（BOX 1.3 参照）。加えて，行政の委託を受ける民間企業も参入し，サービス提供者は多様化してきています。社会福祉法第 107 条で福祉計画における住民参加が規定され，地域住民の声を反映させた福祉計画の策定と推進も図られています。地域福祉の仕組みを整えていくために住民参加を促していくことは，ソーシャル・インクルージョン（social inclusion）を目指す考え方に沿うものです。それは，すべての人を孤立や孤独，排除から守り，社会の一員として受け入れ，支え合っていこうという理念ですが，それを実現するには住民それぞれが主体的に福祉に参加し，互いに支え合う仕組みが必要です（2.1.2 項参照）。

　2010 年をピークに日本の人口は減少に転じ，今後ますます少子高齢化，超高齢社会化が進むと予想されています。国は，高齢者が可能な限り住み慣れた地域で自分らしい暮らしを続けることができるよう，医療，介護，住まい，生活支援等を包括的に支援し，サービスを提供する地域包括ケアシステムの構築を推進しています。地域包括支援センターの設置を促し，高齢者の身近な生活課題に対応できる新しい地域福祉の仕組みづくりを進めているのです。厚生労働省は「地域共生社会」の実現を目標として掲げています。これは地域住民が主体的に参加し，役割をもち，支え合いながら，自分らしく活躍できる地域コミュニティをつくっていくということです。

　2021 年 4 月 1 日には，改正社会福祉法が施行されました。この法律には，8050 問題（3.1.5 項参照）として知られるひきこもり問題への支援が盛り込まれると同時に，今後，地域共生社会の実現に向けて国や自治体が取組みを一層強化していくことが明記されています。高齢者福祉，障害者福祉などを分けて実施するのではなく，横のつながりを意識しながら支援提供を図ろうとしていることがうかがわれます。さまざまな問題を地域全体で解決していくためには，住民が，これを他人事でなく自分の住む地域の課題であるという自覚をもつこ

BOX 1.3　NPO 法人（特定非営利活動法人）とボランティア

　細やかな福祉的支援を実践していく上で大きな役割を果たしているのが NPO 法人です。これは，特定非営利活動促進法（1998 年に施行，その後何度か改正）に基づいて設立され，活動を行う団体です。地方公共団体よりも小回りがきくので，災害など突発的に起きる問題に素早く対応できるのが長所です。今後も，より細やかで柔軟な福祉サービスが求められる中で，活躍が期待されています。

　また，ボランティアも地域福祉の推進には欠かせない存在です。地域のボランティアである民生委員や児童委員は，古くから地域の人々の相談に応じたり見守り支援をしたりして，困っている人と社会をつなぐ活動に従事してきました。他の民間ボランティア組織も，公的サービスでは手の届かないところで細やかな支援を担っていますが，これらのボランティアに参加する人は，いずれも比較的に年齢の高い人が多いようです。2016 年に実施した調査（全国民生委員児童委員連合会，2018）によると，全国の民生委員・児童委員の年齢は，70 歳代が 32.3％，60 歳代が 56.4％である一方，40 歳代以下は 1.4％にすぎませんでした。

　2016 年に内閣府が 20～69 歳の成人 9,000 人を対象に実施した調査（内閣府，2017）によれば，過去 3 年の間にボランティア活動に参加したことがある人の割合は 23.3％でした。ボランティア活動への参加理由としてもっとも多かったのは「社会の役に立ちたいと思ったから」で，反対に，参加しにくい理由としては，時間的余裕がないことや情報不足が挙げられています。一般に，ボランティアは自発的な活動と定義されるので，せっかくボランティア活動に参加しても何も得られなかったのでは，継続的な参加を促すことは難しいでしょう。今後，ボランティア活動に参加する住民，特に若い世代の人々を増やしていくためには，活動の仕組みや方法などに関する必要な情報をわかりやすく提供していくだけでなく，ボランティア活動を通じて達成感や満足感が得られるようにしていく工夫が必要かもしれません。

BOX 1.4	SDGs

SDGs（持続可能な開発目標；Sustainable Development Goals）とは，2015年に国連総会で採択された，持続可能でよりよい世界を目指すための世界全体の共通の目標です（外務省ホームページ「Japan SDGs Action Platform」より）。「よりよい世界」とは，誰一人取り残されることなく，人類が安定してこの地球で暮らし続けることができる世界を指しています。ここでは2030年までに達成されるべき17の目標が設定されています。環境問題，貧困や不平等の問題などの今日的課題を整理し，それらの解決に向け，国だけでなく民間企業も含め世界全体で取り組むことが求められているのです。

SDGsは，人々がこの先も「しあわせ」に暮らしていくための目標ともいえるでしょう。「誰一人取り残さない（leave no one behind）」ために，多様性と包摂性のある社会の実現が目指されます。こうした多様性や包摂性を備え，人と人とが共に支え合う社会づくりによって，「地域共生社会」の達成に近づくのではないでしょうか。

とが大事だと思われます。自分の住む地域に愛着を強め，地域の一員としての自覚を育んでいく中で，主体的に支え合うコミュニティづくりが促されると考えられます。

1.3.2 持続可能なシステムづくり

日本の福祉政策は地域や家庭でのケアの提供という方向に進んでいるので，地域福祉の重要性は今後ますます高まっていくでしょう。しかし，ある一部分だけに負担が偏りすぎると，制度そのものが行き詰まってしまうおそれがあります。福祉についても，長く継続していけるようなシステムづくりが目指されます（BOX 1.4参照）。その意味で，公的私的に関わらず，サービス提供者に依存するばかりでなく，利用者が自らを助ける力を養っていくなど，エンパワメントとしての支援に力を入れることも大事です。コンボイ・モデル（BOX 9.3参照）では，生活上の困難を抱えている人が，さまざまな関係性の人々と

の相互的なやりとりの中で支援を受けながら乗り越えていくことが想定されています。高齢者を対象とした研究において，身近な人々から支援を得られると心理的ウェルビーイング（well-being）が高くなることはよく知られていますが，他者へサポートを提供することも当人の心理的ウェルビーイングを高めます。ピア・サポートのように被支援者が別の場面では支援者の側に回るなど，互いに支援の授受ができる柔軟なシステムづくりが試みられています。さらに身近な人や地域の人々，ボランティアや企業などからの支援も得られる重層的なソーシャル・サポート・ネットワーク（social support network）をつくっていくことで，持続可能な共生社会の実現が近づくと思われます。

復 習 問 題

1. 日本の福祉は，2000年代になってからそれまでとは大きく変わりました。どのように変わったか，説明してください。
2. あなたが日常生活の中で見聞きした合理的配慮の例を挙げ，それらが共生社会の実現とどのように関連しているかについて考察してください。

参 考 図 書

清水 教恵・朴 光駿（編著）（2011）．よくわかる社会福祉の歴史　ミネルヴァ書房
　社会福祉の歴史についてわかりやすく解説しています。社会福祉について学ぶ初心者にも親しみやすい一冊です。
岩田 正美・上野谷 加代子・藤村 正之（2013）．ウェルビーイング・タウン 社会福祉入門　改訂版　有斐閣
　実生活上の問題が多く取り上げられていて，その関連から日本における福祉の歴史，法制度など全体の仕組みを理解することができます。

社会福祉の理念

　「社会福祉」とは，人々が「しあわせ」な生活を営めるような社会の仕組み，活動を意味する言葉です。社会には親がいない子どもや，親と共に暮らせない子どもがいます。不慮の事故にあってそれまでの仕事を失い，十分な収入が得られなくなる人もいます。誰もが能力や努力とは無関係に，不利益を被る状況や困窮する状況に陥る可能性があり，いわゆる「社会的弱者」とみなされるような状態になることがあるのです。そうした人々に，それなりに満足のいく生活ができるように支援や配慮を行き届かせる社会の仕組みや活動が「社会福祉」といえます。

2.1　社会福祉の基本的考え方

　我が国は，人々がしあわせになれるように，さまざまな取組みを行っています。法制度を整え，必要があればサービスを提供します。しかし，決まり通り対象者全員に同じサービスが提供されていればそれでみんながしあわせか，というとそうとは限りません。それが支援を受ける側の希望に沿ったものでなければ，単なる押しつけになることもあります。したがって，国も含め，支援を提供する側には，支援を受ける人々それぞれの抱える問題やおかれている環境を十分に理解した上でのサービスの提供が求められます。支援する側の押しつけではなく，支援を受ける側のしあわせへの配慮があってこその社会福祉といえるでしょう。

2.1.1　主体性の尊重

　日本語でいう「福祉」は，英語の well-being や welfare とほぼ同義です。英語圏で用いられるこれらの言葉には，個人を権利の主体として認め，それぞれが自己実現を図る，という考えが込められています。福祉の実現には個人の主体性が不可欠であるということが，欧米では古くから当たり前のように考えられていました。BOX 2.1 に示した世界幸福度ランキングの上位には，社会保障制度の充実している国が含まれています。これらの国では，単純に制度が充実しているだけでなく，制度利用に関して自らの意思を反映しやすいなど，自己実現を目指しやすい社会づくりが進んでいるためだと思われます。利用者側の視点を取り入れた社会福祉の実現を目指すことは，日本が今後力を入れていくべき課題の一つです。

2.1.2　*ノーマライゼーションから社会的包摂へ*

　ノーマライゼーション（normalization）の考え方は，1950 年代にデンマークで起こった知的障害児の親の会の運動がその始まりとされています。当時，デンマークでは多くの知的障害者が施設で制限された生活を送っていました。1959 年に，そうした状況の改善を目指して，知的障害者に対して一般人と同じ権利を保障することを明示し，「ノーマライゼーション」という言葉を含んだ法律が制定されました。この法律が成立したことがきっかけで，障害のある人や高齢者など社会的弱者を特別視せずそのままの存在として受け止め，地域社会の一員として暮らせるようにしようというノーマライゼーションの考え方が，世界に広まっていきました。1981 年に国連総会が「国際障害者年」を宣言したことから，日本でも政策にその考え方が取り入れられるようになりました。たとえば，日本では，地域包括ケアシステムの整備が進んでいますが，これは高齢者が施設でなく慣れ親しんだ地域で暮らせるようにする取組みであり，ノーマライゼーションの考え方に沿ったものです。

　社会的弱者が他の人と対等に暮らしていけるように社会基盤を整備していくノーマライゼーションの考え方は，世界中のさまざまな分野での取組みに影響を与えていきました。その一方で，1980 年代以降のヨーロッパでは，しばし

| BOX 2.1 | 日本の幸福度 |

　国連機関の持続可能開発ソリューション・ネットワーク（SDSN）は，人々の主観的な幸福度について，6つの基準（一人当たりの国内総生産（GDP），社会保障制度などの社会的支援，健康寿命，人生の自由度，他者への寛容さ，国への信頼度）から国々を評価し，毎年ランキングを公表しています。2022年に発表された世界幸福度調査（World Happiness Report; Helliwell et al., 2022）によれば，ランキングの上位には，フィンランド，デンマーク，アイスランド，スウェーデン，ノルウェーなど社会保障制度がしっかりしていることで有名な北欧諸国が並びます。北米やヨーロッパの主要な国々もほとんどが30位以内ですが，日本は54位でした。

　要因別にみてみると，日本は，健康で自立した生活を送ることができる期間である健康寿命に関しては世界でもトップクラスで，医療面は充実している一方，人生の選択の自由度や社会的支援の充実度は低く，人生に対する主観的満足度が非常に低いことが特徴でした。

　他にも「しあわせ」に関する社会調査はさまざまあります。たとえば，国連開発計画（UNDP）は，平均余命，就学状況，人間らしい生活などから国民生活の豊かさを示す「HDI（Human Development Index）；人間開発指数」を発表しています（United Nations Development Programme, 2022）。2022年度の報告書によると，日本は19位で上位グループに属していました。調査の主体や指標によって「しあわせ」の見方が異なるため，世界ランキングにおける日本の順位にも違いがあります。

　「しあわせ」を計るものさしは実に多様です。だからこそ，支援の適切性を判断することが難しいといえます。対象者にとってのものさしが何であるか，本人に寄り添い，共に見定めようとする支援者の関わりが「しあわせ」に近づくために重要なのです。

ば，移民，少数民族，貧困者，高齢者，障害者，女性などを社会から排除しようとする運動が起こりました。社会不安が大きくなり，人々が相互に不信感を抱くようになったためつながりが弱くなり，社会制度がうまく働かないという事態が生じました。これに対抗する意味もあって，家族集団や地域社会など，互いに支え合うための基盤を再構築しようという**ソーシャル・インクルージョン**（social inclusion；**社会的包摂**）の理念が生まれました。これは，多様な異質性をもつ人々をその異質性のままに社会の中に受け入れることを意味するノーマライゼーションの発展的形態です。

　ノーマライゼーションが，障害者や高齢者など社会から排除されている人とそうでない人との差異に注目し，それらの違いをなくしていこう（＝ノーマルにしていく）というものであるのに対して，インクルージョンの対象はより広く，移民，少数民族，生活困窮者，障害者，非正規雇用者など，社会から排除されている人だけでなく，排除される可能性のある人々も含んでいます。人々の差異の存在を重視せず，その差異自体を「包み込む」ことで多様性を受け止める社会をつくっていくことを目指すのです。彼らに変化を求めるのではなく，社会のあり方そのものを変え，社会的弱者が生きがいを見つけ，役割を担っていける社会をつくり上げようという発想です。

BOX 2.2　ICF の考え方

　2001 年の WHO 総会で採択された ICF（International Classification of Functioning, Disability and Health；**国際生活機能分類**）は，障害を新たな視点からとらえるものでした。障害を医学モデルでとらえるという従来の考え方に対して，ICF は，**生物・心理・社会**（Bio-Psycho-Social; BPS）**モデル**に基づき，障害を「生活機能低下の状態」と定義します。誰もが「生活機能低下の状態」になる可能性があり，支援の必要性は生活機能のレベルによって判断されるようになりました。ICF は，すべての人に活用可能で，**強み（ストレングス）**といった本人のプラスの側面についても評価が可能であるため，支援を考える上で重要なツールといえます。

たとえば，教育現場ではインクルーシブ教育といって，障害の有無に関わらずすべての子どもたちが一緒に学べる仕組みづくりが進んでいます。学校の中に特別支援学級を設け，積極的に子どもたちの交流の場をつくっています。障害のある人との交流は，互いの理解を深め，互いを尊重し，協力し合う姿勢を育むなど，多様な学びの機会を提供します。

ただし，ノーマライゼーション概念は，人権の尊厳の回復を願う基本理念なので，インクルージョン概念によってとって代わられるものではありません。いずれの概念も，誰もが差別されたり社会から排除されたりすることなく，相互に人格と個性を尊重し，支え合うという「共生社会」をつくっていく上で基本的な考え方となるものです。

2.1.3 自己選択・自己決定

かつての日本では，社会福祉について，国などの行政機関が福祉サービスを決めるという措置制度を基本として考えられていました。しかし，介護保険制度や障害者自立支援制度が導入された 2000 年以降は，サービス利用者側の自己選択・自己決定が重視されるようになりました。

BOX 2.3	当事者の声

日本は，人権尊重を基本理念として社会制度の設計・運営が行われていますが，まだ十分とはいえない点もあります。「私たちのことを，私たち抜きに決めないで（Nothing about us without us)」というスローガンは，障害者権利条約制定の過程において重視された言葉です。当事者の声を国の政策決定に反映させていくため，近年，当事者の声を聞く機会を積極的につくっていくことが試みられています。国の重要な政策を決めるワーキンググループに障害のある人が加わったり，当事者による講演会が開かれたりするようになりました。しかし，障害のある人たちを「当事者」として特別な存在とみるのではなく，彼らがごく自然に意見表明ができ，国の立法や行政に関わり，それを当たり前に受け止められる世の中になることが理想です。

「しあわせ」自体が主観的なものなので，QOL を高めようとする活動に個人の主観を反映させるのはある意味で当然ともいえますが，誰もが容易に自らの意思で物事の選択や決定ができるとは限りません。たとえば，乳児は自分の気持ちを十分に表現することはできません。高齢者や疾病をもっている人も，現状の理解や判断に差し障りがあったりして思うように自己選択・自己決定ができないことがあります。そうした人たちの人権や生活を守るために成年後見制度がつくられ，日常生活自立支援事業が推進されてきましたが，まだそれらが十分に活用されているとはいえない状況のようです。自らの意思決定に困難がある人には，情報提供やサービスの選択・決定の過程で細やかに支援が行われるなど，誰もが自分の判断で「しあわせ」を目指す生活が営めるようになることが今後の社会福祉の目標の一つです。

今後の社会福祉

2011 年の東日本大震災，2020 年以降の新型コロナウイルスの世界的感染拡大など，社会を大きく揺るがすような出来事は，経済活動の停滞や雇用不安，経済格差の拡大を招くことにつながります。人々の心に，不安や混乱，焦りなど負の感情が入り込みやすく，それらが根づいてしまったりもします。そのため，家庭内に新たな問題が生じたり深刻化したりすることもあります。介護や教育の場面で求められるサービスにも変化が生じています。こうした状況での福祉政策には，収入補償，子どもや高齢者支援サービスの充実化などにより力を注いでいくことが望まれます。

福祉領域の問題は，その部分だけを切り取って考えられるものではありません。たとえば，家族問題の背後に経済的困窮や不安定な就労などがある場合があります。有効な支援として複数の手立てが考えられるとしても，それらをすべてまとめて実行しようとするととても複雑なことになりがちです。収入額など何らかの基準を用いて，制度を利用できるかどうかに関して線引きをすることになるのですが，支援対象から除外された人には支援が必要ないかというと，必ずしもそうではありません。そうした人たちも，安心して生活できるような

セーフティネットをつくっていくことが，福祉の目指すところといえるでしょう。

「つながり」の意識

独居高齢者や自殺者の増加といった社会問題の背景には，家庭や地域の機能低下があります。つまり，人と人，人と社会の**つながり**の希薄化です。公認心理師の仕事の一つに，人と人をつなぐことがあります。家庭内の機能を回復し家族同士をつなぐこと，ひきこもりなどによって孤立している人と社会をつなぐこと，さらに複数のサービス提供者をつないで有機的な支援としていくことなどは公認心理師の役割です。

第1章（1.3節）で述べたように，今後の社会福祉では地域福祉に重点がおかれますが，それは身近な地域社会で人々が互いに支援を授受できるシステムづくり，つまりは「つながり」をつくっていくことです。他者とのつながりを自覚することは，安全・安心に暮らしているという意識や「しあわせ」の感じ方に少なからず影響を与えます。支援される側も支援する側もつながりを感じられるような社会をつくることは，コミュニティ全体の QOL 向上を促進し，将来的に発生し得る問題を未然に防ぐことになるでしょう。

復 習 問 題

1. ノーマライゼーション，ソーシャル・インクルージョンとは何か。両者の関連性も含めて説明してください。

2. 福祉領域での支援を考える上で，生物・心理・社会モデルに即してケースをみることの利点について考察してみましょう。

3. 福祉領域において自己選択・自己決定が重視される理由を説明してください。

参 考 図 書

山縣 文治・岡田 忠克（編）（2016）．よくわかる社会福祉　第11版　ミネルヴァ書房

　重要なテーマが網羅されており，社会福祉をはじめて学ぶ人にとってもわかりやすく，親しみやすい一冊です。

岩田 正美・上野谷 加代子・藤村 正之（2013）．ウェルビーイング・タウン 社会福祉入門　改訂版　有斐閣

　実生活上の問題が多く取り上げられていて，その関連から福祉とは何か，どのような支援が必要かを考えるのに役立ちます。

社会福祉の法制度と心理専門職の仕事

3

　日本における社会福祉は公的扶助と福祉サービスの提供を行うことが主で，それを実現するためのさまざまな法律や制度があります。社会福祉法制度の中でも，特に福祉六法（生活保護法，児童福祉法，身体障害者福祉法，知的障害者福祉法，老人福祉法，母子及び寡婦福祉法）は社会福祉法制度全般の理念を規定していて，それに沿って福祉事務所，社会福祉法人，社会福祉協議会などの支援システムがつくられています。

3.1　福祉関連法制度と心理専門職の役割

　福祉の諸領域では，介護福祉士，社会福祉士，保育士などの専門職が早くから役割を担ってきました。心理専門職も児童福祉や障害者福祉の分野では比較的早くから活動してきましたが，他の専門職に比べると少数です。本章では領域ごとに関連する法制度と，その中で心理専門職に期待される事柄について述べます。各分野における具体的な職名，必要な資格，業務内容の詳細についてはそれぞれに対応する章を読んでください。

3.1.1　貧困等の支援に関する法制度

　国連は 2030 年までを期限目標として，17 の SDGs（持続可能な開発目標；BOX 1.4 参照）を掲げています。その目標 1 が「あらゆる場所のあらゆる形態の貧困を終わらせる」です。つまり，**貧困**に対していかに対応するかが最優先課題であることが世界共通で認識されているのです。

　日本で，戦後最初につくられた貧困対応の法律は，1950 年に制定された生

活保護法です。憲法第 25 条の「健康で文化的な最低限度の生活を営む権利」
（生存権）を国が保障する生活保護制度を定めたもので，国民すべてが対象と
なります。2015 年に施行された生活困窮者自立支援法は，生活保護に至る前
の段階で生活困窮者を救うために制定されました。生活困窮者が自立して生活
できるよう相談に応じたり，就労や住居確保の支援を具体的に行ったりします。
複合的な問題を抱え，これまでの制度では救えない生活困窮者をワンストップ
で支援するものですが，日本経済が低迷している近年においては，制度はあっ
ても実際の雇用にはつながりにくいのが実情です。

　生活保護の申請に際しては，主として生活保護ケースワーカーが調査や助言
指導などを行いますが，多くの場合は多職種による訪問支援（**アウトリーチ**；
4.3 節参照）が用いられます。生活が困窮してしまう事情はさまざまで，背景
には知的能力の問題，精神疾患や特異な行動パターンなどが想定されますが，
こうした中には支援を必要としていながらもそれが行われていないケースが少
なからずあるのです。したがって，この領域において支援にあたる専門職には，
対象者のもとに積極的に赴き必要な情報を提供するだけでなく，場合によって
は付き添うなど，対象者とサービスを結びつける具体的な行動が求められます。

　しかし，生活保護などの制度利用を勧めて，当面の経済的苦境を避けるだけ
では根本的な解決にはなりません。心理専門職は，心理検査（知能検査，性格
検査，認知症の検査など）を行って支援者の特性を把握しますが，このデータ
をケースワーカーと共有し，対象者の特性に見合う就労支援サービスの検討に
活かすことができるでしょう。支援対象者が継続して働いていけるような環境
を見極め，本人の気持ちを支えつつ自立に向けて具体的な相談に応じることが，
心理専門職の役割となります。

3.1.2　高齢者福祉に関する法制度

　1963 年に制定された老人福祉法は，高齢者の心身の健康の保持や，生活の
安定のための福祉を図ることを目的としています。この法律はすべての高齢者
に対する社会保障を担っていましたが，2000 年に介護保険法が施行されてか
らは，老人福祉の中心的な役割はこちらに移行しました。介護保険法は，家族

が主に受けもってきた高齢者の介護を，社会全体で支援することを目的に制定されました。40歳以上の国民が被保険者となり，介護保険料を支払う義務があります。介護保険において受けることができるサービスには，居宅サービス，施設サービス，地域密着型サービスの3つがあり，基本的にこれらが利用できるのは65歳以上の第1号被保険者です（40〜64歳は第2号被保険者で，介護が必要になった原因が特定疾病であると認められた場合に介護保険サービスを受けられます）。

　日本は人口に占める高齢者の割合が高く，この領域のサービスに対するニーズは高まる一方です。国では，いわゆる団塊の世代が75歳以上となる2025年を目途に，医療・介護・介護予防・生活支援・住まいの5つのサービスを一体的に受けられる**地域包括ケアシステム**の構築を推進しています。

　しかし，依然として家族の負担が大きいのも事実で，たとえば，**高齢者虐待**の背景には家族の介護疲れがあるとされています。2006年に高齢者虐待防止法が施行され，通報を受けた市町村は安全確認をし，必要な場合は地域包括支援センター職員などによる立入調査や入所措置を講じることになっています。この法律では，介護する家族等への支援も施策の一つとなっており，心理専門職には，家族への心理教育やカウンセリングを行うことなどが期待されています。家族が抱える健康上あるいは経済的な問題が介護負担を増す原因となっている場合もあるので，精神的な支えと同時に現実的な問題解決を促していくことも支援の重要な側面です。

　この分野では，社会福祉士や精神保健福祉士などの資格をもった人が生活相談員として相談に応じることが多いようですが，今後は，公認心理師の活躍も見込まれます。地域包括支援センターなどにおいて，医療や福祉に関する正しい情報を提供したり不安を受け止めたりして，直接的な利用者だけでなく，介護する家族や施設職員等の負担軽減を図っていくことなどが期待されます。

3.1.3　障害者福祉に関する法制度

　あらゆる障害者福祉政策の基本を定めている障害者基本法は，1993年に大幅改定されました。障害者の基本的人権と尊厳を明示し，また，障害のある人

すべてがあらゆる社会的活動に参加する機会を確保できるよう，国や地方自治体がその責任を負うことが示されています。その後も改正が重ねられ，2004年には障害者差別の禁止などが，2011年には共生社会の実現などが盛り込まれました。また，2011年には障害者虐待防止法，2016年には障害者差別解消法が施行され，障害を理由とした不当な対応を禁止し，**合理的配慮**（BOX 1.1参照）を行うことが明記されました。障害者の日常生活・社会生活を総合的に支える法律である障害者自立支援法は，2012年に**障害者総合支援法**へと改正され，さらに2016年の改正で「生活」と「就労」に対する支援の充実などが盛り込まれました。

　障害者人口は 2022 年 3 月現在で約 965 万人，そのうちの約 95％ にあたる914 万人が在宅者であると推計されています（厚生労働省，2022a）。地域社会で自立を目指すためには，障害者の就労が課題になります。障害者雇用促進法は事業主に障害者雇用を義務づけ，企業の規模に応じて法定雇用率を定めています。2016 年の改正で，障害者差別の禁止や合理的配慮の提供が義務化され，2018 年 4 月からは精神障害者の雇用も義務づけられました。

　企業努力もあり，法定雇用率達成企業は年々増えています。2021 年の障害者雇用状況の集計結果（厚生労働省，2021）によれば，図 3.1 に示されているように，民間企業の法定雇用率 2.3％ に対して，この時点での実雇用率は全体で 2.20％ まで上昇し，医療・福祉（2.85％），農業・林業・漁業（2.34％），生活関連サービス業・娯楽業（2.34％），電気・ガス・熱供給・水道業（2.34％）の産業分野においては法定雇用率を上回る雇用がみられました。

　障害のある人の就労に関して，ハローワークでは求人窓口を設け，専門の職員，相談員を配置しています。精神障害や発達障害のある人の就業や復職に関しては，心理専門職が相談に応じるところが多いようです。ソーシャル・スキル・トレーニング（Social Skills Training）を行うなど，障害のある人の生活及び**就労支援**の場において，心理専門職が活躍できる場が広がることが期待されます。

　障害者やその家族の相談を受け付ける基幹相談支援センターは，各市町村に設けられています。そこでは，相談支援専門員，社会福祉士，精神保健福祉士，

図3.1 民間企業における実雇用率と雇用されている障害者数の推移（厚生労働省，2021）

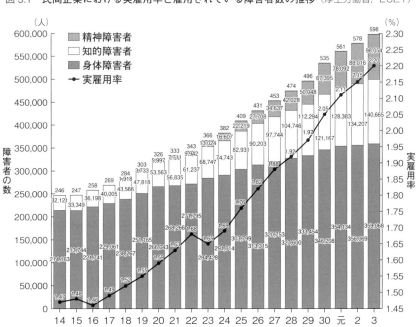

注：雇用義務のある企業（平成24年までは56人以上規模，平成25年から平成29年までは50人以上規模，平成30年から令和2年までは45.5人以上規模，令和3年以降は43.5人以上規模の企業）についての集計である。

保健師等が成年後見制度の利用を支援したり，権利擁護・虐待防止などの相談に応じたりするだけでなく，サービス事業者との間で調整したりもします。

　センターは地域の支援ネットワークのかなめです。障害をもつ人が地域で生活できるよう，心理専門職は，本人の強み（ストレングス）に着目しながら支援することを心がけています。たとえば，診察のついでにデイケアに参加するだけだった障害者が，スタッフの計らいで同じ趣味をもつデイケア・メンバーと交流するようになってからは積極的にデイケアに参加するようになり，生活リズムが改善されて，就労支援施設への通所につながったということもありま

す。心理専門職が対象者のもつ資源に着目し，適切な目標の設定と環境整備を
することによって，対象者の可能性を広げ，意欲を引き出すことにつながるか
もしれません。心理学的な視点から，対象者の社会参加の機会を増やすための
方針を打ち出していくことが，地域の支援ネットワークの構築や運営において
期待されています。

3.1.4　子どもの福祉に関する法制度

　子どもに関する福祉については，保育，子育て支援，児童虐待への対応に加
えて，DV（Domestic Violence），IPV（Intimate Partner Violence）など親が配
偶者や親しいパートナーから受ける暴力の防止なども含めて，子どもがしあわ
せに育つ環境をつくり出すための制度や法律が整備されています。1947 年に
制定された児童福祉法では，すべての児童が等しくその生活を保障され，愛護
される権利を有し，保護者及び国と地方公共団体が責任をもって子どもたちを
健やかに育成するもの，と定めています。それに沿って，社会的養護の仕組み
が整備されていきました。

　2000 年に施行された児童虐待防止法では，保護者による 18 歳未満の子ども
への①身体的虐待，②性的虐待，③ネグレクト，④心理的虐待の 4 種類を「児
童虐待」と定義して，禁止しています。2004 年の改正では，心理的虐待に，
子どもの面前で DV が行われることも含められ，確証がなくても虐待が疑われ
る場合には児童相談所などへ通報するよう義務づけられました。2008 年の改
正では児童相談所の権限が強化され，2012 年には親権の一時停止が可能にな
り，関連して，2023 年には児童福祉法から親権者の懲戒権が削除されました。
このように子どもを守る法制度の整備が進められてはいますが，児童虐待相談
対応件数は増え続け，ここ数年は毎年過去最高を更新しているような状況です。
2021 年度中に，全国 225 カ所の児童相談所が児童虐待相談として対応した件
数は 20 万 7,659 件で，過去最多でした（厚生労働省，2022b）。

　児童虐待は，子どもの感情や認知，行動面など人生全般にわたってネガティ
ブな影響を及ぼします。強いトラウマ経験によって愛着形成が阻害され，安心
感や信頼感が形成されにくくなったり，成長してからも衝動制御や感情調節に

困難を抱えたりすることが指摘されています。他にも，自己肯定感がもてず，何事に対しても頑張ろうという意欲が湧きにくかったり，敏感で傷つきやすく物事を被害的に解釈する傾向もあるため，過剰な防衛反応を示すこともあります。たとえば，相手に取り入って密接な関係を築こうとしたり，反対に相手を強く拒絶したり粗暴な振る舞いをしたりするなど，人間関係が不安定になりがちです。深刻な虐待を受けたケースなどでは，**心的外傷後ストレス障害**（Posttraumatic Stress Disorder; PTSD）を抱えることもあり，専門的な支援が必要となります。

　児童虐待が起こることを未然に防止するためには，虐待を引き起こすリスクを根本から減らしていくことが重要となります。児童虐待の多くは乳幼児期に起こることから，子育て家庭の孤立を防ぎ，親が安心して子育てができるような環境を整えると同時に，具体的に子どもたちを守る，柔軟で即時に有効性を発揮できるようなシステムづくりが急がれます。

　また，子どもの貧困問題も注目されるようになりました。厚生労働省（2020）によると，図3.2にみられるように，近年の日本の子どもの貧困率は14.0%前後で，ひとり親世帯では半数近く（48.3%）が貧困状態にあります。7人に1人の子どもが，十分な食事を与えられなかったり，必要なものを買ってもらえなかったりしていると推定されます。貧困は，子どもから教育を受ける機会や社会経験を積む機会を奪い，孤立させやすくするだけでなく，将来への希望や期待を奪うこともあります。貧困が子どもの心に与える影響は，周囲が想像する以上に大きいのです。国は2013年に子どもの貧困対策の推進に関する法律を定めて総合的な貧困対策を行うことを決め，次に述べる社会的養護制度などを含め，こうした子どもたちに対する種々の支援策を推し進めています。

　社会的養護とは，保護者のいない児童や，保護者に監護させることが適当でないと思われる児童を，公的責任で保護し社会的に養育するとともに，養育に大きな困難を抱える家庭への支援を行うことです。近年は児童虐待の増加に伴い社会的養護を必要とする子どもが増えており，単に施設での安全な生活を保障することだけでなく，虐待などによる悪影響からの癒しや回復を目指した専門的な心理的ケアの提供が推奨されます。具体的には，身近な人々との情緒的

図 3.2　**貧困率の年次推移**（厚生労働省，2020）

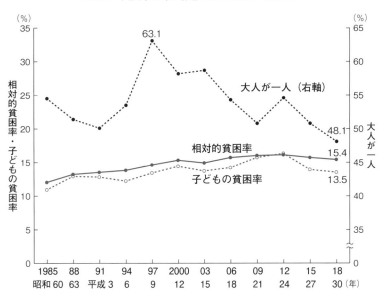

　な交流を通じ，大切にされる体験を積み重ね，信頼関係や自己肯定感を取り戻していくことです。

　社会的養護のための施設としては乳児院，児童養護施設，児童自立支援施設などがありますが，他に里親委託の制度もあります。いずれも，子どもたちに安定した生活環境を与え，健全な育成と自立を支えることを目的としています。しかし，周囲の人たちがそうした施設や制度があることを知らない，あるいは，「そこまで深刻ではない」という判断から社会的養護の対象にならない子どももいます。

　近年，地域住民やNPO法人が主体となって「子ども食堂」の運営をするなど，子どもの居場所をつくるための活動が盛んになりました。身近にこうした場があると，子どもだけでなく，その親も利用しやすくなります。スタッフの

気遣いにふれてほっとする時間がもてたり，他の人々とのふれ合いで活力を養ったりすることができるかもしれません。自治体によっては地域コーディネーターの養成を推奨し，子どもと地域をつないで貧困や孤立を食い止める努力をしています。これらの活動は地域住民の交流という機能もあるので，今後，さまざまな世代の地域住民を巻き込んだ活動の展開が期待されます。

　子どものおかれている環境は目まぐるしく変わっていきます。それには親がおかれている状況の変化も影響しているでしょう。児童虐待の背景には貧困があることが多いので，問題を解決するためには，児童福祉的な制度拡充だけでなく，親を取り巻く環境の改善が望まれます。育児休暇制度やひとり親家庭への補償などを充実させていくと同時に，地域でのセーフティネットを強化していくなどの対策が急がれます。

　要保護児童対策地域協議会（以下，**要対協**）は，子どもを守る地域ネットワークとして 2005 年度から全国に設置されるようになりました。支援を必要とする児童や家庭の情報を，市役所，児童相談所，学校，警察，医療機関などで共有し，協力しながら虐待の早期発見・早期支援に取り組んでいます。虐待の危機にある子どもをできるだけ早く発見し，適切に保護するには地域ネットワークが不可欠です。生活保護ケースワーカー，乳幼児健診で関わる保健師，通っている保育園や学校関係者などが，何らかのきっかけで子どもの危機的な状況を知ることができれば，ネットワークを通じて，対象家庭に児童委員など地域のボランティアが訪問したり，ヘルパーの利用を促したりすることができます。情報を共有し，適切に地域の資源につなぐことによって，有効な支援が可能になります。

　心理専門職が子どもに関わる機会は少なくありません。乳幼児健診の発達相談やそのフォローアップのほか，就学前相談などで保健師や保育士らと共に関わる場合があります。発達支援センターや児童相談所にも心理専門職が配置され，発達検査を行ったり，保護者に子どもへの関わり方について助言指導をしたり，場合によっては家庭訪問に同行することもあります。小学校や中学校ではスクールカウンセラーとして子どもと面談します。医療機関に保護者と共に診療に訪れた子どもに，検査やプレイセラピーで関わる場合もあります。こう

した中で，直接に，あるいは間接的にであっても，子どもの危機を察知したら
すぐに行動を起こすことが大事です。児童虐待については守秘義務よりも通告
義務が優先されます。要対協などで情報や問題を共有し，迅速かつ適切な対応
を可能にするためにも，心理専門職として何ができるかを常に考えておきたい
ものです。

3.1.5　ひきこもりへの支援

　これまでにも国は，ひきこもりへの支援として実態調査を行ったり相談窓口
を設けたり，支援するための人材の養成を進めたりしてきました。2018 年に
は対象をそれまでの 15〜39 歳から 40〜64 歳に拡大して調査を実施したところ，
この年代でひきこもりに該当する人は約 61 万人おり，その数は 15〜39 歳を対
象に行われた調査で推定された 54 万人を上回ると報告しています（内閣府，
2019）。20 代の頃からひきこもりが始まり，10 年以上経過したという人は約
36.1％だったこともわかりました。また，30 年以上経過したという人も少なか
らず含まれています。ひきこもりが長期化すればするほど本人も親も年をとり
ます。80 代（高齢）の親が 50 代（中高年）のひきこもる子どもを抱える状況
は「8050 問題」とよばれ，世帯の孤立や困窮などさまざまな問題を伴うこと
が懸念されています。

　2021 年に施行された改正社会福祉法により，ひきこもり，介護，貧困など
の複合的な課題に対し，一括して相談に応じる仕組みづくりを国全体で進めて
いくこととなりました。ひきこもりへの支援に関するさまざまな情報は，厚生
労働省が 2022 年に開設したポータルサイト「ひきこもり VOICE STATION」
からも入手できます。

　ひきこもりについて，厚生労働省が作成したガイドライン（齊藤，2010）で
は下記のように定義されています。

　「様々な要因の結果として社会的参加（義務教育を含む就学，非常勤職を含
む就労，家庭外での交遊など）を回避し，原則的には 6 カ月以上にわたって概
ね家庭にとどまり続けている状態（他者と交わらない形での外出をしていても
よい）を指す現象概念である。」

この定義によれば，ひきこもりは状態像です。原因や背景要因も，表面に見える姿も多様だということになります。したがって，支援を考える上では，生物・心理・社会モデルに即した総合的な視点でとらえ，個々の特性や環境に合わせた支援をしていくことになります。国が示しているガイドラインでは，支援方法として，①家族相談，②本人支援，③集団適応支援がありますが，ひきこもっている当事者に会うことは難しいため，まずは家族相談からの開始となります。家族と本人の関係改善を促し，安心できる生活環境をつくり，徐々に本人へのアプローチ，そして外の世界とのつながりをつくっていくという流れが想定されます。

こうしたことから，ひきこもり支援に関わる心理専門職は，支援者側から出向くアウトリーチ型の支援に力を入れています。家庭訪問し，必要な情報を与え，家族や本人を家族会やピアサポートなどの場につないでいくのです。この過程において，心理専門職には，家族と本人の両方のカウンセリングをはじめ，本人の家庭内適応が高まるように環境調整しながら家族全体を支援することが求められます。

不登校やニートの中には，広義のひきこもりに該当する人も含まれています。アウトリーチ型の支援スタイルを身につけることは，支援者としての活動の幅を広げることになります。

多様な支援と心理専門職の仕事

3.2.1 権利擁護の研修

福祉領域では，**権利擁護**（5.3節参照）を基本として支援を考えていくことになりますが，サービス事業者の多様化に伴い，事業者による権利侵害も増えています。具体的には，高齢者や障害者施設，子どもを保護する施設など，施設内での虐待が増加しています。子どもの場合は，虐待が疑われる場合でも通告する義務がありますし，高齢者の虐待を発見した場合には，通報の努力義務（生命・身体の危険が迫っている場合は通報義務）が課せられています。しかし，法律があるからといって深刻な状況に至るのを食い止められるわけではあ

りません。施設職員等を対象とした研修を行い，権利擁護の重要性について理解を促すといったことは公認心理師の活動として期待されることの一つです。また，より広く地域住民に対して人権についての理解を促し，差別や偏見をなくすために活動していくことも，虐待の**予防**につながると考えられます。

3.2.2　DVと児童虐待

　DVや虐待への支援の輪も広がっています。たとえば，DVについては，各都道府県に設置された配偶者暴力相談支援センターや婦人相談所などが窓口となって相談に応じています。内閣府が2020年度に実施した「男女間における暴力に関する調査」（内閣府，2021）によれば，女性の約4人に1人，男性の約5人に1人は，配偶者から被害を受けたことがあると回答しています。しかし，被害を受けた女性の約4割，男性の約6割はどこにも相談していませんでした。被害を受けていても，相談するほどのことではないと感じていたり，相談しても仕方ないと考えたりしているからと思われます。

　しかし，DVは子どもを巻き込むことも少なくありません。子どもの目の前でDVが行われることもあれば，配偶者への攻撃が子どもにまで及ぶこともあります。これらはいずれも児童虐待に該当します。社会全体で，DVは親自身の問題だけでなく，子どもも含めた家庭の問題という意識を高め，相談しやすい環境をつくっていくことが大切です。

　2020年から政府は「DV相談＋」事業を開始し，土日祝日も含めて24時間，電話，メール，オンライン・チャットでの相談に応じる体制を整えました。「DVかどうかはっきりとわからないけれど，もしかしたら」という未確定の思いや不安をも受け止める場所をつくっていくことで，具体的な支援に結びつけやすくなります。

　また，子どもに関わる支援者がDVに気づくことがあります。はじめは子どもに関する相談だったのが，母親自身や家庭全体の問題を聞きとっていくうちに，DV支援に重点をおいた方針に切り替えたというケースもあります。表面的には子どもの発達や情緒的な問題にみえても，背景にDVが隠れている場合があるので，この分野での心理専門職は，家庭全体を支援するという意識をも

って事例をみるよう努める必要があります。

近年は，通告される心理的虐待の半数近くがDVを目撃したケースと考えられています。しかし，DV防止法では，被害者は「配偶者からの暴力を受けた者」と規定されているため，婦人相談所などに母子で避難しても，子どもへの支援が十分でなかったりします。児童虐待防止法では支援対象は子どもになりますが，児童相談所がDVに直接的に介入することは困難です。法律及び関連施設とその機能について十分に知った上で，対象となる親子にどのような支援が考えられるかを検討する必要があります。たとえば，母子生活支援施設では，母子を受け入れて母親の生活や就労の支援と子どものケアを行っています。ここには心理専門職が配置されており，トラウマのケアや，親子間のアタッチメントを強めていけるような働きかけが行われます。この領域で活動する心理専門職は，DVや虐待の家族構造と夫婦の関係性，さらにトラウマ，親子関係など多岐にわたる問題に配慮しながら，関連各機関との連携を心がけることになります。

3.2.3　支援者支援

最後に，支援者支援の重要性について述べます。福祉の領域では，人手不足の問題がなかなか解消されません。離職の理由としては，待遇や職場の人間関係への不満などが挙げられています。離職を防ぐためにも，支援者支援体制を整えていくことが有効です。

福祉領域での支援では，目標が変動しやすかったり支援の成果がわかりにくかったりして，支援者としてのやりがいを感じにくいということがあります。また，職場の上司や仲間から評価されにくいこともあって，それらがモチベーション維持の難しさをもたらすことがあります。職場環境を整えていく上で，支援者が支援者を支え合う仕組みをつくるのはとても重要なことです。支援者同士が互いに認め合い，助け合える関係になるよう心理専門職が介入することで，職員のやる気を高めたり，バーンアウト（BOX 4.3参照）を防いだりすることができます。

その他，職場全体でリーダーシップ論や組織論などについて学ぶ研修を行っ

たり，研修を通してハラスメントへの意識を高め合ったりすることも有効です。支援者も健康の問題や家庭の問題を抱えています。支援者それぞれが互いの多様な働き方を認め合い，職場のメンタルヘルス向上に少しずつ手を貸し合うことができるなら，支援者たちが働き続けられる職場をつくると同時に，利用者に質の高い支援を提供することができると考えられます。

復 習 問 題

1. 児童虐待の予防や早期発見のための地域での取組みについて，説明してください。
2. ひきこもり予防のために，心理専門職が地域においてどのような活動ができるか考察してみましょう。
3. 児童虐待やひきこもり等の問題に積極的に関わっていくために，心理専門職が身につけておくべき知識やスキルについて考察してください。

参 考 図 書

太田 信夫（監修）小畑 文也（編）（2017）．福祉心理学　北大路書房

　福祉領域での心理専門職の業務について，具体的な職名や必要な資格を挙げながらわかりやすく解説しています。それぞれの職場の様子がイメージしやすいように，「現場の声」が多く掲載されています。

川畑 隆・笹川 宏樹・宮井 研治（編著）（2020）．福祉心理学――福祉分野での心理
　　職の役割――　ミネルヴァ書房

　福祉領域での心理専門職の業務内容や基本的な考え方について，法制度との関連から詳しく解説しています。

福祉現場における活動の基本

　福祉は，人々が「しあわせ」に生きることを支える活動です。この領域では，社会福祉士，介護福祉士，精神保健福祉士など種々の専門職が活動していますが，それは，それだけニーズが多様で，これに応えようとするためです。必然的にこの領域で働く心理専門職には，多職種連携が求められることになります。福祉領域において心理的支援が求められる場面や対象はさまざまです。心理的問題を抱えているかどうかだけでなく，経済的に困窮している人，十分なケアを受けることのできない子どもなど，健全な生活がままならない人々への支援もあります。ここでは，福祉領域において心理的支援を組み立てていくための基本となる考え方やキーワードを取り上げて説明します。より具体的な支援技法については，第6章で紹介します。

4.1　福祉領域での心理支援

　日常生活を営む上で何らかの支障のある（あるいは，支障を抱える可能性のある）人に対し，安全で健康に，自立的な生活ができるよう支えることが福祉領域で求められる支援です。

4.1.1　心理支援の役割

　心理専門職は，専門性を背景に支援を必要としている人が抱えている問題を見極め，解決への道筋を見出し，解決に向けて利用可能な福祉的制度やサービス，人的資源として何があるかを考えます。そして，対象者と支援資源とを結びつけるために，どのような援助技術を用いるべきか，どのような援助者を介入させるべきかを考え，実行に移していきます。それらの活動の中には，利用

できる支援資源全体を俯瞰し，必要であれば関係機関をつないで全体をマネジメントする，**コーディネーター**（coordinator）としての務めを果たすこともある一方で，生活困窮者支援やひきこもり支援などで用いられるアウトリーチ型支援では，自ら積極的に対象者のもとに出向いて活動することもあります。

　このように，心理専門職には，心の問題と社会の条件の両方を視野にとらえながら，対象者個人と社会との架け橋となりつつ，支援が全体としてスムーズに進んでいくよう潤滑油的な役割を担っていくことが期待されます。心理的援助法にはさまざまな流派がありますが，福祉領域では，対象者や他の支援者のニーズに合わせて柔軟に支援活動を行うために，特定の学派の理論や技法にこだわらず，対象者の状況に合わせてさまざまな心理療法やアプローチの中から最適なものを選んで有機的に組み合わせて用いる，**統合的心理療法**が勧められます。

4.1.2　心理の専門性と支援の形

　福祉領域において，その専門家であるソーシャルワーカーは，相談あるいは関係機関との連携や調整などの方法を用いて，「生活支援」という形で支援を行います。一方，心理専門職は，対象者に「心理的な支援」を提供することを念頭におきながら活動していますが，生活の中から心の問題の部分だけを切り取って考えているわけではありません。

　たとえば，精神疾患で長期入院をしていた患者が退院する場合を考えてみましょう。退院後のメンタルヘルスには，復職後の就労状況や家族関係が大きく影響します。スムーズな再適応を図るために，入院中にカウンセリングを担当している心理専門職は，患者と退院後の生活において予想される問題を共有し，その対応について話し合います。必要があれば，家族や職場関係者との間に入って，調整役を担うこともあります。退院後のカウンセリングでも，本人の心理面だけでなく生活上の諸側面についても解決を目指して助言や情報提供をするのが有益です。対象者に寄り添おうとすれば，必然的に心理支援は生活支援と重なる部分が出てくるものです。

　日常生活で立ち現れてくる悩みや問題に心理専門職が耳を傾け，時には一緒

に悩み，考えるという過程の中で，支援者が具体的な問題解決に関与しなくても，いつの間にか問題が改善しているということはよくあります。つまり，心の問題解決が社会生活上の問題解決にも波及することがあります。心理専門職は，心理支援が対象者の生活全般に関わるということを理解し，対象者の生活の幅が広がるように，そして肯定的な経験が積み重なっていくように，さまざまな方向からの支援を心がけています。

　ところで，支援を受けようとしている人すべてがそれを肯定的に受け止めているとは限りません。「他人が怖い」「信用できない」という猜疑的な考えにとらわれている人の中には，支援者に対しても同様の態度をもち続けていることがあります。このような場合には，支援者は対応を急がず，対象者のペースに合わせるようにします。対象者の気持ちを尊重し，受容しながらじっくり関わっていると，ふとした瞬間に，「この支援者は信頼できる」「支援を受け入れてもいいかな」と対象者の気持ちが動くことがあります。表立って見える行動の背後にある対象者の気持ちを汲み取りながら，その人にふさわしい関わり方を考え，本人が自立に向かって歩んでいけるよう寄り添っていくことが，心理支援の基本姿勢です。

心理支援の諸相

4.2.1　アセスメント機能（理解と支援計画）

　心理支援は，まず，支援の対象者を理解しようとすることから始まります。適切な支援計画を立てるには，対象者が今どのような状態にあって，何に困っているかを把握し，それを念頭において，どのような介入方法があり得るか，どのようになることが望ましいかといった見通しをつける必要があります。対象者を理解し，支援計画に結びつけていく一連の過程は**心理的アセスメント**とよばれます。

　アセスメントにおいては，情報が不可欠です。対象者のためになる支援がどのようなものか，それをどのように展開していくかを考えるために，主訴に基づきながら相談内容や生育歴等について本人や保護者などから情報を得ます。

それらに，**行動観察**や**心理検査**の結果，関係機関からの情報も加えながら，問題がどのように生じ，なぜ維持されているかについて**仮説**を立て，それをもとに支援策を検討していきます。

　アセスメントを適切に行うには，適切な情報を得ることが重要です。本人や保護者から丁寧に聞きとることも大事ですが，客観的な指標を用いることも心理専門職として意識したい点です。たとえば子どもの問題行動などについて，周囲は実際よりも多く（あるいは長く）起こっていると思い込みやすいものです。それだけ問題行動の印象が強いのですが，実際に回数を記録してみると，思っていたほど多くなかったりします。さらに詳細に記録をとってみると，特定の人が関わっていたときに起こるなど，何らかのパターンや特定のきっかけがあることに気づかされることもあります。具体的なデータや客観的な根拠（エビデンス）をもとに合理的に考えることで，偏った思い込みに陥ることを避けられます。また，心理検査の結果など何らかの基準となるような客観的データがあると，問題行動や症状の説明に対する信頼度が高まり，他の専門職を含め，周囲の理解や協力を得やすくなります。

　このように，アセスメントの過程では，客観的な指標も加えながら，集めた情報を**生物・心理・社会（BPS）モデル**などに基づいて問題を検討し，支援計画を立てていくことが望まれます。問題が起こった背景について，本人の特性（生物学的要因あるいは心理的要因）がどの程度関与しているのか，そしてそれらに周囲の環境条件（社会的要因）がどのようにどの程度影響しているかなど，相互の関連性を考えます。活用できそうな資源（たとえば，生活保護などの制度や福祉サービスの利用が可能かどうかなど）の検討も含めた**包括的アセスメント**を行うことが，適切な支援計画の提案につながるといえます。

　また，アセスメントは支援プロセスの一部で，それと離れて行われるわけではありません。たとえば，面談を重ねていくうちにそれまで見えていなかった対象者の面に支援者が気づくことがあります。対象者自身に変化が生じたりして新たな情報が追加されることもあります。その都度，部分的にアセスメントを修正し，支援計画についても見直しを行っていくことになります。

　アセスメントの基本的な考え方の一つに，**システム理論（BOX 4.1 参照）**

BOX 4.1	システム理論

　社会福祉の分野では，1980年代以降，過去や個人の要因よりも現在の環境の影響をより重視して問題をとらえるといったエコロジカルな視点による考え方が主流となりました。その際に基本的な理論的枠組みとなったのが，1968年に生物学者のベルタランフィ（Bertalanffy, L.）が提唱した**システム理論**です。これは，有機体の全体性を包括的に説明する理論で，人はその人を取り巻く環境から影響を受けると同時に環境に対して影響を与えるということが強調されます。個人という小さい単位から地域，国といった大きな単位に至るまで，すべてが密接に関連し合っているとの見方から，さまざまなレベルでの相互作用から互いにとっての最適な支援関係を模索していく考え方は，現在のソーシャルワーク理論の主軸となっています。

があります。その中でも，特に，人と生活環境との相互作用に着目するエコロジカル・モデルでは，対象者が抱える困難には，当人の問題だけでなく，環境側がもつ問題や，環境に潜んでいるさまざまな要因間の不調和が影響していると考えます。対象者が陥っているストレス状況を改善するためには，受け止め方や行動を変えたりして本人のストレス対処力を高めるだけでなく，物理的な環境を変えることやサポート体制を充実するなど，環境側からの働きかけによって対象者と環境との不調和を改善することも必要です。個人と環境の相互作用的視点に立ち，生活そのものを支援対象と位置づけることで支援の幅を広げることから，より現実的な支援の手立てを見出すことができます。

4.2.2　自己選択・自己決定の尊重

　支援方針の決定や実行の過程において重視されることの一つに，対象者から同意を得ることが挙げられます。医療領域では，患者が自分の情報について正しく知った上で，治療について自己決定できる権利を尊重するため，医療者側は「医療を提供するに当たり，適切な説明を行い，医療を受ける者の理解を得るよう努めなければならない。」（医療法第1条の4）と法律に定められていま

す。患者がどのような医療を選択するかについて，医療を提供する側と患者の双方が情報を共有し，互いに合意する**インフォームド・コンセント**（informed consent）の手続きが権利として保障されているのです。したがって，医療を提供する側には，患者に関連する情報をわかりやすく説明することが求められますし，患者側にも，治療の選択に主体的に参加することが期待されています。患者と医療者が共同してより良い医療環境をつくることが目指されているのです。

　心理支援の提供についても同様で，支援者には，対象者に支援に関する情報を適切に伝え，対象者が自己決定できるようサポートする責任があります。対象者が適切な判断をするために必要な情報を得ることができているか，十分に理解できているかに留意しつつ，相手の理解度に応じて説明する**インフォームド・アセント**（informed assent）にも配慮した関わりが望まれます。こうした支援者の誠実な姿勢は，ラポールの形成を促し，支援対象者の自己選択・自己決定を支えるものとなります。

4.2.3　連携・協働・調整機能

　公認心理師が行う活動は公認心理師法などで規定されていますが，中でも強調されているのが，関連する機関や専門家との**連携**や**協働**です。そこには，連携・協働を円滑に行うための調整機能も含まれます。連携も協働も辞書的には「協力してことにあたる」ことを意味しますが，この分野では，「連携」は互いに連絡をとり合って情報共有すること，「協働」は同じ目的を共有し，目的の達成に向かって具体的に行動することを指します。

　福祉領域での支援は，対象者の生活に深く関わります。対象者の生活全体を支援していくためには，心理専門職の力だけでは不十分です。医師，看護師，社会福祉士，精神保健福祉士，介護福祉士など他の専門職の協力があって支援が成り立っています。専門職の間で問題について情報を共有し，解決のために互いの知識やスキルを提供し合う作業の中で心理専門職に期待されることは，彼らの間をつなぐ役割です。特に，第 3 章でもふれた**要保護児童対策地域協議会**や**地域包括支援センター**など多様な専門職から構成される組織で支援にあた

る場合などには，それぞれが対象者に関する共通認識のもとで協働できるよう工夫が必要です。というのも，専門領域が異なればそこで用いられる言葉（用語）が違っていたり，同じ用語でも意味合いが微妙に違っていたりします。そこで心理専門職が仲介し，専門職の間で認識に齟齬が生じないように，また，他の職の役割について互いに理解し合えるよう，それぞれの言葉を補ったり，フィードバックすることを心がけます。全体として円滑にコミュニケーションがとれるように計らい，メンバー間の相互信頼が築かれるように努めます。多職種連携が単なる情報共有にとどまることなく，実質的な協働にステップアップするために，心理専門職には多職種間をつないで「意味のある連携」にしていくことが期待されています。

　支援に役立つ情報が十分にあり，社会資源（制度やサービスなど）が整っていたとしても，それらを支援対象者が有効に活用できるとは限りません。たとえば，医療機関等で発達検査を実施すると，数値など具体的なデータで結果が明示されますが，これらのデータが何を意味するのか十分に知っていなければ，利用価値はありません。そこで心理専門職が，心理学的な解釈を加え，日常生活の場面でどのように応用するか，わかりやすい言葉で説明した上で，具体的な支援法を提案します。そうすることによって，検査の結果をもとに本人や家族が目標を設定しやすくなり，具体的な行動を促すことができると思われます。

　問題解決に必要な資源について情報が足りない対象者には情報を提供し，解決したいという動機づけが弱い人には動機づけを与え，サービス利用への偏見があればそれをなくすなど，支援を必要としている人と利用できる資源を結びつけて，支援を実効的な形にしていくなど，有機的なつながりをつくっていくことも心理専門職には期待されます。

4.2.4　エンパワメント

　エンパワメント（empowerment）とは，支援対象者自らが，能動的に人生に向き合っていこうとする力を引き出すような働きかけです。例を挙げてみます。Ａくんは，授業中に教師が何度注意しても私語や離席を繰り返していました。Ａくんは，友だちもおらず，教師からも叱られてばかりだったため，学校

に行くのが好きではありませんでした。しかし，学年が変わり，新たに担任と
なった教師は，Ａくんの授業中の発言を「ユニークだ」と肯定的に評価しまし
た。そしてＡくんに授業プリントの配付を手伝ってもらうようにしたのです。
すると，それまで授業の邪魔ばかりするという，Ａくんに対するクラスメート
の評価が変わり，Ａくんも「自分にもできることがある」と思えるようになり
ました。自分から教師やクラスメートに話しかけるようになって交流が増え，
Ａくんは学校に行くことが少し好きになりました。

　この例のように，エンパワメントとは，その人に本来備わっている力が何ら
かの要因によって十分に発揮できていない場合に，その阻害要因を取り去って
本人の力が発揮できるようにすることを指します。Ａくんは他者への関心が高
く対人スキルもある程度ありましたが，「自分はダメな奴だ」と思っていたた
め他者との関わりに消極的でした。担任教師の接し方などによって環境が変わ
ったことが，自ら周囲と関わろうとするＡくんの主体的な力を引き出すきっ
かけとなり，結果としてＡくんの学校での適応度が上がったといえます。

　対象者がもつ主体的な力を引き出すためには，元気になりたいという対象者
自身の気持ちをうまく刺激していくことが重要です。そこで支援者は，対象者
のもつ**強み（ストレングス）**に着目します。対象者に備わっている健康的な側
面に注目し，折にふれてほめるなどして「自分には良いところもある，力があ
る」といった本人の気づきや自覚を促します。対象者が自分自身を肯定的に評
価できるように，そして，自らが人生の主役だと感じて自己実現を図ろうとす
る気持ちになるよう後押しするのです。

　支援によって一時的に問題が良くなった（ように見えた）としても，すぐに
また同じ問題や困難に陥ったり，他の新たな問題が発生したりするようでは，
全体として有益な支援とはいえません。ある程度の期間，対象者が落ち着いて
生活できるようにするのは大事なことですが，同時に，困難な状況を主体的に
打開する行動を起こせるような支援を行うことも大切です。福祉領域では支援
が長期間に及びやすいため，支援対象者の気持ちが後ろ向きにならないように，
エンパワメントに着目した支援が心がけられています。支援を受けたことをき
っかけとして，対象者が自分自身の強みを活かし，現状を変えようと能動的に

動く気持ちになるような環境を整えることが「自立」（BOX 4.2 参照）に向けた支援なのです。

4.2.5 援助要請と心理的負債感

適切に援助を求める態度を促すこともエンパワメントの一つです。**援助要請**とは，自分一人で問題を解決するのは困難だと感じた際，周囲に対して直接あるいは間接に援助を求めているという意思を表明することです。気兼ねなく身近な人に「助けて」と言えることもありますが，助けを求めるのが難しいこともあります。適切に助けを求めることができない状況として，小畑（2017）は，**表 4.1** に示す 8 条件を挙げています。

そもそも援助を求めていないとか，必要性を感じていない人に支援を受け入れるよう強く勧めることはできませんが，援助を求めようとしても方法がわからない人に適切な方法を教えることは可能です。また，本人の援助を求める気持ちを引き出すだけでなく，気兼ねすることなく話し合える環境をつくるのも重要なことです。支援者の側が，支援を受ける人がどのような体験をしているかを想像しながら適切に声掛けをし，要請があればすぐに応じる姿勢を示し続けることによって信頼を高めることができるなら，援助要請へのハードルは低くなります。

また，表 4.1 の（6）に関連するものとして心理的負債感が挙げられます。

表 4.1 **対象者が援助要請をしない理由**（小畑，2017）

（1）問題を認識していない
（2）問題の認識が間違っている
（3）問題を過小評価している，自分で何とかなると思っている
（4）問題を意図的に否認する
（5）世間体や偏見を気にする
（6）援助を求めることに罪悪感や恥を感じている
（7）すでに援助要請する力をなくしている
（8）援助者への期待が薄い

一般に，人間関係では互恵性が働くとされます。これは，相手のために何かをすればお返しがあるという関係が成り立っていることで，誕生日のプレゼントを贈った相手から自分の誕生日にプレゼントをもらうなど，日常的によくみられることです。お互いに利益があり，その関係が平等だと感じられればよいのですが，どちらかが我慢をしていたり負担だと感じてしまうと，良い関係が維持できなくなることがあります。たとえば支援の場において，対象者側が一方的に支援を受け続けていると感じると，支援者に対して「いつも手間をかけさせて申し訳ない」と心苦しさを感じることがあります。これが心理的負債感（Greenberg, 1980）とよばれるものです。

　他者から援助されることを，一種の負債を負った状態と認識し，それを心苦しく感じるようになることがあります。自分が一方的に支援を受け続けていると感じると，そうした状態にある自分を恥じて自尊心が低下したり，「とてもではないが，お返しできそうにない」と無力感を抱えてしまったりします。ま

BOX 4.2　「自立」について

　日本の社会福祉制度は，基本的には個人の権利を守りながら，その自立を目指すという方向に進んでいます。「自立」とは，本来は他に頼らず独立してやっていくことを指しますが，福祉における「自立」とは，社会福祉サービスを利用しなくても生活できるということを指すものではありません。ここでいう「自立」とは，経済的，社会的，心理的な面において，福祉サービスの利用も含め，自らの考えのもと，QOLを向上させ自己実現に向かって生活を営んでいくことです。生活に必要なサービスを自分で選び，場合によってはサービスの利用に伴って生じる不都合についても，自分で責任を負います。また，福祉が目指すのは，自分だけでなく他者をも「しあわせ」にする営みです。支援をしてもらうばかりでなく，時には他の誰かを励ましたり，助言したり，サービスを提供する側にもなるのが，本来の人間社会です。人と人が互いに影響し合っていることを自覚しながら，それぞれが主体的にサービスを循環的に生み出していく活動に参加することが「自立」への一歩であり，共生社会をつくっていくことと思われます。

た，そうした負の感情状態に陥るのを避けるために，対象者が援助要請を控え
ようとすることもあります（田中，2011）。真に支援を必要としている人が援
助要請できないというのは望ましくない状況です。対象者の心理的負債感を低
減するための工夫の一つとして，ピアサポートやセルフヘルプグループの利用
を勧めて，支援対象者が支援する側になる機会をつくるというやり方がありま
す。それがうまくいけば「自分は一方的に支援を受けるだけの存在ではない」
と感じてもらえ，対象者の心理的負債感を低減させ，エンパワメントに有効と
思われます。

　1980 年代まで，日本の福祉的なサービスは上から下へといった一方向的な
支援が中心でした。一方的に支援され続けている状況では，「自分は被支援者
だ」との認識が強まり，その境遇を打開しようとする前向きな気持ちが芽生え
にくいこともあったと思われます。介護保険制度の導入を機に，日本の福祉は，
自分の意思で必要な分だけ利用するという方向へと変わってきました。主体性
が発揮されやすい環境を整えるなどエンパワメントを意識した支援は，支援対
象者の人生の自己選択・自己決定を促すことにつながるでしょう。

4.2.6　心理教育

　前項で述べたように，対象者はしばしば自分自身の問題を認識していないか，
それを認識することを否認することもあります。そのため，対象者が自分の問
題を正しく理解し，これに対処する方法を身につけるよう指導する心理教育と
いう形の支援も重要です。「教育」とはいいますが，専門家が一方的に心理学
を活用した思考や行動の方法を教えるという面よりも，対象者が問題に関する
正しい知識や有効な対処法を学び，自律的に自らの問題に向き合う姿勢を強め
ていく点に重きがおかれています。自分の直面している問題がどのようなもの
か，今後どうなっていくのかを正しく知ると，不安な気持ちが和らいで冷静に
問題について考えられるようになります。適切かつ実行しやすい対応法を知っ
ておけば，再び問題が起こっても自分で対処できそうだという自信にもなりま
す。

　心理教育には**予防**的な側面もあります。支援者が対象者と共に，将来的に派

生する問題について考え，あらかじめ対処しておくことで，問題の発生や悪化を食い止める可能性が高まります。また，対象者だけでなく，家族など周囲の援助提供者に対して心理教育を行うこと（家族心理教育）も有効です。家族は，日常の接し方や困った事態になった場合の対応について知っておくと安心ですし，支援対象者にも普段から余裕をもって接することができます。特にひきこもりや不登校など，支援者が対象者に直接アプローチすることが困難なケースでは，家族など周囲の人々が問題の性質や関わり方について知識を得て，適切に接することで対象者が生活しやすくなると期待できます。

　心理教育は，対象者が「知る」ことで，「自分らしくしあわせに生きる」こととは何かを考え，自己決定あるいは自己選択ができるよう促すためのものです。それだけでは根本的な解決に至らないこともありますが，支援者が対象者に問題や対応法に関する正しい知識を提供し，共に考える姿勢で接することによって対象者の自己選択・自己決定を促していくことは，対象者にとって心強い支援となるでしょう。

4.3　コミュニティ・アプローチ（臨床心理学的地域援助）

　福祉領域における心理支援者は，コミュニティ心理学に基づいた方法（コミュニティ・アプローチ）を身につけることによって，その活動の幅を広げることができます。コミュニティ心理学では，個人と環境の相互作用を基本として，対象者個人だけを切り取るのではなく，これを環境の中にある人としてとらえます。人も環境もコミュニティの一部としてとらえるこの立場では，支援を考える場合に，個人が環境にどのように働きかけているかと同時に，所属する集団・組織や地域といった環境が個人にどのように働きかけているかを意識しながら，コミュニティ全体として良い方向に向かっていけるよう支援を組み立てます。

　コミュニティ・アプローチの特徴を表すものの一つに，アウトリーチ型支援があります。さまざまな理由で支援を欲していても自ら支援を求めることが難しい人に対し，支援者側のほうから積極的に働きかけるものです。たとえば，

心身の不調で相談機関に足を運べない人の自宅に，支援者が直接訪問して相談に乗ったり，支援を受けることに消極的な人に，粘り強く支援の必要性を説いたり支援を受けるための具体的な情報を提供したりするなどです。

　また，コミュニティ・アプローチでは，支援を必要としている個人に対してだけでなく，所属する学校や企業，住んでいる施設や地域など，被支援者を取り巻く環境にも働きかけます。たとえば，学校生活に馴染めず休みがちな子どもについて，スクールカウンセラーがその子どもに会うだけでなく，子どもの身近な支援者である担任や保護者とも会って子どもの様子を説明したり，関わり方について助言したりします。すると，子どもにもその周囲にも変化が起こって双方が歩み寄りやすくなり，結果として子どもが過ごしやすい環境がつくられるなど事態が望ましいほうへと向かうことができます。さらにスクールカウンセラーは，教員や保護者を対象とした勉強会を催し，子どもが学校生活で感じやすい困難やそれに対する対応について学ぶ機会を提供するなど，子どもの問題に学校全体で解決する仕組みづくりにも貢献できるかもしれません。このように，コミュニティ・アプローチは，支援を要する個人と同時に周囲の環境にも支援をすることで，被支援者だけでなく周囲にも変化を促し，互いに影響を与え合って全体として良い変化を目指します。組織の成員や住民が互いを尊重し，協力し合う気持ちになれば，さまざまな問題の発生を未然に防ぐことにもつながります。これは，地域共生社会を実現していく上で欠かせない考え方といえるでしょう。

4.4　支援者のメンタルヘルス

　相手に共感を示すことは，心理支援者の基本的な態度とされます。しかし，支援対象者に親身になって手厚い支援をすることにのめり込んでいると，図らずも支援対象者の個人的な領域に踏み込みすぎてしまったり，共依存の関係に陥ったりしてしまうことがあります。

　共依存（co-dependency）とは，特定の相手との間で，互いに互いを必要とする気持ちが過剰に強くなり，それにとらわれてしまうことを指します。これ

は，支援者と支援対象者の間でも起こることがあります。たとえば，相手のために思って献身的に世話を焼くことは，相手から感謝されたり周囲から賞賛されたりして自尊心が満たされるため，支援者のほうに，相手から感謝されたい，頼られることで自身の存在意義を確認したい，自尊心を満たしたいといった欲求（支援者が自覚していないこともあります）があると，ケアの提供にエネルギーを注ぐようになります。支援者にとって他にそうした欲求が満たされる場がなければ，ますます熱心に相手をケアするようになるでしょう。支援対象者も次第に「この支援者がいないと自分は生きていけないかもしれない」という不安から，ケアの提供を強く求めるようになり，支援者も自分の欲求を満たすために，支援対象者から離れられなくなってしまいます。こうした関係になってしまうと，対象者が支援を必要とするようになった理由であるもともとの問題や困った状況は改善されないまま放置され，一層深刻になっていくこともあります。支援者にとっての「望ましい支援」が，必ずしも対象者にとっての「望ましい支援」であるとは限らないのです。

　支援者が共依存を避け，対象者との間に適切な関係性を保つためには SV（スーパービジョン）を受けることが良いとして，推奨されています。SV は，スーパーバイザーから教育的な助言や心理的サポートを得るだけでなく，自らの活動について客観的に見直す機会としても有効です。支援者としての役割に沿って職務を遂行できているか，対象者の生活に踏み込みすぎていないかどうか，意識的に見直すためにも SV は福祉の現場で積極的に活用されています。

　他にも心理専門職が抱えやすい問題に**共感疲労**（compassion fatigue; Figley, 1995）があります。これは，心理的支援を行う者が，トラウマティックな出来事を経験した人に共感的に関わり続けることによって身体的・情緒的に疲弊してしまう状態を指します。医師，看護師，心理専門職，教員，警察官，ソーシャルワーカーなど，対人援助に関わる人には，しばしばトラウマ体験をもつ対象者に共感的に接することが求められます。そのような関わりが続くと，対象者と同様の苦痛を感じることが多くなります。特に，支援者自身にも同様の経験があると，そのときのことを想起してネガティブな気持ちを再体験しやすくなります。ストレスを抱えた状態で支援業務を続けていると，心身の健康を害

BOX 4.3	バーンアウト

それまで仕事に熱意をもって没頭していた人が，極度の疲労から燃え尽きたように意欲を失って，休職，ついには離職してしまうことがあります。バーンアウト（burnout：燃え尽き症候群）とは，このような，心身のエネルギーが奪われて何もする気がなくなるほど疲れ果ててしまう状態を表す言葉です。バーンアウトの対となる概念として知られているのが**ワーク・エンゲイジメント**（work engagement）です。これは，①熱意（仕事への誇りややりがいを感じている），②没頭（仕事に熱心に取り組んでいる），③活力（仕事から活力を得ていきいきとしている）の3つがそろった状態を指します。ワーク・エンゲイジメントを促進すると同時に，職場環境の改善を押し進めることがバーンアウトの予防につながると思われます。

しやすくなりますが，これはバーンアウト（BOX 4.3 参照）とよばれる深刻な心身の疲弊状態を招くことがあります。

　対策の一つとして，**共感満足**（compassion satisfaction; Stamm, 2002）を高めることが勧められています。これは，対人援助の仕事において得られる喜びなどのポジティブな感情です。支援対象者との関係で満足感が得られることもありますが，その他にも支援者同士で共感満足を高めることもできます。支援者同士で話を聞き合ったり，ねぎらいの言葉をかけ合ったりして互いを認め合うことが効果的です。職場である支援組織の人間関係を良くするような働きかけを積極的に行い，自分自身と他の専門職両方のメンタルヘルスの維持を心がけるのも心理専門職に期待されていることの一つです。

復 習 問 題

1. 適切な心理的アセスメントをするために配慮すべきポイントは何か，考察してください。

2. 他の専門家と連携・協働していくために，心理専門職として身につけたい知識やスキルは何か，考察してください。

3. エンパワメントとは何か説明してください。また，エンパワメントを促進していくための具体的な方法について考察してください。

参 考 図 書

村瀬 嘉代子（2019）．子どものこころに寄り添う営み　慶應義塾大学出版会

　主に子どもの支援を中心に書かれた本ですが，支援者としての基本的な姿勢について丁寧に解説されています。対象者の気持ちに寄り添うとはどういうことなのか，じっくり考えるきっかけとなります。

『臨床心理学』編集委員会（編）（2017）．臨床心理学　第 17 巻第 1 号　「こんなときどうする？」にこたえる 20 のヒント——心理職の仕事術——　金剛出版

　さまざまな心理支援の場を取り上げ，支援に対する基本的な考え方やクライエントに向き合う姿勢などがコンパクトにまとめられています。現場の専門家の声は，今後の活動に活かせるヒントに満ちています。

塩谷 隼平・吉村 夕里・川西 智也（2021）．公認心理師・臨床心理士のための福祉心理学入門　北大路書房

　児童・障害者・高齢者を支援対象として活動する心理専門職に必要な知識が幅広く網羅されています。歴史，理念，法制度について理解を深め，それらを活かした活動をどう組み立てていくかを考えるのに有用です。

福祉分野の活動における倫理

我が国の社会保障に対する考え方や制度は，社会経済状況に応じて変化してきました。福祉の法制度やサービス利用の仕方についても，大きく変わったものもあれば，細かな変更を繰り返しているものもあります。複雑な制度や利用の仕方について正しく理解すること自体が，そう簡単ではありません。支援を求める人が専門家に頼りたい，任せたいと思うこともあるでしょうし，支援者がその意を汲んで動くこともあれば，むしろ支援者側の都合によって支援方針を決めることもないわけではありません。しかし，福祉分野での支援とは，本来的には，支援を受ける人が主体的に問題解決や自己実現に取り組めるようサポートすることです。そのためにも，この分野での支援者には，当人にとっての「しあわせ」に思いを巡らせ，そのために必要な支援とは何かを適切に判断できる姿勢を備えていることが求められます。

5.1 倫理の基本的基準

支援の現場では唯一の絶対的な正解はありません。どのような支援が適切か，障害者を取り巻く社会と障害者の関係がどうなれば適切なのか，さまざまな観点から考えていくことが必要になります。このため，支援者は常に，自分自身の思い込みや偏った判断を避け，対象者にとって最善と思われる処遇を見極めようと心がけます。

日本国憲法に規定されている人権の尊重，公平性，平等などは，支援が「適切」もしくは「良い」かどうかを判断する基準の一つとなります。ここでいう人権とは，すべての人に認められた，生命と自由を確保し，それぞれの幸福を追求する権利で，それは平等権，自由権，社会権などとして憲法によって保障

されています。福祉領域でも，これらを基本として，人々の生活の質を守るために適切な支援とは何かを考えていきます。

　人権の尊重に加えて，支援者には職業上の倫理も課されます。職業倫理とは，その専門的活動を行う上で，してはならないことや目指すべき基準を示したもので，専門家としての行動指針ともなります。たとえば，公認心理師法の第40 条（信用失墜行為の禁止），41 条（秘密保持義務），42 条（連携），43 条（資質向上の責務）に法的義務が定められていますが，それだけでなく，心理専門職には，「社会の一員としてどのような社会的ルールの中で行動しなくてはならないのか，どのような社会的役割や責任を果たすことがもとめられているのか」（金沢，2006）を念頭におき，一般的な職業倫理に即しながら活動することが必要となります。

5.2　公認心理師の活動と倫理

　公認心理師は，人々の心の健康に関わる仕事を行うにあたり，専門家としての倫理に則し，責任感や使命感をもって自らの役割を果たすことが求められます。

5.2.1　公認心理師の職業倫理

　公認心理師を含めメンタルヘルス領域の職業倫理として，公認心理師現任者講習テキストには 7 点が挙げられています（表 5.1）。要点を述べると，支援対象者を傷つけない，対象者を自分の利益のために利用しない，対象者を一人の人間として尊重し，公平に接する，などですが，こうした関わり方を行うために必要な条件は，専門家として十分な教育を受けて訓練を積み，相手の健康と福祉に寄与するような方法を選択して支援できる能力と態度を備えていること，それに**秘密保持**や**インフォームド・コンセント**などです。

　しかしながら，公認心理師は単にこれらのルールを守ればいいというものではありません。これらのルールの背景にある，人々の基本的な人権を守り，**プライバシー**や**自己決定権**を尊重しながら，社会的責任を自覚して活動するとい

表 5.1 職業倫理の 7 原則（金沢．2006 を一部改変）

第 1 原則：相手を傷つけない，傷つけるようなおそれのあることをしない
相手を見捨てない，同僚が非倫理的に行動した場合にその同僚の行動を改めさせる，など。

第 2 原則：十分な教育・訓練によって身につけた専門的な行動の範囲内で，相手の健康と福祉に寄与する
効果について研究の十分な裏付けのある技法を用いる。心理検査の施行方法を順守し，マニュアルから逸脱した使用方法（例：心理検査を家に持ち帰って記入させる）を用いない。自分の能力の範囲内で行動し，常に研鑽を怠らない。公認心理師自身の心身の健康を維持し，自身の健康状態が不十分な時には公認心理師としての活動を控える。専門スキルやその結果として生じたもの（例：心理検査の結果）が悪用・誤用されないようにする。自身の専門知識・スキルの誇張や虚偽の宣伝は行わない。専門的に認められた資格がない場合，必要とされている知識・スキル・能力がない場合，あるいは，自身の知識やスキルなどがその分野での規準を満たさない場合は公認心理師としての活動を行わず，他の専門家にリファーする等の処置をとる，など。

第 3 原則：相手を利己的に利用しない
多重関係を避ける，クライエントと物を売買しない，物々交換や身体的接触を避ける，勧誘（リファー等の際に，クライエントに対して特定の機関に相談するよう勧めること）を行わない，など。

第 4 原則：一人ひとりを人間として尊重する
冷たくあしらわない，公認心理師自身の感情をある程度相手に伝える，相手を欺かない，など。

第 5 原則：秘密を守る
限定つき秘密保持であり，秘密保持には限界がある。本人の承諾なしに公認心理師がクライエントの秘密を漏らす場合は，明確で差し迫った生命の危険があり相手が特定されている場合，虐待が疑われる場合，そのクライエントのケア等に直接かかわっている専門家などの間で話し合う場合（例：相談室内のケース・カンファレンス等），などに限られる。ただし，いずれの場合も，クライエントの承諾が得られるようにしなければならない。また，記録を机の上に置いたままにしない，待合室などで他の人にクライエントの名前などが聞かれることのないよう注意する，といった現実的な配慮も忘れないようにする必要がある。なお，他人に知らせることをクライエント本人が自身の自由意思で強制されることなく許可した場合は守秘義務違反にはならない。

第 6 原則：インフォームド・コンセントを得て，相手の自己決定権を尊重する
十分に説明したうえで本人が合意することのみを行う，相手が拒否することは行わない（強制しない），記録を本人が見ることができるようにする，など。

第 7 原則：すべての人々を公平に扱い，社会的な正義と公正・平等の精神を具現する
差別や嫌がらせを行わない，経済的理由等によって援助を拒否してはならない，一人ひとりに合ったアセスメントや援助を行う，社会的な問題への介入も行う，など。

った高次の要請（金沢，2006）を念頭に，それに則して活動しようとする姿勢にこそ，より大切な意味があります。倫理的な配慮をしながら責任をもって活動しているという一貫した姿勢を示すことは，支援対象者からの過剰な要求を防ぐとともに，信頼を得ることにもつながります。職業倫理とは，このように，支援対象者と専門家の両者を守る枠組みであるだけでなく，支援活動を円滑に行う上でも有用なものといえるでしょう。

5.2.2　医療倫理

　福祉領域において公認心理師が活動していく上では，医療領域における倫理が参考になります。医療倫理の 4 原則（Beauchamp & Childress, 2001 立木・足立監訳 2009）とは，①自己決定の尊重（患者の意思を尊重する），②善行（患者には善いことを行う），③無危害（患者に害を加えない），④正義・公正（医療資源を公正に分配する）で，これが倫理的問題に対処する際の基本的指針となります。

　これらを具体的に説明すると，①は，どのような治療を受けるか，あるいは受けないかについて患者の意思を尊重するということです。患者に自律的に意思決定する力がある場合は，患者に治療の選択肢について十分説明した上で決定してもらうインフォームド・コンセントの手続きによって達成されますが，患者が自分の病態や予後等について十分理解できないとか，合理的な意思決定ができないといった場合もあります。その際は治療に関わっている人々が選択することになりますが，本人の気持ちを聞きながら，また，本人の価値観を十分に理解していると思われる人の意見も参考にしながら，患者側及びケアを提供する側双方の関係者全員が「患者の意思や価値観を尊重した」と思える選択に至ることが大事です。

　①は比較的優先順位が高いのですが，仮に死を望む患者がいたとしても，現在多くの国々では医学的・法的にそれが認められるわけではないので，自己決定の尊重が常に最優先ということではありません。②と③は患者に提供される医療行為が患者にとってよいことか，害となっていないかどうかを吟味するということです。たとえば薬物療法には効果もありますが，副作用などのリスク

もあります。両者について詳細に検討した上で，患者にとって利益が多いと思われる行為を選択するようにすることです。④は，医療が正しく公平に提供されることに関わるものです。しかし，医師の立場と患者の立場では公正についての感じ方は異なるでしょうし，医療資源が十分な場合と不足している場合においても公正のとらえ方は違ってくるでしょう。公正について関係者の間で合意が得られない場合は他の3つの原則が優先されることがあります。

5.2.3　ジョンセンの4分割法

　ジョンセンの4分割法も倫理的問題の検討に有用です（Jonsen et al., 2002 赤林ら訳 2006）（図5.1）。これは，医学領域の倫理問題を，①医学的適応（善行と無危害の原則），②患者の意向（自律尊重の原則），③QOL（善行と無危害と自律尊重の原則），④周囲の状況（忠実義務と公正の原則）の4原則に従って検討するというもので，多職種による検討を行うなど手続き的公正を重視しているところが特徴的です。

　医学領域においては，この4原則のうち，かつては善行原則が重んじられる傾向にありましたが，近年は自律尊重原則のほうがより重視されるようになりました。心理支援分野においても同様のことがいえます。中でも，精神科医療サービスでは当たり前となっている共同意思決定（shared decision making; SDM）は，心理支援の場でも重視したいことの一つです。

　共同意思決定とは，医師などの専門家とサービスを受ける患者が，治療における目標や希望を共有し，互いの役割を確認しながら協力的に治療に取り組んでいくことを意味します。共同意思決定では，治療方針の決定において患者の意思や価値観が尊重されるなど，患者の積極的な参加が期待されています（Frampton et al., 2017）。患者が治療に参加することは，医師と患者の対等なパートナーシップを促進しますが，その過程で互いに良好なコミュニケーションがとれていると確信できれば両者の信頼関係はさらに強まります。心理支援においても，対象者に支援に関する意思決定過程への積極的な参加を促すことが本人の主体的に生きようとする動機づけを高め，結果としてQOLの向上が期待できるなど，有効な手立てと考えられます。

図 5.1　ジョンセンの 4 分割法（Jonsen et al., 2002 赤林ら訳 2006）

医学的適応（Medical Indications）

善行と無危害の原則

1. 患者の医学的問題は何か？　病歴は？　診断は？　予後は？
2. 急性か，慢性か，重体か，救急か？可逆的か？
3. 治療の目的は何か？
4. 治療が成功する確率は？
5. 治療が奏功しない場合の計画は何か？
6. 要約すると，この患者が医学的および看護的ケアからどのくらいの利益を得られるか？　また，どのように害を避けることができるか？

患者の意向（Patient Preferences）

自律尊重の原則

1. 患者には精神的判断力と法的対応能力があるか？　能力がないという証拠はあるか？
2. 対応能力がある場合，患者は治療への意向についてどう言っているか？
3. 患者は利益とリスクについて知らされ，それを理解し，同意しているか？
4. 対応能力がない場合，適切な代理人は誰か？　その代理人は意思決定に関して適切な基準を用いているか？
5. 患者の事前指示はあるか？
6. 患者は治療に非協力的か，または協力できない状態か？　その場合はなぜか？
7. 要約すると，患者の選択権は倫理・法律上，最大限に尊重されているか？

QOL（Quality of Life）

善行と無危害と自律尊重の原則

1. 治療した場合，あるいはしなかった場合に，通常の生活に復帰できる見込みはどの程度か？
2. 治療が成功した場合，患者にとって身体的，精神的，社会的に失うものは何か？
3. 医療者による患者の QOL 評価に偏見を抱かせる要因はあるか？
4. 患者の現在の状態と予測される将来像は，延命が望ましくないと判断されるかもしれない状態か？
5. 治療をやめる計画やその理論的根拠はあるか？
6. 緩和ケアの計画はあるか？

周囲の状況（Contextual Features）

忠実義務と公正の原則

1. 治療に関する決定に影響する家族の要因はあるか？
2. 治療に関する決定に影響する医療者側（医師・看護師）の要因はあるか？
3. 財政的・経済的要因はあるか？
4. 宗教的・文化的要因はあるか？
5. 守秘義務を制限する要因はあるか？
6. 資源分配の問題はあるか？
7. 治療に関する決定に法律はどのように影響するか？
8. 臨床研究や教育は関係しているか？
9. 医療者や施設側で利害対立はあるか？

5.2.4　主体性の尊重

　医療の領域では患者の自己決定権が重視され，インフォームド・コンセント
が義務づけられていることは 4.2.2 項でもふれました。同様に，福祉領域でも
対象者の**主体性の尊重**が重要なキーワードとなっています。ところで，主体性
とはどのようなことを意味しているのでしょうか。これについてはさまざまに
議論されてきましたが，要約すると，主体性には，対象者が自らの人生に関し
て能動的に考え，主張し，選択・決定していくといった面と，それに加えて，
「個としての存在」という別の面もあるようです。こうした観点からすると，
主体性を尊重した関わりとは，支援対象者が自分の人生について納得して選択
や決定していくことを保障し，それができるように支え，促すことと，それに
加えて，対象者の強みや弱み，個人的価値観なども含めた個体性を積極的に尊
重していくことになります。

5.2.5　障害受容と尊重

　個体性の一つの側面として，**障害受容**ということがあります（第 11 章参照）。
障害についての当事者の受け止め方や受容過程に関して研究が行われてきてい
ますが，これらについては，障害は受容する（べき）ものだという考え方が前
提として存在し，それは必ずしも当事者の気持ちを尊重したものではないとい
う意見もあります。支援者側に，たとえ自覚してはいなくとも，「障害とは受
容しなくてはならないもの」とか「支援を必要としている存在とは，すなわち，
支援を受け入れる（べき）存在だ」という固定的な価値観があると，支援対象
者の思いを軽視した振る舞いをしがちになります。それでは，対象者が「自分
は尊重されている」と感じることは難しく，次第に対象者の中であきらめの気
持ちが強まり，能動的に取り組む意欲が失われていってしまうこともあるかも
しれません。むしろ，支援者としては，障害受容も含め，対象者の気持ちや自
主的判断を尊重しようとする態度をもちながら関わることが重要で，その中で，
徐々に，障害とどのように向き合っていくかについての本人の思いが形成され
ていくと考えられます。

　また，支援対象者の中には，支援を受けることに肯定的でない人もいます。

支援や支援者を否定的にとらえたり，支援を受け入れないと決断したりすることも本人の自由で自律的な判断であり，それを承認することも主体性を尊重した関わり方といえるでしょう。こうしたこともあるため，福祉領域の心理専門職は，自分自身の価値観を見直したり，提供している支援が対象者の意欲や自発性を弱めていないかどうかを関係者間で検討したり，スーパービジョンを受けたりするなどの工夫に努め，支援活動の質の向上に取り組むことになります。

　福祉領域の支援は，まさに，「言うは易く，行うは難し」です。支援者には，支援を受ける人が「支援」をどのように体験しているのかについて思いを巡らし，問題を共有しようとするなど対象者に積極的に関わろうとする姿勢を維持しながらも，同時に，**個人の尊厳**を侵襲していないかに惧れを抱きつつ，慎重に事を進めていくことが期待されます。誰に対しても信頼と尊敬をもって接するなど，当たり前のことが当たり前にできる人間性を備え，相手にも自分にも真摯に向き合える支援者でありたいものです。

5.3　代弁者としての倫理観

　福祉領域において支援者は，支援対象者の権利を守り，代弁者としての役割を担うこともあります。具体的には，人権があることに気づいていない，あるいは知らない人や，知っていても権利を主張することが十分にできない人に代わって，必要な支援の要請をしたり，関係機関に連絡したりすることです。さまざまな不利益を被っている人の声を社会に向けて発信し，彼らの権利回復を促していくのに必要な活動でもあり，近年，心理専門職にもこうした役割が求められるようになってきています。

　アドボカシーとは，「擁護・代弁」の意味をもつ言葉です。具体的には，自分の意思をうまく伝えることのできない障害者，高齢者，子どもなどに代わって，代理人や支援者がその意思や権利を伝えることを指します。我が国でも，**権利擁護**の観点からアドボカシーに関する制度や仕組みは少しずつ整備されてきています。たとえば，2000年に介護保険制度と同時に成年後見制度が始まりました。判断能力が十分でない場合，福祉サービスを選択・利用する際に悪

質な業者にだまされたりすることがあります。そこで後見人が適切な契約が結べるよう支援したり，代わって手続きを行ったり，また財産管理などを行ったりします。障害者や高齢者は，消費者被害や虐待といった権利侵害にあったとしてもそれに気づかなかったり，気づいても解決することが困難だったりします。こうした人たちを法的に保護し，支援するのが成年後見制度です。

　子どもについては，2016 年の児童福祉法の改正により子どもが権利の主体として位置づけられ，子どもの意見の尊重が明示されました。虐待を受けて施設に預けられた子どもの中には，自分自身に意見を表明する権利があることにそもそも気づいていない，知らない，という子どもがいます。こうした子どもたちを守るために，社会的養護施設等の中には，権利ノートや意見箱等を活用して子どもが意見を表明できるようにしたり，第三者委員制度や外部評価制度を整えて，子どもから権利の状況に関して意見を聴きとる工夫をしているところがあります。

　近年は，**セルフ・アドボカシー**という言葉も耳にします。これは「自己権利擁護」と訳され，障害や困難のある当事者が，自分の利益，欲求，意思，権利を自ら主張することとされています。支援者としては，対象者の生きることへの前向きな気持ちを引き出すエンパワメントにも目を向ける必要があります。対象者が自らの意見を表明したり，自分自身で契約が結べるよう，支援者が対象者と社会資源をつなぐパイプ役になって必要な情報を提供し，その手助けをすることができます。福祉領域の支援者には，職業的な倫理観をもち法制度について理解しているだけでなく，権利擁護の視点やソーシャル・インクルージョンといった理念への見識も兼ね備えていることが求められます。

5.4　ジレンマ

　「どちらが正しいのか，間違っているのか」といった判断がしにくい，微妙な倫理的価値の対立を**倫理的ジレンマ**といいます。心理支援の専門家として倫理に則しつつ活動をしていく過程では，倫理的ジレンマに出会うことが少なからずあります。たとえばスクールカウンセリングの場で，学校側から「子ども

の保護のためにも，カウンセリングの内容が知りたい」と要請されることがあります。カウンセリングで話された内容は個人情報なので，原則，これに応じることはできません。ただし，子どもの身体が危険にさらされているなど特別な事情がある場合には例外もあり（金沢，2006），情報提供の要請に応じるかどうかを検討する必要があります。このとき子どもが身体的危機にさらされているかどうかの判断は，担当カウンセラーに委ねられますので，カウンセラーは，**個人情報保護法**や秘密保持といった職業上の法倫理的な制約と，子どもを危険から守らなければならないという使命感の間で板ばさみになります。

　他の例として，虐待を受けた子どもの一時保護なども，支援者がジレンマに直面する状況です。一時保護は，子どもの安全確保が目的ですが，その期間中は，原則，子どもは通学を含めて自由に外出ができず，外部との連絡も制限されます。子どもは不自由な生活環境におかれるわけですが，それだけでなく，この一時保護期間がいつ終わりになるのかがわからないという見通しのなさから，大きな不安やストレスを抱えることもあります。一時保護の期間が長くなるほどに，子どもの安全保障と権利擁護にどう折り合いをつけるのか，支援者の心は揺れ動きます。

　繰返し述べているように，支援では対象者本人の自己決定が重視されます。しかし，対象者にその力が十分備わっていないようにみえ，判断を任せてよいかどうか支援者が迷うこともあります。そうした場合，**パターナリズム**（paternalism；保護的観点から，第三者が本人に代わって正しい判断してあげるべきだ，という考え方）に立って，専門職が主導的に処遇決定を進めるべきと考える支援者もいるでしょうが，反対に，対象者に自己判断や自己責任の意義を考えてもらい，自己決定の自覚を促す機会として利用しようとする支援者もいます。また，客観的には支援の必要性が高くても，本人が支援を望まない場合，本人の意思を徹底的に尊重するか，あるいは本人を説得して何らかの支援体制を整えるかといった悩みに直面することもあります。したがって，支援者には「どのような支援をするか」だけでなく，支援そのものを「する」あるいは「控える」という見極めが求められることもあります。

　これまでみてきたように，心理的な支援活動においては，当事者性と専門性

の対立が生じ，どちらの立場も「正しい」と思われる場合があり，支援者は支援の可否や選択に関して葛藤することがあります。そうした状況では，対象者には自分自身で解決する力を取り戻してほしいと思いながらも，支援がないと解決に向けた始まりの一歩さえ踏み出せそうにない対象者に，どの程度まで支援をすべきか，手探りで判断していくことにならざるを得ません。そうした場合，倫理的原則や自分の感情・信条（正義感など）のみで判断するのではなく，社会的常識や医学的観点などさまざまな視点から問題をとらえ直すことが大切です。ジレンマ状況では，対応の仕方によっては，関わる誰かが不満をもったり，「裏切られた」とか「見捨てられた」などネガティブな感情をもってしまうことがあります。したがって，冷静になっていろいろな視点から見直してみるだけでなく，他の専門職と**コンサルテーション**の機会をもつなど，じっくり検討した上で対応することを心がけましょう。

　支援が適切であるかどうかの判断はとても困難です。しかし，だからといって適切さの判断基準が時と場合で大きく違うようでは，支援対象者もその関係者も混乱します。気分や感情次第で判断を変えるような心理専門職は信頼されないでしょう。ある程度一貫した判断基準をもち，冷静に状況を見る目と常識的な感覚で判断する力を備えること，そして，対象者の決断によって将来予想されることを見据えながら本人の決断を援助し，決定したことの実現に向けて伴走するパートナーであることが，心理専門職には期待されます。

BOX 5.1 　心理専門職としての基本姿勢

　福祉領域での心理専門職は心理学的専門性を背景に対象者に接しますが，その目指すところは，対象者が利用できる制度やサービスに関してどのような選択肢があるかを知り，その中から自分で納得して選び，そして実行できるよう支援することです。しかし，対象者が適切に決定できるようサポートするのはなかなか困難なことです。一度の選択がその先々の生活にまで影響を及ぼすような場合は特に，決断までに時間がかかるため，決定を先延ばしにしようとする対象者もいます。また，決定しても，行動に移す段階で踏みとどまってしまう人もいます。

　対象者の生活に深く関わるため，心理専門職と対象者との関係が長期に及ぶことも珍しくありません。時間経過の中で提供する支援と求められる支援がその都度変化するため，支援関係は途切れやすくなりますが，行き当たりばったりの支援では有意義な支援とはなりません。継続的な支援関係を維持するためにも，支援者としての基本的姿勢について考えておきましょう。

　専門家としての倫理観を備え，合理的に支援について考えを巡らしていくことも大事なことではありますが，場をなごませ，周囲に安らぎを提供できるような，人としての温かみややわらかさといったものをもっていることも同じくらい大切です。たとえば，親身に相手の話を聴き温かい言葉を積極的にかけるなど，支援者がサポーティブな態度を示し続けることが，対象者の不安を和らげていくことにつながるかもしれません。また，今は困難だとしても，対象者のもつ強みや可能性を信じて寄り添う支援者の存在によって対象者は安心や癒しを得て，徐々に自らの問題について主体的に考え，決断できるようになることもあるでしょう。専門職としての「知識やスキル」に，すべての人を尊重し，誠実に向き合おうとする心理専門職としての「姿勢」が加わることで，支援者から確固たる信頼を得て有効な支援を展開していくことができるといえます。

復 習 問 題

1. 倫理的な問題に関して多職種で検討することの利点を述べてください。

2. 支援対象者の主体性を尊重することに関して，支援対象者が子どもの場合に配慮すべき点を挙げて説明してください。

3. 倫理的ジレンマ状況を避けるために，普段から心がけておくべきことを確認しておきましょう。

参 考 図 書

金沢 吉展（2006）．臨床心理学の倫理をまなぶ　東京大学出版会

　職業倫理について深く考察されています。具体例も多く，倫理的な意思決定のトレーニング法まで網羅されています。

橋本 和明（編）（2017）．臨床心理学　第17巻第2号　知らないと困る倫理問題
　　金剛出版

　倫理的な問題はさまざまな支援の場で生じます。支援の現場で実際にどのような問題が起きているかを知り，どう解決につなげていくかについて考える機会を提供してくれる一冊です。

福祉における心理学的支援

　公認心理師の福祉分野における勤務先，支援対象，業務内容については，いずれも児童福祉（児童相談所，児童発達支援センター，障害児通所支援事業所，認定こども園，保育所，児童館等），障害者福祉（障害者支援施設）が，高齢者福祉，女性福祉，貧困を対象としたものに比べて多いことが報告されています（厚生労働省，2021）。また，同調査においては，8割を超える公認心理師が，それぞれの職場において心理学的支援を行っています。今後期待される支援・活動等としては，「児童虐待・発達障害等特定の課題に対する専門的心理面接」が約82％，「家族を対象とした心理教育・心理的支援・助言」が約75％，「職員に対する心理的視点からの助言（コンサルテーション）」が約67％とされています。本章では，公認心理師が活躍している分野や業務内容の中で，実際にニーズの高い心理学的支援に焦点をあてて，説明します。

6.1　心理学的支援

　心理学的支援とは，言うまでもなく心理学の知見に基づく支援であり，心理療法やカウンセリングとよばれているものなどの総称です。心理学にもさまざまな学派があり，それぞれの理論に基づいた方法論や技法が存在します。それらの学派に優劣があるわけではないので，支援の対象者に合わせた心理学的支援を提供することがもっとも重要なことです。ここでいう「対象者に合う」とは，支援対象者の現在の困っていることや症状，支援を受けることに対する動機づけの程度，文化的背景や価値観，人格などさまざまな要因によるものですので，心理専門職としては，数ある学派を横断的に学び，必要に応じた技法を効果的かつ柔軟に用いられるようになることが望ましいといえるでしょう。

　いずれの学派においても心理療法を用いる上で重要とされているのは，治療関係です。心理専門職がどのような学派の技法を用いるにせよ，対象者にとっては，セラピストが自分の話を共感的に聴いていてくれる，自分自身のおかれている状況や感じていることを理解しようとしてくれている，開示しにくい内容の話であっても拒否的な態度はなく受け入れてもらえている，励ましてくれたり支えてもらえている，適切な助言や客観的な意見を提供してくれる，などを感じられることが不可欠です。それを基盤として安心で安定的な関係性を築くことが，すべての心理学的支援に共通の前提となります。

6.2　児童福祉領域における心理学的支援

6.2.1　トラウマフォーカスト認知行動療法

　トラウマフォーカスト認知行動療法（Trauma Focused Cognitive Behavioral Therapy; TF-CBT）は，さまざまなタイプのトラウマに応用されており，欧米のいくつかのガイドラインにおいて，子どもの PTSD 治療の第 1 選択肢として推奨されています（Cohen et al., 2010）。

　TF-CBT は，子どもの PTSD 症状だけでなく，トラウマに関連した抑うつや不安症状，行動上の問題，恥や罪悪感といった感情，社会生活能力などの改善において有効性が認められています。また，養育者を治療に組み入れることで，養育者自身の抑うつ感情や PTSD 症状，養育能力や子どものサポート機能の向上にも効果があることが報告されています。

　TF-CBT の基本理念は，治療対象となる子どもとその家族のニーズに基づき（Components-based），その家族の文化社会的価値観を尊重し（Respectful of individual, family, community, culture, and religious practices），適応性と柔軟性をもち（Adaptable），家族に焦点をあて（Family focused），治療関係を中心におき（Therapeutic relationship centered），自己効力感を高める（Self-efficiency is emphasized）とされており，頭文字をとって CRAFTS と略記されます。

　TF-CBT を始めるにあたり，対象者がどのようなことで生活に支障をきたしているかをアセスメントする必要があります。理念と同様，これらも次のよう

に CRAFTS と略記されます。

- **認知の問題**（Cognitive problems）

  物事のとらえ方，考え方，注意・集中力などに関する問題。

- **関係性の問題**（Relationship problems）

  家，学校，職場などにおける人間関係に関する問題。

- **感情面の問題**（Affective problems）

  不安，心配，抑うつ，怒り，気分の高揚など感情に関する問題。

- **家族の問題**（Family problems）

  虐待，家庭内暴力，家族内での葛藤など家族に関する問題。

- **トラウマに関連した行動上の問題**（Traumatic behavior problems）

  トラウマに関連する刺激や状況を回避するなどの問題。

- **心身面の問題**（Somatic problems）

  身体症状，睡眠や記憶などに関する問題。

　これらの領域での問題性の有無を，主に本人や家族を対象とした面接や観察，心理尺度などを実施して見立てた上で，治療計画を立てます。

　治療は，心理教育とペアレント・スキル（Psychoeducation and parenting skills），リラクセーション（Relaxation），感情表現と調整（Affective expression and development and reminders），認知対処（Cognitive coping），トラウマ・ナラティブの構築と処理（Trauma narrative development and processing），トラウマ想起の実生活における克服（In vivo mastery of trauma reminders），親子セッション（Conjoint child-parent sessions），将来における安全と発達の強化（Enhancing future safety and development）で構成されており，頭文字をとって PRACTICE と略記されます。児童福祉施設などで TF-CBT が用いられる場合は，親子でのセッションを構成要素に入れることが難しい場合があるので，その場合には担当職員など治療対象の日常的なケアに関わっている大人が参加することになります。

　TF-CBT は特定の集団や特定のトラウマに焦点をあてたプログラムも存在しますが，その場合も，先に説明したアセスメントと治療の構成要素は基本的には同じです。ただし，トラウマ性悲嘆が認められる場合や現在もトラウマに暴

露される（現在も虐待が続いているなど）可能性がある場合には，それぞれの
セッションにかける時間を調整したり，プログラムを追加することもあります。

6.2.2　遊戯療法

　遊戯療法（play therapy）とは，一般的にはおおむね幼児から 10 歳頃までの
子どもを対象とした「遊び」を介する心理療法の一種です。

　この療法は，アンナ・フロイト（Freud, A.）やクライン（Klein, M.）が児童
心理学の分野に精神分析の考え方を導入したことによって発展したものです。
アンナ・フロイトは子どもの描画や遊びの中で表現されるものには無意識の葛
藤が隠れていると考え，これをとらえて治療に役立てようとしました。彼女は，
遊戯療法は単なる分析を目的とするのではなく，親と子の信頼関係を築く手段
でもあると考え，親子関係をより良くするために親の養育態度を教育するアプ
ローチにも用いました。一方のクラインは，精神分析の治療原理を遊戯療法に
そのまま応用し，子どもの無意識にあるものを言語化させ，気づかれない心の
葛藤をセラピストの解釈により洞察させることで治療を進めようとする立場で
した。

　その後，複数の児童分析家のもとで「遊び」の重要性が段階的にクローズア
ップされてきましたが，それを遊戯療法として確立したのが，アクスライン
（Axline, V. M.）です。彼女は，来談者中心療法を提唱したロジャーズ（Rogers,
C. R.）の考え方に影響を受けて，子どもの自己治癒の力を遊戯療法に活用し
ようと試み，表 6.1 のように，自分自身の治療経験から 8 つの治療原則を提唱
しました。

　遊戯療法もいずれかの学派が優れているということではないので，心理専門
職は学派横断的に学修する必要があります。また，いずれの遊戯療法でも，以
下の事柄は共通しています。

　遊びを通してさまざまな感情を表現することで気持ちがすっきりする，いわ
ゆる浄化作用があります（カタルシス効果（catharsis effect））。子どもが遊び
の中で自由に表現できるような関係性が重要なのはこのためで，安心を感じら
れないような関係性では，治療効果は望めません。また，感情や欲求を表出す

表6.1 アクスラインの8つの治療原則

① セラピストは子どもと温かく優しい関係をつくり，できるだけ早くラポール（信頼関係）を形成する。

② 子どもをありのままに受け入れる。

③ 子どもとの関係の中に自由な雰囲気をつくり，そこで感情を自由に表現させる。

④ 子どもの感情を読みとり，それを子どもに返すことによって，子どもが自分の行動の意味を知るようにする。

⑤ 自分の問題を自ら解決し，成長していく能力をもっていることを子ども自身が知るようにする。

⑥ 子どものすること，言うことをセラピストは邪魔しない。子どもが率先し，セラピストはそれに従う。

⑦ 治療は子どものペースで進むものなので，むやみに早めようとはしない。

⑧ セラピストは時間と空間（遊戯室内など）や許容される言動の限界（攻撃や破壊行動の禁止）を設ける。

るのが難しいと思われる場合には，子どもの気持ちを代弁したり，簡単な解釈をして伝えることで，表出を促進させることも重要です。遊びを通して恐怖体験などに関連するような感情が表現されたときには，その体験の再現である可能性を念頭に，その感情を受け止め，共に体験する機会ととらえて，子どもの表現をしっかりと支える必要があります。こうした遊びを安全と安心の中で繰返し行うことで，子どもは不安や恐怖を感じた状況を受け入れられるようになっていくと考えられます。

福祉領域全般で行われる心理学的支援

6.3.1 心理教育

　心理教育とは，問題や課題を抱えている人々に心理学的知見を用いて，適切な対処方法を伝えると同時に，精神的支援を行い，エンパワメントを促進するための教育的援助アプローチです。心理教育的家族療法を日本に紹介したアンダーソン（Anderson, C.）によると，①知識，情報を専門家が伝えること，②

日常的ストレスへの対処技能の増大を図る，③集団で行う場合は参加者同士の
サポート，が心理教育の基本構造とされています（後藤，2004）。

　心理教育には，医療領域において発展してきたものと，教育領域におけるも
のとの2つの流れがあります。医療領域においては，心理教育とは「精神障害
やエイズなどの受容しにくい問題や困難を抱える人たちに，正しい知識や情報
を心理面への十分な配慮をしながら伝え，病気や障害の結果もたらされる諸問
題・諸要因に対する対処方法を習得してもらうことによって，主体的な療養生
活を営めるよう援助する技法」（浦田，2004）と定義されています。医療にお
ける心理教育の対象となるのは，慢性的疾患や長期治療を必要とする疾患をも
つ患者です。医療機関で行われる心理教育は，主に統合失調症や摂食障害群，
抑うつ障害群，不安障害群，アルコール依存，神経認知障害群などに関するも
のが挙げられ，医療機関や家族会などの**セルフヘルプグループ**などで行われて
います。

　先に述べたように，心理教育はエンパワメントを促進するためのアプローチ
であるため，対象者自らが抱えた困難を十分に受け止めることができるように
援助するとともに，困難を乗り越える技能を習得すること，現実に立ち向かう
ことができる力量を身につけることを目的に行うこととなります。疾患に関す
る正しい知識は，患者本人のその後の治療態度（自ら治療に納得し参加する服
薬アドヒアランスなど）に大きく影響することに加え，家族など周囲の者の関
わり方の改善や不安の解消に影響することがあるため，家族への心理教育を組
み合わせることによって，治療効果が上がることが明らかになっています。

　他方，教育領域における心理教育は，「個人の精神，心理状態についての心
理学的知識の獲得，精神，心理的または，対人関係上の問題解決スキルの獲得
を通して，現在，及び将来における問題の解決に役立つことを『目的』として，
学級内全ての生徒児童，及び彼らを取り巻く重要な他者を『対象』とする，実
証的心理学を『原理』においた，個別ではなく集団，または，主として教育実
践者を『施行者』とする教育活動」（市橋，1999）と定義されています。

　教育領域における心理教育は，精神分析家レドル（Redl, F.）の非行や他害
などの暴力的問題をもつ子どもを対象とした宿泊集団治療に始まったとされて

います。日本では1990年以降，学校などの教育領域においてもさまざまな心理教育プログラムが実施されるようになりました。これらプログラムの分類に関する定説はないのですが，**ストレス・マネジメント**，ソーシャル・スキル・トレーニング（Social Skills Training; SST），構成的グループ・エンカウンター，アサーション・トレーニングといったプログラムが依拠する主な理論の名称をそのまま用いているもの，アンガー・マネジメント，CAPプログラム（子どもへの暴力防止），デートDV，自殺，薬物乱用を防止するためのプログラム，性教育といった目的に焦点化されたもの，そして，ピアサポート，トップ・セルフ，サクセスフル・セルフ，ライフ・スキル・トレーニング，セカンド・ステップ，SEL-8Sといった全般的な社会的能力の育成を目的としたものなどに分けられます。市川（1999）は，自尊感情の向上，衝動コントロールの促進，コミュニケーション・スキルの獲得など一般的なスキル向上を目指すエンパワメント型と，何らかの特定の問題の予防や解決を目指すものに分類しています。

6.3.2　ソーシャル・スキル・トレーニング（SST）

　ソーシャル・スキル・トレーニング（SST）は，生活技能訓練，社会生活技能訓練，社会的スキル訓練など，さまざまな訳語がありますが，ここではSSTと表記します。

　SSTとは，対人状況における適切な認知と行動のとり方を系統的に訓練していく心理社会的な指導・治療技法です。その起源は，1970年代にウォルピ（Wolpe, J.）らの主張訓練法（assertion training）に，バンデューラ（Bandura, A.）の社会的学習理論を取り入れて体系化されたことにさかのぼるとされています。SSTのプログラムは目的や対象によって多岐にわたっているため，ソーシャル・スキルの定義にふれた上で，この章では福祉領域でも用いられるSSTの一般的な考え方や施行手順について説明します。

1. ソーシャル・スキル（社会的スキル）

　ソーシャル・スキルとは，対人関係を円滑にするための知識と技能のことです。その定義は，研究者の間で統一されたものはありませんが，社会的スキル概念に含まれる要素は**表6.2**のようにまとめられています（相川，2000）。

表6.2 社会的スキルの要素 (相川, 2000)

①社会的スキルは, 具体的な対人場面で用いられるものである。

②社会的スキルは, 対人目標を達成するために使われるものである。対人目標とは, 当該の対人場面から手に入れたいと思う成果のことである。

③社会的スキルは, 「相手の反応の解読」または「対人目標の決定」に始まり, 「対人反応の決定」や「感情のコントロール」を経て, 「対人反応の実行」に至るまでの認知過程および実行過程のすべてを指す概念である。

④社会的スキルは, 言語的ないしは非言語的な対人反応として実行される。この実行過程が他者の反応を引き起こす。

⑤社会的スキルについての他者からの評価は, 主に実行過程に関して, 効果性と適切性の観点から行われる。

⑥社会的スキルは, 他者の反応と自分自身の反応をフィードバック情報として取り入れ, 変容していく自分と他者との相互影響過程である。

⑦社会的スキルの各過程は, 具体的に記述することができ, また, 各過程の不足や過多, あるいは不適切さは, 特定することができる。

⑧社会的スキルは, 不慣れな社会的状況や新しい対人反応の実行時には, 意識的に行われるが, 熟知した状況や習熟した対人反応の実行時には, 自動化している。

⑨社会的スキルは, 社会的スキーマの影響を受ける。

　ソーシャル・スキルを学ぶ基本原理は, 教えられて, まねをして, 試してみて, 結果から学ぶ, の4つとされています (國分, 1999)。そのため SST は, この原理に沿ってインストラクション, モデリング, リハーサル, フィードバック, 定着化で構成され, 進められるのが一般的です。また, SST の実施の前にはアセスメントを行い, 標的スキル (たとえば, 適切な挨拶, 会話や応対を含むコミュニケーションなど) の決定と SST 実施後の評価を行います。

2. 各 SST の特色

　SST は, 便宜上, 良好な対人関係を構築・維持・発展させるために, 対人的経験不足を補うことや, 適切な対人経験を習得することを目的とした発達促進的な意味合いの SST, 問題の発生や悪化を予防する意味合いの予防的 SST, 病気や障害などで生じた, もしくは, 起因する対人能力の欠如を回復・促進する意味合いの治療的 SST, の3つに分けることができます。

　発達促進的な意味合いの SST は, 子どもや対人的コミュニケーションに課

題をもつ人を対象としたものが主であり，子どもの全般的な社会的スキル（関係開始・関係維持のような対人関係スキルや問題解決スキルなど）を向上させるために，教育においては学級単位，福祉においては生活や活動を共にする集団などでのグループ・セッションに取り入れられています。

また，母国を離れ異文化社会に移り住むことになった移民や留学生にその国の公用語を教えると同時に，SST を使って地域社会でのソーシャル・スキルを教えることは，この発達促進的な意味合いと，異文化における問題や摩擦の低減という観点からみると，次に挙げる予防的 SST の要素も含んでいるといえます。

予防的 SST の代表としては，引っ込み思案や非主張的な行動（主張性スキルの獲得・促進が目的），暴力的な行動，不注意・多動に起因する不適切な言動をターゲットにしたものや，周囲からの社会的な受容を向上させるためのスキル（人の話の聞き方，話しかけ方，順番を待つことなど）をターゲットとしたものがあり，いずれも特別支援学校・学級や通級指導教室などで取り入れられます。また，通常の学級においても，非行（Mayer, 2002），対人不安（Masia-Warner et al., 2005），抑うつの予防を目的としたプログラムが行われ，その有用性が示されています（たとえば，相川・佐藤，2006）。

治療的 SST は，精神科病院，デイケア施設，作業所などにおいて実際される治療とリハビリテーションのための SST です。統合失調症患者を対象とした対人関係スキルの向上，気分障害などの疾患によって休職した患者を対象とした職場復帰や再燃・再発防止を目的とした SST などがこれにあたります。

便宜上このように分けられますが，たとえば，問題解決能力を高めることを目的として発達促進的な SST を行った場合，当然のことながら獲得されたスキルが予防的な働きをする場合があるなどのように，SST 実施によりもたらされる実際の効果は，明確に分けられるものではありません。また，SST を行う前には，なぜそのスキルに焦点をあてて，その獲得や向上を図る必要があるのか，実施前の目的を明確にすることでより高い SST の有効性が期待できるので，アセスメントの実施も重要です。

3. SST の一般的手順

(1) アセスメント

　ソーシャル・スキルとは「対人関係を円滑にするための知識と技能」であるため，この知識と技能の側面のアセスメントが必要となります。技能のアセスメントは，さらに「言語的側面」と「非言語的側面」に分けられます（相川・佐藤，2006）。アセスメントの目的は，ソーシャル・スキルに問題があると考えられた場合に，その場に合った適切な行動はどのような行動で，なぜその行動が求められるのか，これらを知らないために問題が起こっているのか，もしくは，求められる行動はわかっているが行動に移すのが難しいのかなどを明らかにすることです。これによって，SST を進めていく中でどこに重点をおくべきかが明確になります。

　また，スキルは獲得されていても，状況によっては適切に使えないといったことも考えられるため，場面や相手についても確認が必要です。さらに発達障害や情緒的な不安定さを背景にもつ対象者の場合には，本人の気持ちの状態や，場合によっては時間帯（特定の授業，休み時間）や状況（特定の相手や少人数だとスキルを使える）といった視点からのアセスメントも必要となるでしょう。

　アセスメントは，行動観察法，面接法，評定尺度法に分けられます。これらの方法を組み合わせて行うことで対象者について多面的に把握した上で，対象となるスキルの決定と SST 後の評価を行うとよりよいでしょう。SST のアセスメントには，標準化された尺度を用いることがあり，そうした有用な尺度を使用して得られた結果は，生徒やクライエントの状態をよく反映していると感じられます。しかし，そのことによって，数値で示される結果をみた現場の支援者は，生徒を理解したと満足してしまう場合があります。SST のためのアセスメントに限ったことではありませんが，アセスメントは支援対象者を理解するために行うもので，その結果を支援者間で共有し，支援を実行・継続可能な方法として定着させることができてはじめて有用といえる性質のものなのです。

(2) インストラクション

　スキルの練習の前に，どのようなソーシャル・スキルをなぜ習得する必要があるのか，を対象者に伝えます。必要な場合には，アセスメントの結果を示しながら話し合うことで，対象者が納得し，SST に対する動機づけが高められる

ことでしょう。対象者の年齢や理解力などに起因して，ターゲットとなるソーシャル・スキルを習得する理由が理解されにくい場合には，インストラクションの工夫，もしくは，SSTの導入を強化法やモデリング法（後述）によって進めていくなど構成の工夫も必要です。

(3) モデリング

対象者にお手本を直接もしくは動画などで見せることによって，ターゲットになるスキルを学習させる方法です。1980年代頃にはモデリングを単独で用いた場合に，さまざまな人や場面に般化（ある条件刺激と条件反応の関係が強化されると，その条件刺激に類似した刺激に対しても条件反応が生じる現象）が起こりにくいことや，長期的な効果が期待できないことが示され，モデリング単独での実施はみられなくなりました。しかし現在においても，モデリングはSSTにおける知識面の促進といった重要な役割を担っていますし，次に挙げるリハーサルなどと併用することでスキルの獲得を図ることができます。

福祉施設で利用者を対象に行うSSTの場合には，職員や心理専門職，年齢の近い利用者のような親しみを感じられる人，同様のスキル学習をしている人などをモデルとして選択すると効果が高まることが知られています。そして，モデルを提示しながら，ポイントとなる箇所の説明や提示している行動の結果，どのような良好な結果が得られるのかについて説明することも重要です。

(4) リハーサル

インストラクションやモデリングによって，適切な行動について知識が獲得されたら，次に必要となるのが，その行動を実行に移すための練習（リハーサル）です。リハーサルにはロール・プレイを用いることが一般的です。

ロール・プレイでは，ターゲットとなっているスキルが必要とされるさまざまな場面を設定し，相手を変えて行うとよいでしょう。また，友人からの誘いの断り方などのように，具体的に必要とされるスキルと場面，相手が決まっているような場合には，ロール・プレイにおいてもその友人の誘い方や断った際に起こりそうな言動などを練習相手が行うことで，より有効な練習となります。

練習場面で失敗体験を重ねてしまうと余計に実際の場面で適切な行動がとれなくなってしまうこともあるため，練習においては十分に確認をしたり，援助

をしたりしながら進めていき，徐々に実際の場面に近づけていくといった工夫も必要です。そして，忘れてはならないのは，練習場面ではできるとしても，それが実際の場面で実行可能かどうかを検討することです。

　経験の少ない支援者の場合，対象者がリハーサルの場面で過度に適応的な目標を立てていること（実際の場面ではできないと思われるほどの言動をセッションに合わせて考案している）を見逃してしまい，実際の場面での実行可能性を無視した行動レパートリーを提案し，練習してしまうことも起こりやすいので注意が必要です。そのため，実際に練習をしてみたときの気持ちなど（実生活で簡単に実行できそうと思うか，など）を確認しながら適切かつ丁寧に実行に移すことができるスキルの練習をしていくことが重要となります。

(5) フィードバック

　フィードバックとは，リハーサルで実行されたスキルに対しての評価を対象者に伝えることです。まずは，良かった点を具体的に伝え，加えてその理由や言動から感じた印象などを伝えます。ソーシャル・スキルは，周囲の人との適切な関係を良好にするためのものであるため，相手が受ける印象について伝えられることは重要です。

　反対に良くなかった点についても場合によっては伝える必要がありますが，その際にも直接的に悪い点を伝えるのではなく，「もう少し○○だったら，もっと良かった」というような肯定的な伝え方をするよう気をつけましょう。また，SST 開始当初の状態とプログラムをある程度行った段階での変化について，対象者自身が自覚できるよう適宜伝えることも重要です。

　フィードバックは，職員から対象者，治療者から患者へと行う場合と，対象者同士や患者同士が行う場合があります。対象者同士がフィードバックを行う際には，上に記したような適切な伝え方が可能かどうかをあらかじめ確認しておく必要があります。不適切なフィードバックとしては，最初に良い点を伝えるべき場面で1つも挙げられないといったことがあります。フィードバックを受けている側にとっては，良い点が伝えられないことによって，「良い点はなかった。まったくダメだった」という否定的なフィードバックにもなり得るためです。

　同じ施設や病棟などある一定期間日常的に関わっている参加者で行う場合には，日常生活の関係性（たとえば，日常的に思ったことを言えない関係）をSSTに持ち込んでしまい，それがフィードバックに影響する（たとえば，実際に感じた感情を伝えられない），もしくは，フィードバックで生じた否定的な感情を日常生活に持ち込む（たとえば，日常場面では意見を言うことがなかった人が，SSTでは自分より良い意見を言っていたことに対して生じたひがみの感情を日常生活で出してしまう）といったことが考えられるため，SST自体のメンバリングはもちろんのこと，フィードバックの方法についても慎重な検討が必要です。メンバー間での安定した関係性が確認できるまでは，支援者がフィードバックを行い，適切なモデルとなるのがよいでしょう。

(6) スキルの定着化

　SSTを通して習得したスキルは，日常場面で実行できるようになってはじめてSSTが有効であったと判断できます。そのために，特に施設やクリニックで行うSSTでは，リハーサルで行ったことを実際の場でも試みるホームワークを設定することがあります。ホームワークでは，どのような場面で，いつまでに，どのような言動をするのか具体的に設定するとよいでしょう。そして，次回のSSTの際に確認するといった流れで行います。このホームワークを設定するためには，リハーサルで練習したスキルが現実場面のどのようなときに使えるのかを対象者が考えるきっかけにもなり，時期や場面を決めることによって，積極的にスキルの定着を図ることができます。

　セッション中には，難しいホームワークを設定してしまう場合があるので，無理なく実行できる内容で設定するよう気をつけましょう。内容によっては次のSSTまでに一度実行するだけのものであっても，毎日するような行動でもよいでしょう。そして，ホームワークを対象者自身がノートなどで管理して，セルフ・モニタリングをすることもスキルの定着には有用です。施設などで行われるSSTの場合には，習得したスキルを居室に掲示して，対象者が日常的に意識できるようにすることで，スキルを使用するきっかけになります。

　同じグループに参加している者同士がお互いに目標にしたスキルを認識していると，使用したスキルが自然な形で社会的強化を受けやすくなり，スキルの

定着に有効に働くことがあります。たとえば，「ありがとう」と感謝の気持ち
を伝えることが目標の対象者Aが，同じグループで生活しているBに対して
「ありがとう」と言った際，Bが自然な笑顔で返したり，「感謝されるって気持
ちが良いね」などと反応し，Aにとってうれしい結果が自然な形で生じると，
「ありがとう」と感謝を人に伝える行動は日常生活で生じやすくなるでしょう。

復習問題

1. 心理学的支援を行う上で重要となる治療関係について，概説してください。
2. 遊戯療法の効果を高めるために必要な要素について確認してみましょう。
3. SSTの基本的な構成5つについて，簡単に説明してください。

参考図書

コーエン，J. A.・マナリノ，A. P.・デブリンジャー，E. 白川 美也子・菱川 愛・
　　冨永 良喜（監訳）（2014）．子どものトラウマと悲嘆の治療──トラウマ・フォ
　　ーカスト認知行動療法マニュアル──　金剛出版

　福祉領域においては，トラウマ経験をもつ子どもに関わることは少なくありませ
ん。初学者にはやや難しい内容と感じられるかもしれませんが，トラウマについて
の理解を深める上で重要な内容がまとめられています。

日本公認心理師協会（2021）．公認心理師の活動状況等に関する調査　厚生労働省
　　令和2年度障害者総合福祉推進事業　厚生労働省（https://www.mhlw.go.jp/
　　content/12200000/000798636.pdf）

　公認心理師がどのような分野で実際に臨床活動を行っているのかが，アンケート
調査をもとにまとめられています。本章で紹介したデータ以外にも，実際に資格を
取得し，心理師としての就職をより実践的に考える上で役に立つ内容がまとめられ
ています。

ランドレス，G. L. 山中 康裕（監訳）（2007）．プレイセラピー──関係性の営み
　　──　日本評論社

　福祉領域に限ったとではありませんが，クライエントが子どもの場合，プレイセ
ラピー（遊戯療法）が選択されることが少なくありません。しかし，慣習的にプレ
イセラピーを選択することは望ましくありません。なぜプレイセラピーなのか，遊
びとは何か，プレイセラピーに必要な環境とはどういうものか，から終結までのプ
ロセスや意義などについて理解を深めるのに役に立つ内容がまとめられています。

児童保健福祉分野における活動

　我が国で児童福祉法が成立したのは 1946 年で，第 2 次世界大戦が終了した翌年のことです。当時，戦争で親を失ったいわゆる戦災孤児が，路上生活をしながらかろうじてその日を生き抜いていました。その頃の日本は，1952 年のサンフランシスコ講和条約で主権を回復するまで連合軍の占領統治下にあり，その中核を占めていた米英軍は，はじめに戦災孤児対策としてこの法案を成立させました。未だ日本国憲法が成立する以前であったにもかかわらず，現在にも引き継がれているその理念と方法は，アメリカやイギリスですでに成熟していた児童福祉の理念と方法がそのまま反映されたものといわれています。その後，児童福祉は家庭の安定と不可分な関係にあるとして，児童家庭福祉という言い方に変わりました。さらに児童虐待の早期発見・早期対応のためには母子保健との協働が不可欠として，児童家庭福祉と母子保健を一体的に推進する保健福祉という新体制が編成されました。

7.1　児童保健福祉分野への心理専門職の参画

　児童に関係する保健福祉分野（以後，児童保健福祉分野と表記）の活動としては，児童福祉司などのソーシャルワーカーが児童の家庭や学校等を訪問し，児童の成育歴や生活環境などを調査すること（**社会調査**）や，社会福祉関係法制度等を活用して問題の解決を図ること（**社会治療**），保健師による妊産婦への訪問指導（地域保健活動）や乳幼児健康診査がよく知られています。これらの活動は，いずれも児童や妊産婦の生活の場に直接出向いて，アセスメントや指導を行う方法が基本となっています。また，児童保健福祉分野には福祉や保健関係のほかにも，教育や司法の専門機関が深く関わっており，それらの組織

に所属する専門職との協働が日常的に行われています。

　これまでの心理専門職の仕事の形態としては，クライエントのほうから相談室やプレイルームに来てもらって，心理検査やセラピーを実施する方法が一般的でした。しかし，**アウトリーチ**が基本の児童保健福祉分野では，従来の方法にとどまっているだけでは心理専門職の役割はかなり限定されたものになります。一方，発達障害や児童虐待，不登校，ひきこもり，家庭内暴力などへの対応が増大している福祉臨床の現場では，心理専門職の参画に大きな期待が寄せられています。そのような期待を担っていける心理専門職が増えることを願いながら，ここでは児童保健福祉分野における主な課題とその心理社会的背景，及びそれらに対処するため日常的に進められている事業や専門職の活動などについて述べていきます。

7.2　健全育成の領域

　児童保健福祉分野の施策は，**健全育成**と要保護児童等対策という 2 つの領域に大別されます。

　児童の健全育成を図るための施策には，児童を養育している家庭を経済的に支援する施策（7.2.1 項）と，児童の健全な育成のために必要な遊び場や居場所を提供する施策（7.2.2 項）があります。これらに，母子保健事業の妊産婦健康診査（妊産婦健診）や乳幼児健康診査（乳幼児健診），乳幼児予防接種などが加えられます。

7.2.1　経済的支援

　ここでは児童を養育している家庭を経済的に支援する施策の説明が中心になります。いずれの施策に関連する用語も，児童保健福祉分野の専門職が，児童の処遇に関するカンファレンスなどで日常的に使っているものなので，その内容を知っておくと，この領域で交わされる意見交換がよく理解できるようになります。

1.　保育所の役割とその活用

　保育所は低所得者のための施策としてスタートしたので，厳しい所得制限と，児童が「保育に欠ける状態にある」という入所要件が長い期間にわたって適用されていました。「子育て支援」といわれる時代になってから，何度も入所要件の見直しが行われ，現在では，保育所は保護者の就労と育児の両立支援，及び乳幼児の健全育成という役割を担う施策の中核施設となっています。

　子ども・子育て支援新制度（2015年）によると，「保育の必要性の事由」として以下のいずれかに該当すれば，保育所の入所申請ができます。それは，①保護者が就労中または求職活動をしている，②保護者の妊娠・出産，③保護者の疾病または障害，④保護者が親族の介護・看護にあたっている，⑤保護者が災害などの復旧にあたっている，⑥保護者が（資格をとるために）専門学校などに就学している，⑦虐待やDVのおそれがある，などです。

　所得制限や入所要件の大幅な緩和によって，保育所の利用は多様化しています。特に児童が「不適切な養育」状態にある場合は，保護者が上記の事由のいずれかに該当していれば，保育所を活用して事態の改善が図られます。また，両親が就労している障害児は，定型発達児と同様に通常の保育所へ入所し混合保育を受けることになりますが，その場合は保育士を過員配置して，障害児をフォローするようにしています。このような不適切な養育状態にあった児童や障害をもつ児童に対する保育の方法，その保護者への関わり方などについて，行政機関（都道府県や市）の専門職が保育所を訪問して，アセスメントやコンサルテーションを定期的あるいは随時に行っており，専門職の一員として心理専門職が加わることもあります。

　保育所は就学前児童を保育していますが，小学校入学後も，保護者が帰宅するまで監護が必要な児童のための施策として学童保育があります。正式名称は**放課後児童健全育成事業**で，児童館や小学校の空き教室を活用して，夏休みや春休み期間も含めて実施されています（対象は小学6年生まで）。利用している児童の大部分は定型発達児とされていますが，学校では素直でおとなしく目立たないようにしていても，学童保育では約束事を無視して気の向くままに自由に動き回るような状態になる児童もいて，スクールカウンセラーを介した学校との連携が求められています。

2. 子どもの養育手当とその使われ方

　日本に子ども手当（児童手当）が誕生したのは欧米諸国に比べてかなり遅く，1972 年のことです。当初は多子世帯への経済的支援という趣旨で，第 3 子以降の児童だけが対象でしたが，少子化対策の中核的施策として位置づけられてから法律の改正が繰り返され，対象児童は第 1 子からに拡大され，給付も大幅に増額されています。

　児童手当とは別に，母子家庭の生活の安定を図る施策として**児童扶養手当**があります。これは，末子が 18 歳未満（障害児の場合は 20 歳未満）まで受給できるもので，2010 年から児童扶養手当は，母子家庭だけでなく父子家庭にも支給されるようになりました。それに伴い，それまで母子家庭のみを対象にしていた施策の多くが，「ひとり親家庭」への施策として父子家庭も利用できるようになりました（第 8 章の 8.1.2 項参照）。児童扶養手当と名称は似ていますが，まったく別の制度として特別児童扶養手当があります。これは重度～中度の障害をもつ児童を養育している人に支給される障害児養育支援の施策です。

　児童手当や児童扶養手当などは，本来は子どものために活用されるものですが，実際には大人の都合のために使われる場合が少なくありません。社会調査の段階で，児童手当などがどのように使われているかを確認することによって，その家庭における子どもの立場がみえてくることもあります。金銭管理に課題があるような場合は，家計のやりくりまで立ち入って不要な支出や借金を減らし，子どものために使えるお金をつくり出すよう指導することもあります。

7.2.2　遊び場や居場所の提供

　児童が心身共に健全に育つためには，児童相互の遊びを通しての社会的関係が欠かせません。そのような場として，保育所や幼稚園，学校のほかに，地域における遊び場があります。児童福祉法では，地域における遊び場を**児童厚生施設**と位置づけており，主なものに児童遊園と児童館があります。

　児童遊園とは，幼児や小学校低学年児童を対象にした小規模の公園で，広場，ブランコなどの遊具設備，便所，水飲み場などを設けることになっています。都市公園法による一般の公園の一部を児童遊園にしているところもあります。

児童遊園は，幼い子どもがはじめて年齢の近い子どもと接する「**公園デビュー**」の場であり，また親同士が交流する場でもあります。自分の子どもに発達障害があるのではと不安に思っている親は，児童遊園に子どもを連れて行くことを躊躇しがちです。「公園デビュー」が遅れる結果として，子どもの発達にとって必要な遊びの広がりが遅れることになります。親のこのような不安は，3歳児健診（母子保健事業の乳幼児健康診査の一つ）の問診票に書かれることがあり，それが専門職による支援のきっかけとなることがよくあります（詳しくは7.2.4項及び7.3.4項参照）。

　児童館とは，児童福祉法第40条により，地域において児童に健全な遊びを与えて，その健康を増進し，または情操を豊かにすることを目的として設置されている児童厚生施設ですが，母親クラブや子ども会などの活動を支援する役割も担っています。そのための専門的な職員（児童指導員）を配置しており，独自の子育て講座などを行っているところも数多くあります。また多くの児童館は，学童保育の場にもなっています。

　一般的な児童館は，市町村が建物をつくり，運営を民間の社会福祉法人等に委託する公設民営の方式をとっていますが，適切な運営が行われるように，地域の児童福祉や教育に関係している校区の小中学校長，近隣の幼稚園長や保育所長，民生児童委員，婦人会や自治会の役員，行政の児童福祉担当者などによる運営委員会を設置して，年間の事業や予算などを決めています。小地域単位でこれだけのメンバーが定期的にそろう機会は他にはあまりなく，地域における児童の健全育成や要保護児童等対策（7.3節参照）のために，この機会やメンバーをどう活かすかが課題になっています。

7.2.3　その他の健全育成事業

　保護者が疾病，その他の理由により家庭において児童を養育することが一時的に困難になった場合，**子育て短期支援事業**を利用することができます。これには短期入所と夜間養育があります。

　短期入所事業はショートステイともよばれ，児童養護施設などにおいて，短期間（原則7日以内）の養育・保護を行うものです。入所理由として認められ

るのは，①保護者の疾病，②家庭養育上の事由（出産，看護，事故，災害，失
踪等），③社会的な事由（出張，冠婚葬祭への参加等），④身体上または精神上
の事由（育児不安，育児疲れ，慢性疾患児の看病疲れ等），などです。夜間養
育事業はトワイライトステイともよばれ，保護者が仕事などの理由で，帰宅が
夜間になる場合や休日勤務の場合に，児童を児童養護施設などにおいて一時的
に保護し，生活指導や食事の提供を行うものです。

　これらは入所型の児童養護施設を活用するものですが，就学前児童で昼間の
みの保育が一時的に必要な場合には，近隣の保育所に短期間の保育を委託する
一時預かり事業とよばれている施策があります。特に，不適切な養育状況にあ
る児童を，すぐに保育所へ入所させることができない場合，正規に入所できる
までのつなぎ保育として活用することもよく行われています。

7.2.4　児童福祉と協働する母子保健

　母子保健事業は母子保健法（1965 年成立）に基づく施策です。事業区分と
しては健康診査，保健指導，療養援護，医療対策に大別されます。

1．母子健康手帳の重要性

　母子保健法には「妊娠した者は，（中略）速やかに市町村長に届出をするよ
うにしなければならない」（第 15 条）とあります。具体的には，市であれば健
康福祉事務所（福祉事務所と保健センターが統合されたもの），町村であれば
役場の「保健課」のような表示のある窓口に「妊娠届」を提出することです。
するとその場で母子健康手帳が交付され，保健師から最初の保健指導を受ける
ことができます。

　母子健康手帳は発行する地方自治体によって幾分の違いはありますが，おお
むね妊娠中から出産までの妊婦の健康診査（健診），出産後の産婦と新生児の
各時期の健康診査や予防接種歴などを記録できるようになっています。また添
付物として，妊婦健康診査の費用を補助する金券（たとえば 1 枚 5,000 円相当
が 10 枚程度），新生児の無料予防接種券（BCG，ポリオ，3 種混合等）及び各
時期の乳幼児健康診査の無料受診券とその問診票などがあります。担当の助産
師や保健師は母子健康手帳に沿って，妊産婦及び乳幼児の保健指導を継続的に

行い，その指導内容や健康診査の結果を母子健康手帳に記録します。この記録は，子どもの発達相談などにも貴重な情報源となるので，心理専門職も重視しています（発達相談のインテーク時に母子健康手帳を見せてもらうことが多い）。また金券や各種無料券の添付など，母子健康手帳は，妊娠中から育児期間にかかる費用に対する経済的支援の要素もあります。

2. 健康診査と保健指導

母子健康手帳が交付されると，かかりつけの産科医を決め，定期的に妊婦健康診査を受けることになります。**妊婦健康診査**は当初は月1回のペースで，出産が近づくと週1回のペースで，妊娠から出産までおおむね13〜14回程度必要とされています。その間の医学的管理は産科で行われますが，妊娠中の家庭での生活（家事や上の子の育児等）について，任意で担当保健師への相談や訪問指導を受けることができます。家事の負担が大きく，実家が遠いなど親族からの支援が受けにくい場合は，担当保健師を通してホームヘルパーの派遣（基本無料）を受けることができます。

出産直後の産婦は，急激な身体上の変化に伴う自律神経系のアンバランスによる精神的落ち込み（いわゆるマタニティ・ブルー）を経験することがあります。通常は身体状況の回復に伴い1〜2週間で治まりますが，長引くと**産後うつ**とよばれる状態に陥ることもあります。そのことが不適切な養育につながることもあるので，この時期の状況把握と支援はきわめて重要とされています。

全国レベルで実施されている施策としては，**乳児家庭全戸訪問事業**があります。これは，生後4カ月までの乳児のいるすべての家庭を助産師（または保健師）が訪問し，養育環境の把握や育児に関する相談などに対応するものです。その際，産後うつのアセスメントとして「エジンバラ産後うつ病自己評価票（EPDS）」を渡し，その回答や相談内容から支援が必要と判断された場合は，継続的な指導や助言が行われます。これらの支援は主に保健師や助産師の家庭訪問によって進められますが，必要に応じてソーシャルワーカーなど他の専門職が同行訪問したり，指導を引き継ぐこともあります。メンタルヘルスに関することも多いのでアウトリーチになりますが，心理専門職にも積極的な関わりが期待されています。

　乳幼児健康診査（乳幼児健診）も母子健康手帳に則して進められます。地方自治体によって幾分の違いはありますが，おおむね4か月児健康診査，9か月児健康診査，1歳6か月児健康診査，3歳児健康診査という枠組みで行われています。各健康診査は健康福祉事務所や市町村の保健センターなどにおいて集団で実施される場合が一般的ですが，地方によっては，開業医（小児科）に委託して個々に実施されているところもあります。これらの健康診査と並行して予防接種も行われ，その結果はすべて母子健康手帳に記録されます。

　乳幼児健康診査は悉皆検査（該当する月齢のすべての乳幼児が検査対象）ですので，いずれの健康診査も高い受診率を保っていますが，毎回少数の未受診があります。その背景にあるものとして，健康診査のときに身体に打撲痕や低身長・低体重などの虐待を疑われる痕跡が見つかることを避けようとするものや，必要な保健医療的手当てを放置している，その延長で子どもが病気になっても必要な治療等を放置することが日常的になっていることなどが危惧されます。未受診の場合は数日内に文書で受診勧告を行い，それでも受診がない場合は，担当保健師が直接家庭訪問をして状況を把握することが原則になっています。

　乳幼児健康診査のうち，1歳6カ月児と3歳児の健康診査では，小児科や歯科の健康診査のほかに，心理相談を設けているところがほとんどです。この利用は，問診票の内容から保健師が判断して相談を勧める場合が多いのですが，保護者自身が希望する場合もあります。いずれの場合も臨床心理士または公認心理師の有資格者が別室で対応します。主な相談内容は，子どもの育てにくさや発達に関する保護者の不安が中心ですが，必要な場合はその場で発達検査の簡易版を実施することもあります。心理相談は健診の日だけでなく，保護者が希望すればその後の継続的な相談も可能です。

　我が子の発達に関して不安をもっている親の相談に対応する場合，特にその日が専門家とのはじめての相談になる場合は特別な配慮が行われています。詳しくは，7.3.4項を参照してください。

7.3　要保護児童等対策の領域

　児童福祉法（第25条）では，被虐待児童及び非行児童を**要保護児童**とし，さらに心身に障害をもつ児童，不登校状態にある児童などを**要支援児童**とし，要保護児童と要支援児童とを合わせて**要保護児童等**として国民や関係機関の役割を定めています。児童虐待，非行，心身障害は，他章でも詳しく扱っているので，一般的な説明は最小限にとどめ，ここでは要保護児童等に対する児童保健福祉分野の専門機関や専門職が具体的にどのような活動をしているのかについて述べます。

7.3.1　児童虐待防止の取組み

1.　児童虐待の通告義務と守秘義務について

　児童虐待の防止等に関する法律（以下，児童虐待防止法）第2条には，児童虐待には，①身体的虐待（身体に外傷が残るような暴行を加えること等），②ネグレクト（児童の心身の正常な発達を妨げるような著しい減食または長時間の放置，同居人の児童に対する虐待行為を放置するなど保護者としての監護を著しく怠ること等），③性的虐待（児童にわいせつな行為をすること等），④心理的虐待（児童に対する著しい暴言または著しく拒絶的な対応，児童の前での配偶者暴力など児童の心身に有害な影響を及ぼす言動等）の4種類があり，いずれの場合も親の側の思い（しつけのつもり等）ではなく，子どもにとってつらいものであれば虐待として認定することになっています。

　児童虐待防止法第5条には，「学校の教職員，児童福祉施設の職員，医師，歯科医師，保健師，助産師，看護師，弁護士，警察官，婦人相談員その他児童の福祉に職務上関係のある者は，児童虐待を発見しやすい立場にあることを自覚し，児童虐待の早期発見に努めなければならない」とあり，さらに同法第6条1項には，「児童虐待を受けたと思われる児童を発見した者は，速やかに，これを市町村，都道府県の設置する福祉事務所もしくは児童相談所（中略）に通告しなければならない」とあります。これは，学校や医療機関などで，児童虐待を疑うような状況に気づいた場合に，保護者や患者との関係を考慮して通

告を控えるのが許されなくなったということを意味しています。また，職務上知り得た秘密を漏らしてはならないと法律に規定されている職にある者が，守秘義務を理由に通告しないことについて，同法第6条3項では，「守秘義務に関する法律の規定は，第1項の規定による通告をする義務の遵守を妨げるものと解釈してはならない」とあり，児童虐待の通告義務は守秘義務よりも優先されるべきであるとしています。

2. 児童虐待への介入方法

　児童虐待は児童の心身に将来にわたって重大な影響を残し，最悪の場合は命をも奪うことになります。また，親の心にも消えることのない深い傷を残します。児童虐待の防止を図るためには，児童家庭福祉，母子保健，小児科医療，教育，司法などの現場で児童と関わっているすべての関係者が，可能な限り早い段階から連携して介入していくことが必要です。児童虐待への介入は，通告から始まる危機介入のほかに，未然防止を図る予防的介入，関係機関との協働のためのコンサルテーションとネットワークシステム構築などの方法が，児童相談所を中核機関として進められます。

(1) 児童虐待への危機介入

　児童虐待への危機介入は，以下に述べるように，住民や関係機関などから虐待通告を受けたときや経過観察を続ける中で，このままでは児童が危機状態に陥ると判断されたときに行われます。児童相談所などは，児童虐待の通告を受けた場合，48時間以内に家庭訪問などを行って，児童の状況を目視により直接確認することが義務づけられています。このとき同時に**虐待のアセスメント**が行われます。アセスメントは緊急度と重症度の2つの視点から判断されます。

　緊急度（表7.1）というのは，児童をすぐに保護者から分離しなければならない状態かどうかを判断する尺度で，緊急度が高い場合（緊急度1〜2）は，児童を児童相談所に**一時保護**することができます。重症度（表7.2）というのは，児童の被害状況の深刻さを判断する尺度で，5つの段階があります。最重度〜重度に該当する状態の場合は，その場から救急病院に搬送し，入院先の病院に一時保護を委託することもあります。**一時保護委託**というのは，保護したときの病気やケガの状態が入院治療を要するような場合，入院先の病院で一時

表7.1　児童虐待緊急度の例

緊急度1	当事者が保護を求めている。当事者の訴える状況が差し迫っている。すでに虐待による重大な結果がある。
緊急度2	虐待により重大な結果が生じる可能性が高い。虐待を繰り返す可能性がある。
緊急度3	保護者のリスクが高い。児童に虐待による明確な影響がある。
緊急度4	虐待の起こる可能性がある家庭環境。

表7.2　児童虐待重症度の例

最重度	身体的暴力によって，生命に危険が及ぶような外傷を受ける可能性が高い，また，ネグレクトなどにより肺炎，敗血症，脱水症，突然死，事故死などの可能性がある。
重度	生命の危険はないが，現に児童の健康や成長に重要な影響が現れている。
中度	深刻な外傷や栄養障害はないが，長期的にみると，児童の心身発達に問題を残すことが危惧される。
軽度	親や養育者の子育てについて，子どもの成長に応じた指導を必要とする。
虐待の疑い	虐待を危惧する訴えがあり，親や養育者の子育てについて継続的に観察する必要がある。

保護と同様の措置をとる（児童福祉法の管理下におく）ことです。この間の医療費は全額児童福祉法により公費で支払われます。その後通院で対応できる状態になれば，児童相談所の一時保護所に移されます。一時保護によっていったん保護者から児童を引き離した後に，児童への個別的ケアが行われます。虐待被害の程度によっては，児童に対する傷害罪で児童相談所長が保護者を警察に告発することもありますが，そうした事例は少なくありません。

　児童の安否を確認するために屋内に入ろうとするのを，保護者らが妨害して児童の安全が確認できない場合には，児童虐待防止法は臨検を認めています。これは，警察官立会いのもとに児童相談所の職員が屋内に入ることを強行するもので，そのときにドアや窓を破損しても保護者は損害賠償の請求はできないことになっています。また暴力などで抵抗した場合は，公務執行妨害の現行犯

で立会いの警察官が逮捕することもあり得ます。このように，児童虐待の危機介入は多くの関係機関と連携して，強い権力の行使を背景に行われる場合もあります。ただ，実際には，警察官を見ると保護者らは素直に応じるので，臨検まで行く例は多くはありません。

(2) 児童虐待の予防的介入

　児童虐待はその影響の深刻さから，未然防止のための予防的介入が重要です。予防的介入には，第1次予防から第3次予防までの3つの段階があります。

　第1次予防は児童虐待を未然に防ぐための取組みで，「児童虐待防止月間」などを設定して，その期間集中的にキャンペーン（マスコミを活用した広報活動，ポスターやバッジの普及等）や講演会を行うなどがそれにあたります。

　第2次予防は児童虐待の早期発見及び早期対応のための取組みです。児童虐待は突然に起こるものではなく，その予兆となる前段階があります。それは，**不適切な養育**といわれるもので，児童虐待とまではいえないが支援が入らないで放置されると児童虐待に至る可能性が高いような状態のことです。この段階で発見し，ただちに専門家による支援を始めることが児童虐待の未然防止にもっとも効果的で，これには母子保健事業などが大きな役割を担っています。

　第3次予防は再発防止の取組みです。不適切な養育や児童虐待に介入した後，状況が改善された場合でも，再び同様の状況に陥ることがないよう，しばらくソーシャルワーカーや保健師による家庭訪問，関係機関の協働による見守りなどのアフターケアを継続することがこれに該当します。

(3) 児童虐待防止のコンサルテーションとネットワークシステム

　児童虐待防止のための通告や見守りが十分に機能するためには，協力者となる地域住民や関係機関の職員に，児童虐待に関する基礎知識や初期対応の方法を周知してもらうためのコンサルテーションが重要となります。

　コンサルテーションの主なものとしては，職務の中で児童虐待に気づく機会が多い保育所や幼稚園，学校，医療機関などの職員を対象にした研修があります。その他に，地域の自治活動に関わっている役員や**民生児童委員**を対象にした研修も行われています。研修では，児童虐待には4つの種類があり，どのような根拠に基づいて児童虐待と判断するのか，児童虐待に気づいた者には通告

の義務があり，その通告はどこにすればよいのか，児童虐待かどうかよくわからない場合はどうすればよいのか，通告者の秘密は守られるのか，児童虐待が深刻化した場合は子どもにどのような影響があるのか，などについて児童相談所の児童福祉司や児童心理司などの専門職が詳しく説明します。

　このようなコンサルテーションや先に述べた予防的介入を推進することによって，児童虐待防止のネットワークのようなものが形成されます。外から見えにくい家庭内で行われる虐待を早期に発見し必要な対応をしていくためには，児童相談所を中核にした**ネットワークシステム**の構築が欠かせません。さらに，ネットワークシステムを着実に活かしていくためには，通告をいつでも受けられる体制（受理体制）と，通告を受けたらただちに調査に動きだす体制（初動体制）が不可欠です。厚生労働省の通知では，児童相談所の24時間通告受理体制と，虐待通告を受けたら48時間以内に子どもの安否を直接確認することが義務づけられています。

7.3.2　少年非行への対応

　一般にはあまり知られていないことですが，児童福祉法は18歳未満の児童のすべての問題に対応することになっている関係で，非行傾向のある児童に対しても独自の重要な役割を担っています。

　児童が刑法にふれる行為をした場合，14歳以上であれば少年法に基づき，「犯罪少年」として警察や検察庁，家庭裁判所が中心になって，保護観察や少年院送致などの保護処分が決められます。一方，児童が13歳以下の場合は，犯した罪の軽重（万引きでも殺人でも）に関係なく，要保護児童として警察などから児童相談所に**送致**（管轄を移管）されます。送致は文書のみの場合もあれば，重要案件（強盗や殺人等）の場合は，身柄付で送致されることもあります。後者の場合，身柄は一時保護所に預けられます。送致を受けた児童相談所は，一定期間内に**児童福祉司**（ソーシャルワーカー）による社会調査や**児童心理司**（心理判定員）による心理検査などを行い，児童福祉法第27条で定められている**措置**（第1号〜第4号）を決定します。

　第1号措置とは，児童と保護者に対して訓戒を伝えることです。第2号措置

とは，訓戒だけでは効果が期待できない場合に，児童を定期的に児童相談所に通所させ，児童福祉司などから継続指導を受けさせることです。第3号措置とは，児童の家庭環境や交友関係などのため，在宅での立ち直りが困難と判断された場合，児童自立支援施設（施設の概要については8.4.2項参照）や児童養護施設などに入所させるものです。第4号措置とは，殺人などの重大事件を犯して身柄付で送致されてきた例のように，児童福祉の観点からだけでは処遇を決めかねる場合に，司法的判断に委ねるために家庭裁判所に送致することです。

　このように，刑法で定められた罪に該当する行為を行った児童に対しては，保護的配慮が前提ですが，多くの場合，児童や保護者の予想を超える厳しい措置がとられます。厳しすぎるといった印象もあるかもしれませんが，この措置がそれまで緩んでいた児童の心の枠組みを組み直し，立ち直る契機となる場合も少なくありません。

　児童は成長の過程で，社会のルールや道徳を自我の内面に取り込んで社会生活に適応していきます。これも発達の重要な一部ですが，この部分が家庭環境や周囲の人間関係，あるいは児童自身の知的能力などのために，年齢相応の**心の枠組み**が形成されていない例があります。そこから非行が起きやすいとされています。非行臨床において，児童の心の枠組みを改めて組み直すことに児童福祉司や児童心理司などの関係者が努力しているのはそのためです。

7.3.3　不登校への対応

　児童相談所や児童福祉施設などの児童福祉関係機関が関わる不登校児童（専門機関が関わる必要があるとされた例）は，いくつかの群に分けられます。たとえば，精神疾患が疑われる群，社会性未熟群，一時的適応障害群，その他の群，に分けられることがあります。

　精神疾患が疑われる群というのは，うつ病や統合失調症などの精神疾患が疑われる状態があり，登校や教室へ入ることに強い拒否反応を示している児童です。このタイプの児童は，まず専門家による鑑別診断と適切な医学的治療が必要です。その上で主治医とも連携をとりながら，可能な範囲で緩やかに学校復帰を図ることになります。次の社会性未熟群と混同して登校を強いることは，

状況をさらに悪化させる可能性があるので注意が必要です。

　社会性未熟群というのは，母子分離など，児童としての各段階の発達課題が未了のまま積み残された状態にあるため，同年齢児童の集団に入ることに不安を抱え，それが登校しぶりなどの言動に表れている児童です。このタイプの児童は精神的には健康で，学校へ入ってしまえば楽しく過ごせる場合が多くみられます。このような児童は，年齢相応の集団参加や遊びが必要ですので，保護者の協力を得て，校門まで送ってもらうなどの登校支援が行われます。逆に，精神疾患が疑われる群と混同して登校刺激を避けていると，本格的な不登校に発展する可能性もあります。**発達課題の積み残し**は，どの年齢段階の児童にも表れる可能性があります。小学校高学年や中学校入学後に，何らかの契機で急に表面化することもあります。

　一時的適応障害群というのは，学校の教室やクラブ活動で，友人や教師との間に起きた小さな行き違いが契機となって，登校しづらくなっている状態の児童です。**自己意識**が強くなる中学生期に起きやすく，はじめは小さな行き違いであっても，本人の心の中で何回も反芻されるうちにトラウマ化し，人に会うことを避けるようになります。この状態が長期化すると，断続欠から長欠となり，さらに**ひきこもり状態**に陥る可能性があるので，まだ一過性の心的外傷体験の段階で，家族やスクールカウンセラーを含めた学校関係者による個別的支援が必要です。

　その他の群としては，非行交遊によるものと，保護者のネグレクトによるものなどがあります。非行交遊によるものは，深夜徘徊やたまり場交遊などの結果，翌朝に登校できない状態が続き，それが長期化する中で登校意欲を失いかけている児童です。このタイプの児童は学業のつまずきが背景にある場合が多く，さらにその背景として，知的能力のレベルや貧困による学習環境の課題があるといわれています。対応の中で，非行交遊が慢性化している場合は，児童相談所や警察との協働が必要です。非行交遊による不登校は，児童期の発達に必要な学習やさまざまな経験の場を結果として失うことになるので，できるだけ早期に，学習支援を含めた適切な予防的介入を図る必要があります。

　保護者のネグレクトによるものとは，保護者の事情（学校に対する考え方や

生活スタイル等）によって，朝の送り出しができない状態のことです。このタイプの児童は，不登校による学業の遅れやネグレクトによる**自尊感情の低下**などから，児童自身が無気力に陥り，ひきこもり状態に至る可能性もあります。対応にあたっては，ネグレクトの程度（緊急度・重症度）に応じて，児童保健福祉機関との協働で思い切った介入も考慮する必要があります。

　学校で長期欠席として扱われている児童の中に，上記で述べたようなタイプのどれかに似たような状態にある児童が含まれている可能性があります。スクールカウンセラーは生活指導担当教諭やスクールソーシャルワーカーと連携して，**長欠児童**にも積極的に関わっていくことが期待されています。

7.3.4　心身障害児の早期発見・早期対応

　子どもの成長を表現する言葉として，生育と発達があります。**生育**とは，骨格や筋肉，神経系などの身体が成長していく過程のことです。一方，**発達**とは，知能や自我などの精神面が成長していく過程のことです。

　発達は脳の成長と深い関係がありますが，脳のさまざまな機能の成長は，同時並行的に進むのではなくて，機能ごとに成長するペースが異なり，さらに個人差もあります。そのため，成長過程での発達のペースの違いが，個人の知能やパーソナリティ傾向の差異となって表面化することがあります。これらのうち，日常生活や学習に何らかの支障が生じている状態を発達障害とよんでいます。

　発達障害の主な特性で生活に影響があるものとしては，言葉によるコミュニケーションが難しい，感情の交流が難しい，周囲の状況を読みとって適切な言動をとることが難しい，環境の急な変化に対応することが難しい，こだわりが強い，過去や未来の時間認知ができにくいために失敗した教訓などの積み上げが難しい，情動のコントロールが難しい，フリータイムの過ごし方が苦手，感覚過敏（味覚や嗅覚等）があるため極端な偏食になりやすい，などがあります。子育ての過程で，これらの特性が部分的にでも子どもに表れると，養育者は不安になると同時に育てにくさを感じることが多くあります。その状態を養育者が一人で抱え込んでいると，育児疲れに陥り，不適切な養育や児童虐待に発展

する可能性もあります。したがって，できるだけ早い段階で支援の手を差し伸べる必要があります。

1.　スクリーニング機会としての乳幼児健康診査

　乳幼児健康診査（7.2.4 項参照）での保健師による問診，小児科診察，心理相談などを通して心身障害のリスクが懸念される乳幼児が発見された場合（健康診査を受けた乳幼児の 10% 前後が該当します），保健師はその保護者に対して，保健センター等で月 1 回程度開催される親子同伴のグループワーク（フォロー教室）を案内します。フォロー教室の運営には保健師，保育士，心理系職員などが関わります。フォロー教室の中でさらに必要が認められた場合は，児童相談所（または療育センター等）での精密検査を勧めますが，その結果，心身障害と診断されることもあります。この間の母親の不安や動揺，怒りなどの心情に対する理解と配慮はきわめて大切です。

2.　障害を告知された母親の心情

　我が子が他の子と違うことに気づかされたとき，母親は，「どうしてこの子が……自分に何か問題があったのだろうか……一生懸命育ててきたつもりなのに」「この子の誕生を祝ってくれた実家の親やきょうだいに何と説明しようか」「夫は，夫の親族は何と思うだろうか」というような思いにとらわれたり，自分自身の今後の人生に不安を感じたり，また「この子のきょうだいが，この子のためにいじめられたりしないだろうか」というような心配が先立ちます。特に，知的障害や発達障害は外見や生理的検査からは判断できないので，ある程度の年齢まで特に問題と思うことなく過ごしてくる場合がほとんどです。急に指摘されても容易に受容できることではありません。

　母親のほうから自主的に相談があった場合でも，**障害受容**の用意ができていることはまれです。多くの場合，母親は不安と恐れ，誰にぶつけていいかわからない怒りを胸に秘めて来談しています。そのことをよく知った上で対応しないと，母親の心にやり場のない反発だけが残り，せっかくの早期対応の機会を逸することにもなります。

　障害受容は時間を要するものです。障害を理解し，我が子をありのまま受け入れて，発達に応じた療育に積極的に取り組むようになるまでには，いろいろ

な人からの援助を受けながらでも 1～3 年は必要です。

　母親から相談があった場合，まず，母親の複雑な心の内をそのまま受け入れて十分に傾聴します。相談の初期段階では，母親の障害受容を援助することが第一になります。同じような子をもつ母親同士の**ピアサポート**が，母親の障害受容にはもっとも力になるといわれます。

3. 障害児の療育支援システム

　障害のリスクをもった児童が発見された場合，できるだけ早い時期に適切な療育を始めることが望ましいのですが，親の障害受容には，先に述べたように相当の時間が必要です。そのため，最初は軽い気持ちで参加できるフォロー教室などでサポートしながら，できれば 2 歳半か 3 歳頃には本格的な療育を始められるよう丁寧に導くことに気を配ります。本格的な療育は，児童福祉法に基づく施設（通所型または入所型）を活用して行われます。

　心身に障害のある児童が学齢期になると，療育支援は学校教育の中で継続されます。一般的には小学校の入学を前にした時期に，幼稚園や保育所，さらに必要な場合は児童相談所などで進路に関する相談が行われています。また，各小学校で実施される就学前健診の場でも進路に関する相談が行われています。幼児期からの切れ目のない療育を継続していくためには，小学校での進路選択が重要となります。

　心身に障害がある，もしくはその可能性がある児童の主な進路としては，①通常学校の通常学級，②通常学校の特別支援学級（なかよし学級），③特別支援学校（旧養護学校）があります。どの進路を選択するかは，保護者の意向と児童の希望などで決められています。進路の選択にあたって重要なことは，療育を必要としている児童が，「18 歳になった頃に，社会で生きていく力がある程度身についているようになるために，今の時期に，何をしておくことが必要か」を考慮の中心において検討することです。その際に，児童の知的発達レベル，発達障害の有無や程度，児童の対人関係場面でのパーソナリティ特性，指示に対する反応特性，遊びの内容などを考慮しながら検討していくことが必要です。

　義務教育期間が終了すると，多くの場合は**特別支援学校**の高等部へ進学しま

BOX 7.1	保健福祉分野における心理専門職の現状と期待

　日本における保健福祉分野の仕事は，ほとんどが法律や条例，行政通知に基づいて行われています。その関係で配置される専門職員についても，法律やその施行規則などに基づいて人事が行われます。

　専門職員として福祉六法などの関係法規に明記されているのは，保健医療系では医師，保健師，看護師，管理栄養士，その他多数，福祉系では社会福祉主事，児童福祉司，知的障害者福祉司，保育士，児童指導員など数多くありますが，心理系で明確なのは児童心理司だけです。もっとも，心理系職員という職名で健康福祉事務所や児童福祉施設に配置されている心理専門職（そのほとんどが臨床心理士等の有資格者）は相当数いますが，大部分は臨時的任用職員（非常勤職員）です。その理由は，法律などに明記されている専門職は原則として正規職員が配置されますが，それ以外の場合は，国からの補助金などを活用して各施設が独自に臨時的任用職員を採用し配置しているからです。

　精神科系の医療機関は別として，心理系職員が正規職員として働ける職場が少ないのは，これまで心理専門職としての国家資格がなかったことが大きな理由として挙げられます。新たな国家資格として公認心理師ができたことによって，今後状況が変化していくことは大いに期待できます。それでも，既存の専門職でしっかり固められている保健福祉分野に心理専門職が入り込んで協働していくには，法律などを根拠にした業務を進めている職場だけに，保健福祉に関係する制度や機関，施設などに関する知識を前提としたコミュニケーションができることと，対象者の家庭や通学している学校，利用している施設などへの他職種との同行訪問などアウトリーチに躊躇なく動ける身軽さがあることが望ましいといえます。クライエントのほうから来談するのを待つという従来の方法からの飛躍が必要です。

　本文中でも言及したように，発達障害や児童虐待，不登校，ひきこもり，DVなどへの対応が増大している福祉臨床の現場では，心理専門職の参画に大きな期待が寄せられています。

す。それ以外に，一般の高校（単位制高校や定時制高校を含む）や専門学校（主に技能系）へ進学する例も増えています。

　18歳を過ぎると法制度による支援は，児童福祉法から成人対象の各障害者福祉法に移行しますので，子どもが高校3年生になり，特別支援学校高等部や一般の高校などの卒業が近づくと，出身高校での就職指導やハローワーク（障害者雇用促進のための専用窓口があります）の職業紹介を通して，一般企業や官公庁などへの就職を目指すことになります。

　障害者の就労については，障害者の雇用の促進等に関する法律（障害者雇用促進法）の規定により，事業主の義務として**障害者雇用義務率**が業種別に設定されており（2.4%前後），すべての事業所は規定の雇用率を守る義務があります。多くの障害者の就労はこの規定を活用して行われます。知的障害などの程度によって，高校卒業後すぐに一般企業などへの就職につながらない場合は，**障害者総合支援法**による就労支援施設を活用して，さらに就労や社会生活に適応するための支援が継続されることになります。

復 習 問 題

1. 児童の健全育成にはどのような施策があるか具体名を挙げてください。
2. 国の通知で定められている，児童虐待の早期発見・早期対応に欠かせない児童相談所の初動体制について，具体的にどのようなものがあるか列挙してください。
3. 児童福祉法（第27条）による4種類の措置について説明してください。

参 考 図 書

厚生労働統計協会（編）（2022）．厚生の指標 増刊　第69巻第10号　国民の福祉と介護の動向　厚生労働統計協会
　一般の人や初学者にもわかりやすい記述になっており，本書一冊で現在の社会福祉行政の全体像がおおむね把握できます。社会福祉士や精神保健福祉士などの国家試験を受験する前の必読書とされています（隔年発行）。

丸尾 良浩・竹内 義博（編著）（2021）．新版　よくわかる子どもの保健　ミネルヴァ書房
　編著者は小児科の臨床医ですが，主な読者対象は保育士及びその養成校の学生な

ので，子育て支援に関わる専門職が知っておきたい子どもの身体機能の発達や病気，
起きやすい事故などについて，わかりやすく説明されています。

**廣瀬 健二（2017）．子どもの法律入門──臨床実務家のための少年法手引き──
　　第3版　金剛出版**

　内容は子どもに関する法律全般ではなく，少年非行に焦点を絞っており，公認心
理師国家試験にもよく出題される児童福祉法と少年法のそれぞれの枠組みと接点に
ついて論述されています。

家庭福祉分野における活動

　第7章の冒頭で，児童福祉は家庭の安定と不可分な関係にあるとして児童家庭福祉という言い方に変わったと述べましたが，厚生労働省や地方行政機関の，児童福祉法や母子及び寡婦福祉法（当時）を統括する組織名称も長い間，児童家庭課とよばれていました。その後，「子育て支援」といわれる時代になって，児童家庭福祉と母子保健が一体運営されるようになり，現在に至っています。そのような経緯から，第7章で扱った児童保健福祉と第8章の家庭福祉とは，合わせて一続きの分野になります。第8章では，家庭の部分により焦点をあて，第7章で扱わなかったひとり親家庭，配偶者からの暴力（DV），貧困などの生活問題を抱える家庭への支援について言及し，最後に児童保健福祉分野と家庭福祉分野に関係する専門機関と施設をひとまとめにして説明します。

8.1　ひとり親家庭の支援

　母子及び父子並びに寡婦福祉法によると，**母子家庭**とは「配偶者のいない女子とその20歳未満の子で構成される家庭」とされています。さらに同法の第6条には「母子家庭等とは母子家庭及び父子家庭をいう」とあり，**ひとり親家庭**について母子家庭等という表現を使っているものの，従来母子家庭のみが対象であった施策が，父子家庭に対しても適用できるようになりました。

　厚生労働省が5年ごとに実施している全国ひとり親世帯等調査の2021年調査の結果によると，母子家庭となった理由としては，生別が93.5％，死別が5.3％，不詳が1.2％となっています。また，母子家庭となったときの母親の平均年齢は34.4歳，そのときの末子の平均年齢は4.6歳となっています。一方，

父子家庭となった理由としては，生別が 77.2％，死別が 21.3％，不詳が 1.5％
となっています。また，父子家庭となったときの父親の平均年齢は 40.1 歳，
そのときの末子の平均年齢は 7.2 歳となっています。

　同じ調査で，母子家庭の母親自身の平均年収は 272 万円，父子家庭の父親自
身の平均年収は 518 万円となっています。同じ年の一般の「児童がいる世帯」
の平均年収は 813.5 万円でした。これらの調査結果から，母子家庭と父子家庭
は幾分の違いはあっても，幼い子どもの子育てと収入面での厳しさという共通
した課題を抱えていることがわかります。

8.1.1　ひとり親家庭の課題

　ここでは主に母子家庭について説明しますが，同じような課題と支援が父子
家庭にもあると理解してください。

1.　母子家庭が抱える課題

　先述の調査によると，母子家庭になる前に不就労だった母親の 73.7％が就業
しており，その雇用形態は，正規の職員・従業員が 40.9％，パート・アルバイ
ト等が 49.4％となっています。また，母親の就労収入は 236 万円ですが，これ
に児童手当や児童扶養手当等が加わって平均年収が 272 万円になっています。
これらの数値から，母子家庭の母親の就業率は高く，子育てと就労の両方を担
っているが，子どもがいる一般の世帯と比べて，収入が低く，常に貧困と背中
合わせのような生活を強いられていることが理解できます。

　母親が生活のために外で働いていると，児童は保育所や学童保育に委託され
るか，母親が帰宅するまで，一般家庭が団欒を過ごしている時間帯に児童だけ
で過ごすことになります。また，母親が自宅にいる時間が少ないために，近隣
との関係が希薄になることもあります。さらに，収入が少ないために生活に余
裕がなく，住居や被服，塾通いや娯楽などに**一般家庭との格差**が生じやすくな
ります。このようなことが，親子関係や児童の社会適応に少なくない影響を与
えるという指摘もあります。

　母子家庭の母親に発達障害や精神疾患がある場合は，母親自身の生活だけで
なく，子育てにも多くの課題が伴います。また，離別の原因に配偶者暴力があ

る場合は，特別な配慮と支援が必要となります。

2.　母親の養育力に課題がある母子家庭の支援

　経済的に安定した生活，精神的にも身体的にも健康な母親，子どもの定型発達，これらがすべてそろっている場合でも，子育てにはさまざまなリスクが伴います。これらのうちのどれかに問題があればリスクはさらに高まり，社会的な支援が必要となります。

　母子家庭の母親に発達障害や精神疾患が認められる場合は，子どもの年齢が幼いほどリスクが高くなり，特別な支援が必要です。たとえば母親に自閉症スペクトラムのような傾向が認められる場合，親子の情緒的交流が難しい，特定のことや方法へのこだわりがある，変化への柔軟な対応が難しい，細かい動作が不器用など，発達障害の特性とされていることが日常的な子育ての場面で現れます。具体的には，授乳場面で子どもの頭部の位置が腹部よりも低い（飲んだものが逆流し気管に詰まったりするおそれがある）ことに無関心であったり，おむつ交換の場面で子どもの関節可動域を考慮しない動かし方（股関節などを傷めるおそれがある）をしたり，沐浴の場面で洗っているところだけに関心が集中して全身の位置関係が見えていないなどです。これらは子どもの年齢が幼いほど育児中の事故につながる危険性が高くなります。また，このような関わり方が愛着形成にも少なからず影響を及ぼします。

　母親に統合失調症やうつ病などの精神疾患が認められる場合は，母親の服薬管理が重要な課題となります。母親の精神状態は安定期もあれば不安定期もあるので，そのことが子どもの情緒面にも影響します。また，隠れたアルコール依存（キッチン・ドリンカー等）にも注意が必要です。

　このように，母親に発達障害や精神疾患が認められる場合は，身近なところで活用できる社会資源を総動員して，切れ目のない見守り，基本的なことができるようになるまでの専門家による定期的な指導，日常生活の中での具体的な手助けなどをさまざまな職種の人々が協働で関わることになります。

8.1.2　ひとり親家庭を支援する施策

　先に述べたようなことから，ひとり親家庭に対する支援は，子どもの養育支

援と収入面を含めた生活支援が中心になります。

1. 子どもの養育支援

母子家庭等（父子家庭を含むひとり親家庭のこと，以下同様）に特別な配慮が行われている施策としては，保育所の優先入所，ひとり親家庭生活支援事業，公営住宅の優先入居などがあります（一般的な子育て支援と共通するところは，7.2節を参照）。

(1) 保育所の優先入所

母子及び父子並びに寡婦福祉法（第28条）では，保育所に入所する児童を選考する際，母子家庭等を保育所入所の必要性が高いものとして優先的に取り扱うとしています。また，特に都市部などの待機児童の多い地域にあっては，母子家庭等が優先されるよう配慮するとされています。

(2) ひとり親家庭生活支援事業

母子家庭等の児童は，親との死別や離別という事態を経験し，精神的にも不安定な状況になりやすいことを配慮して，児童が気軽に相談できる大学生などを児童の家庭に派遣し，児童の悩みを聞き，心の支えになるとともに，生活面の指導を行う児童訪問援助事業（ホームフレンド事業）や，学習を支援する学習支援ボランティア事業などがあります。

(3) 公営住宅の優先入居

母子家庭等が公営住宅に入居しようとする場合，住宅困窮者に対する優先入居が適応されます（母子及び父子並びに寡婦福祉法第27条）。また所得が一定以下の場合は，家賃の減免措置が適用されます。

(4) その他（養育費の確保支援）

養育費の確保は母子家庭の児童の健全育成にとって重要課題であることから，2011年の民法改正で，「協議離婚の際には，養育費の分担が定められるべき」と明記されました。また，都道府県・政令指定市・中核市に設置されている母子家庭等就業・自立支援センターには，養育費取得率の向上を図るために専門の相談員が配置されています。

2. 生活の支援

母子家庭の母親はこれまで就業経験がない，専業主婦であった期間が長く再

就職に不安がある，転職希望はあるが新しい仕事と家庭の両立に不安を抱えている，などさまざまな事情があり，就業支援には一定の配慮が必要です。

　先に示したように，母子家庭の母親の就業率は高いが，就労による収入が相当低いという実態があるところから，収入や待遇の面でより有利な就職につなげるために，資格取得や職業能力を高める支援が必要です。そのような施策の一つに，看護師，介護福祉士，保育士，作業療法士などの資格を取得するために，それらの養成機関で修業している期間の生活支援として，3年を上限として月単位で生活費を支給する**高等技能訓練促進費等事業**があります。学費については，ひとり親家庭を対象とした別の就学資金制度もあり，それは卒業後に返済する義務がありますが，必要な学費をおおむねカバーできます。これらの制度を活用して看護師免許などを取得し，再就職した母子家庭の母親もいます。

　一方，母子家庭等の児童に対しては，高等学校，大学，専修学校などに就学する場合，授業料や通学交通費などに充当する資金を，**母子父子寡婦福祉資金**より貸付（無利子）を受けることができます。自宅通学であれば，私立高校，私立大学の年間授業料までおおむねカバーできる額になっています。償還は卒業後6カ月の据置期間の後，20年以内となっています。

 ## 配偶者からの暴力（DV）への対応

　離別による母子家庭の中には，母親が配偶者などから暴力（domestic violence，以下 DV）を受けていた例が一定割合あります。

　DV 対応の公的専門機関は，福祉事務所（健康福祉事務所）と婦人相談所になります。後者は，各都道府県に設置されていますが，正式名称は加害者が検索などによって場所を特定することを避けるために公表していなので，ここでは「婦人相談所」としておきます。いずれも婦人相談員とよばれているソーシャルワーカーが，初回相談から調査，一時保護所（婦人相談所に併設）や母子生活支援施設（旧母子寮），シェルター（shelter）などへの緊急入所に至るまで一貫して対応しています。

　婦人相談所には心理専門職が配置されており，主に被害者の心理検査を担当

しています。最近では，民間の相談支援組織も増えています。

8.2.1　暴力（被害・加害）にとどまり続ける心理

　DV被害者が専門機関の支援を受けるようになるまでの道のりは簡単なものではありません。また，専門機関との相談を続けながらも，**暴力的な支配状況**にとどまり続ける人も少なくありません。その背景には，被害者に共通した特有の心理状態や加害者のパーソナリティ特性があるといわれています。

　DV対応の専門機関や支援組織などで被害者の支援にあたっている相談員からみた，暴力被害にとどまり続ける女性の特徴としては，社会的に孤立しており，自尊感情が低く，現状を変えることに無気力になっている，自分にも悪いところがあると考えがちで，パートナーへの依存度が高く，嫌悪感や反発を覚えながら一方で素直に従うなどアンビバレンツな服従がある，アルコール依存や解離などがみられることもある，などが指摘されています。

　一方，被害女性が語るパートナーの特徴としては，能力がないと自分で思っている，社交下手で自己肯定的な言動がとれない，不安や抑うつ状態に陥りやすい，アルコールや薬物の乱用経験がある，行動をコントロールする力が弱く反社会的行動をすることがある，などが挙げられています。

　このような被害者と加害者の特性によって，両者は，心のどこかに相手に依存しているようなところがある共棲関係をつくりやすいといわれています。

8.2.2　被害者救済のための支援

　DV被害者がさまざまな葛藤と紆余曲折を経ながらも，加害者から離れる決意をして福祉事務所や婦人相談所などに保護を求めてきた場合は，ただちに婦人相談所での一時保護や母子生活支援施設への一時入所などの緊急支援を開始し，その後は母子家庭としての生活の自立を図っていきます。

　DV対応で難しいのは，未だ加害者と同居している時期での支援です。この段階では，母親を暴力から救済するとともに，子どもに対する身体的・心理的虐待の防止が課題となります。子どもの安全を優先して，先に子どもだけを児童相談所などに一時保護することについては慎重に検討すべきです。子どもは，

子ども特有の想像力を膨らませて，暴力を受けている母親の安否を心配することが多く，子どもだけを現場から離れさせるだけでは，ほとんど問題解決にはなりません。母子生活支援施設も，婦人相談所の一時保護所も子ども同伴は可能なので，保護する場合は，母親と子どもを一緒に保護することが望ましいといえます。

　加害者から分離された後でも，加害者の執拗な追跡が続く場合が少なくありません。この不安を軽減する方法として**保護命令**という司法制度があります。申立先は当事者（加害者または被害者）の住所がある地方裁判所です。保護命令というのは，加害者が被害者の身辺につきまとったり，その住居や勤務先の周辺をうろつくことを禁止する**接近禁止命令**と，加害者が，被害者と同居している未成年の子と会うことで，被害者への接近を図ろうとするのを防止するための**子への接近禁止命令**があり，いずれも 6 カ月間有効です。他にも，別れる結論が出たのに加害者が家を出ていかない場合に，家を出ていくことを求める退去命令（2 カ月間有効）があります。保護命令に違反すると，1 年以下の懲役または 100 万円以下の罰金刑が科されます。この罰則規定は加害者にも通知されるので，大きな抑止力になります。しかし，いずれも期限つきの命令であるため，有効期限には十分留意する必要があります。事前に申し立てをすれば，更新は可能です。

　DV への対応は，加害者と被害者の双方に専門的な関わりをしていくことが望ましいのですが，日本の公的専門機関では，暴力的支配の現場から保護する被害者救済を中心にして進めています。これは，DV 加害者の行動改善に有効な方法（プログラム等）が少ない一方で，被害者のおかれている状態が加害者の変化を待つほどの猶予がない場合が多いというのが理由の一つです。児童虐待と同様，DV の場合も，自らの行為に悩み苦しんでいる加害者もいます。その状態を受容し対応できる専門の相談機関は必要です。

8.3　貧困などの生活問題を抱える家庭への支援

　国内総生産（GDP）の国際比較の上では，日本は世界有数の豊かな国とい

うことになっています。そのような国で貧困と聞くと，該当者は何か特殊な状態に陥っているのではないかというイメージを抱きがちです。OECD（経済協力開発機構）は国の**貧困率**の算出方法を示していますが，日本政府は戦後の復興期から毎年，国民の貧困率を公表していました。それが前回の東京オリンピックが開催された 1964 年の翌年に，戦後復興の時代は終わったとして貧困率の公表を打ち切りました。その後も政府の内部資料として貧困率は算出されていましたが，2009 年から再び貧困率を公表するようになりました。これは，その頃から**子どもの貧困**が一つの社会問題になり始めていたことと関係があります。政府が 45 年ぶりに公表した 2009 年の日本国民の貧困率は 16.0%，子どもがいる世帯に絞ると貧困率は 15.7% となっています。日本国民の 16% が貧困状態にあるという事実は，豊かな社会と思っている中で，貧困が静かに確実に進行していたことを意味しています。

8.3.1　現代日本における貧困化の実態

　伝統的に日本社会では，貧困は社会の仕組みから生まれる問題というよりも，家族の問題，個人の責任ととらえられてきました。しかし 1990 年代，構造改革と規制緩和が政府主導で積極的に進められた結果，官公庁や多くの企業で，パートや任期付職員などの非正規雇用の従業員の占める割合が大きくなりました。それ以前は，終身雇用・年功序列賃金制度という日本固有の雇用形態が一般的で，この仕組みがかつて総中流化といわれたような，日本国民の生活水準の向上と安定に寄与していました。しかし現在では，全労働者の約 4 割が不安定な非正規雇用という状態です。

　非正規雇用のすべてが悪いかというと，そうともいえない面もあります。子育てや介護をしながら就労との両立を図るため，あるいは心身の病気や障害による事情のために，ある程度出勤日や勤務時間の融通がきく就労形態のほうが良い場合もあるからです。問題となるのは，同じ業務に同じ時間従事しているにもかかわらず，賃金や待遇に大きな格差があることです。また，一定年数同一事業所に非正規雇用として従事した場合，希望すれば正規雇用に移行する道が制度上はあるにもかかわらず，事業所の内部規定によって「雇い止め」のよ

うなことが行われていることです。非正規雇用による低賃金や収入の不安定さ
は，若者の未婚率の高さや，子どもの貧困などの原因の主要部分を占めていま
す。

　生活困窮に陥った場合のセーフティネットの一つに生活保護制度があります。
1995 年（阪神・淡路大震災が起きた年）の生活保護世帯数は 60 万 1,925 世帯
でしたが，その後急速に増大し，2009 年には 127 万 4,231 世帯と，14 年間で
ほぼ倍増しています。これは，従来は少なかった失業を理由とする生活保護の
申請が増えたのが原因です。2012 年の厚生労働省調査では，傷病者世帯，障
害者世帯，高齢者世帯などに該当しない「その他世帯」（世帯主が稼働年齢層
で，傷病や障害はないが失業等の理由で生活困窮に陥った世帯）の生活保護世
帯全体に占める割合が，10 年前と比較して 4 倍になっています。その後も生
活保護世帯は増加を続け，2014 年には 161 万 2,340 世帯に達し，その後もほぼ
横ばい状態が続いています。

8.3.2　貧困家庭への支援

　貧困状態に陥ると，食生活，衣類，住環境，教育環境などに格差が表れやす
く，体格や健康状態，衛生状態，学力や学歴などに具体的で深刻な影響が出て
いる場合も少なくありません。生活保護世帯の世帯主の 26％が，子ども時代
に親の世帯が生活保護を受けていたという調査結果があります。このことは，
貧困は世代間連鎖する可能性があるとともに，個人や家庭が一度貧困に落ち込
むと，そこから自力で抜け出すことが容易ではないことを示唆しています。貧
困に対する援助のあり方としては，当面の生活困窮状態に対する経済的救済と
自立に向けた支援が第一となりますが，一方で，生活困窮状態に陥る前の段階
における，予防的介入のための方策が不可欠といえます。日本では，前者には
生活保護制度が，後者には生活困窮者自立支援事業が対応しています。

1.　生活保護制度

　日本国憲法第 25 条は「すべて国民は，健康で文化的な最低限度の生活を営
む権利を有する」と規定していますが，この趣旨を具体化したものが生活保護
法です。現行の生活保護法が成立したのは 1950 年ですが，以来 70 余年を経た

現在に至るまで，日本国民の生存権を保障する最後の受け皿的制度としての役割を担い続けてきました。その支援は直接的（生活費が直接現金で支給される，窓口負担のない医療が直接医療機関で受けられる等）で，かつ即効性（生活保護申請から給付決定まで原則 2 週間以内という短期）を特徴としています。

　一方，生活保護法は，その第 1 条に保護の目的として，生活保障と共に自立の助長を明確に挙げています。そのため世帯単位で支援担当者が配置されます。支援にあたるのは**社会福祉主事**とよばれているソーシャルワーカーで，生存権保障と守秘義務の責任や縛りが強い関係ですべて公務員です。

　生活保護は無差別平等の原理を採用している（第 2 条）ので，生活困窮に陥った事情によって保護の適用が差別されることがないようになっています。事情そのものについては家庭訪問や関係機関照会などを通して詳細な調査を行います。その関係でソーシャルワーカーは自立支援の過程で，難治性の身体疾患，精神疾患，薬物依存，知的または発達障害，ひきこもり，DV 被害，虐待など，あらゆる社会的な課題に関わることになります。

　先に述べたように，貧困は一度落ち込むと抜け出すことが容易ではなく，背景にある問題が深刻な場合はさらに困難となります。生活保護は，直接的で即効性の高い救済の制度ですが，対症療法的にならざるを得ないところがあり，できればその前の段階で，予防的に介入することが望ましいといえます。

2. 生活困窮者自立支援事業

　生活保護世帯の急増を背景に，抜け出し難い生活困窮に陥る前の段階で予防的介入を図るために，2015 年から始められた施策が生活困窮者自立支援事業です。窓口は福祉事務所（健康福祉事務所）です。主な事業としては，自立相談支援事業（自立に向けた情報提供と生活再建計画の策定等），住居確保給付金（ホームレス化の防止），就労準備支援事業，及びその他の生活支援事業があります。ここでは，予防的介入の特徴が明確な就労準備支援事業とその他の生活支援事業について説明します。

（1）就労準備支援事業

　就労準備支援事業は就労の前に，就労自立に必要な基礎的能力の形成を支援するものです。具体的には，就労継続に必要な生活習慣を形成するための指

導・訓練（日常生活自立），職場適応に必要な社会的能力やスキルの習得（社会生活自立），実際の事業所での就労体験（就労自立），という3つの段階からなっており，これらの支援を最長1年の有期で実施しています。

この事業の利用者の中に，発達障害や境界域の精神発達遅滞のために就労継続が困難で貧困状態に陥っている人たちが多く含まれています。直接指導にあたっているのはソーシャルワーカーですが，心理臨床の専門職によるコンサルテーションを必要としています。

(2) その他の生活支援事業

この中で特徴的なものは，家計改善支援事業と子どもの学習・生活支援事業です。家計改善支援事業では，債務問題などを抱える生活困窮者に対して，家計収支の再建を図るために，収支バランスを考慮した家計簿の作成を指導したり，法テラス（弁護士会等）の斡旋などを行っています。子どもの学習・生活支援事業では，貧困の連鎖を防止するという観点から，生活困窮世帯の子どもに居場所（同じ貸会議室を継続利用する等）を提供し，そこで学習指導や進路相談，将来の自立に向けた生活習慣や社会性の育成などを行っています。

8.3.3　子どもの貧困対策

子どもの貧困は，子ども自身の心身の成長や学力の大きなマイナス要因になるとともに，成人後の就労形態や生活水準にもさまざまな影響を及ぼし，結果として**貧困の世代間連鎖**につながりやすいとされています。そのため子どもの貧困対策は，現代日本の重要な課題の一つになっています。

具体的な対策としては，2019年に見直しが行われた子どもの貧困対策大綱に指標が示されています。主な指標には，「教育の支援」「保護者に対する職業生活の安定と向上に資するための就労の支援」などがありますが，このうち，**教育の支援**では，生活保護世帯やひとり親家庭の子どもの高校や大学への進学率を高めることや，教育支援におけるスクールソーシャルワーカー及びスクールカウンセラーが果たす役割の重要性などが挙げられています。

児童保健福祉分野及び家庭福祉分野の関係専門機関・施設

　児童保健福祉分野の活動には，数多くの専門機関や専門職員が関わっています。最近では民間運営の専門機関も増えています。また，行政が民間の実績のある施設などに事業の一部を委託して，住民の身近なところで相談事業などを展開する例も多くなっています。それらを児童相談所や市町村の福祉事務所が包括的にバックアップしています。

8.4.1　専門行政機関

1.　福祉事務所（健康福祉事務所）

　福祉事務所は市が設置している専門機関です。町村のように小規模自治体の場合は，いくつかの町村をまとめて都道府県が設置しているところもあります。健康福祉事務所というのは，元は別々の専門機関であった福祉事務所と**保健センター**（旧保健所）が機能的統合をしたもので，近年，全国的に増えています。

　福祉事務所の主な業務は，**福祉六法**とよばれている，児童福祉法，母子及び父子並びに寡婦福祉法，身体障害者福祉法，知的障害者福祉法，老人福祉法，生活保護法に定められている相談，調査，及び具体的な援護です。そのための専門職員として，児童福祉司，母子生活支援員，身体障害者福祉司，知的障害者福祉司，老人福祉指導主事，社会福祉主事などが配置されています。

　児童福祉に関して，福祉事務所は，主に保育所や母子生活支援施設などの入所に関する相談や，児童手当，児童扶養手当，特別児童扶養手当などの経済的支援施策に関する申請受理の業務を行っていますが，児童虐待の通告件数が急増してきた2000年以降は，ここが通告受理の第一線機関と位置づけられ，児童相談所と連携して通告受理後の緊急対応にあたっています。

　通告受理後の訪問調査，その後の指導，見守りは，福祉事務所の児童福祉司（ソーシャルワーカー）と，保健センターの母子保健担当保健師が協働で対応します。児童虐待の緊急度・重症度が高く，児童を保護する必要が認められた場合は，一時保護や施設入所を決定する権限のある児童相談所へ送致する（管轄を移す）ことになります。児童福祉施設のうち，福祉事務所が入所を決定で

きるのは，保育所，助産施設，母子生活支援施設で，それ以外の児童福祉施設の入所や一時保護は児童相談所が決定します。また，障害児の判定や療育指導など，より高い専門性が求められる場合，非行など法的権限に基づく措置が必要な場合などにも児童相談所に送致されます。このような福祉事務所と児童相談所の役割分担は**社会福祉法及び児童福祉法**に規定されています。

2.　児童相談所（こども家庭センター）

　児童相談所は児童福祉法第 12 条に基づく行政機関の一つで，都道府県または政令指定市に設置が義務づけられています（中核市も設置可能）。平均的な設置数は各都道府県に数カ所ずつなので，1 つの児童相談所が管轄する地域は広大になります。そのため児童相談所が設置されている都市以外では，相談者が住んでいる近くの福祉事務所からの紹介や送致によって，児童相談所での対応が開始される場合が多くなります。

　児童相談所は基本的には，児童に関するすべての相談に対応することになっていて，それらは，厚生労働省による**児童相談所運営指針**により，障害相談，養護相談，非行相談，育成相談，その他の相談に分類されます。

　障害相談というのは，主に知的障害の判定と，すべての障害児の療育に関する相談や指導，施設入所に関する相談や決定を行っています。

　養護相談というのは，保護者が養育できない事情にある児童の施設入所に関する相談や決定などを行っています。児童虐待は養護相談に分類されますが，通告件数が急増するようになってからは，児童虐待だけを分離して，虐待専従班のような体制にしているところが増えています。

　非行相談というのは，罪を犯した児童，あるいは罪を犯すおそれのある児童の相談や指導，及び児童福祉法に基づく措置の決定を行っています。

　育成相談というのは，不登校，家庭内暴力，初期非行（盗癖等），チックなどの性向，その他障害相談，養護相談，非行相談の分野にまたがるような相談（たとえば，いじめ相談等）に対応しています。

　その他の相談とは，里親希望に関する相談，夫婦関係に関する相談，保健に関する相談など児童に関係するもので，先の 4 つの相談分類のいずれにも含まれない相談に対応しています。

これら 5 領域の相談に対応するため，児童相談所には，ソーシャルワーカーとして相談対応にあたるとともに，家庭環境の調査や関係機関との連携を担当する**児童福祉司**，心理判定員ともよばれ，心理検査や発達検査，心理療法等を担当する**児童心理司**，それに児童精神科医師などが配置されています。

この他に，主要な児童相談所には**一時保護所**が設置されています。これは，児童虐待から保護された児童や，施設入所前の児童を一時的（1 週間から 1 カ月程度）に入所させて，その間に心理検査，行動観察，生活指導などを行う施設です。児童の状況によって，児童相談所内の一時保護所が適切でない場合，たとえば，虐待被害などにより治療を要する状態にある場合は病院，行動障害が強い場合は障害児施設，罪を犯した児童で逃亡のおそれがある場合は警察の保護室に一時保護を委託することもあります。

児童相談所は児童福祉法に基づく正式名称ですが，最近では「こども家庭センター」など親しみのある名称にしているところが多くなっています。

8.4.2　児童福祉施設

児童福祉法が支援の対象にしているのは，18 歳未満のすべての児童，具体的には，一般の児童，被虐待児童，非行児童，心身に障害のある児童，不登校児童などと，妊産婦（妊娠中または出産後 1 年以内の女性）となります。その関係で児童福祉施設は，一般の児童を対象にした保育所，児童館，児童遊園のほかに，社会的養育支援の施設，非行児童等の自立支援施設，心身に障害のある児童の療育施設など多種類に及びます。

1.　社会的養育支援の児童福祉施設

児童は安定した家庭環境の中で養育されるべきですが，それが困難な事情にある児童には，社会的な養育支援が必要です。そのための施設・施策として，児童養護施設，乳児院，里親などがあります。

（1）児童養護施設

児童養護施設は，「保護者のない児童（中略），虐待されている児童，その他環境上養護を要する児童を入所させて，これを養育し，合わせて退所した者に対する相談，その他の自立のための援助を行うことを目的とする施設」（児童

福祉法第41条）とされています。児童養護施設の入所は児童相談所が決定します が，入所理由は，父母による虐待や放任，養育拒否などが全体の約4割を 占めています。入所後の心理的ケアが必要な児童の増加により，心理系職員を 採用するための補助金が出るようになり，多くの児童養護施設に心理専門職が 配置されています。

(2) 乳児院

乳児院は，児童養護施設に併設されている場合が多く，満1歳に満たない乳 児が対象になります。特別な場合を除き，満1歳以上の幼児は児童養護施設の 入所となります。授乳や沐浴，感染症に対する配慮の必要から，職員構成では 看護師の比率が多くなっています。

(3) 里 親

里親とは，要保護児童等を児童相談所から委託を受けて，家庭的な環境の中 で家族の一員として養育する者のことです。里親になるためには児童福祉法で 定められている一定の要件を満たす必要があります。里親を受託した場合は， 児童の養育費（飲食物費，被服費，教育に要する費用等）及び里親自身に対す る里親手当が支給されます。家庭環境に恵まれなかった児童にとって里親は望 ましい養育の場といえますが，里親数が少ないのが課題です。

里親には，養育里親（通常の里親），専門里親，養子縁組里親，及び親族里 親の4種類があります。**専門里親**というのは，被虐待児童などの養育を専門と する里親で，2年以内という期間付で，児童が元の家庭に復帰することを前提 に，家庭的な雰囲気の中で必要な指導を図るものです。親族里親というのは， 保護者が行方不明，死亡，拘禁などの理由により養育ができない場合に，三親 等以内の親族に対して里親委託を認めるものです。なお，児童の養育費はすべ ての里親に支給されますが，里親手当のほうは，養子縁組里親と親族里親には 支給されません。

2. 非行児童等の自立を支援する児童福祉施設

児童の家庭環境や交友関係などのため，在宅での立ち直りが困難と判断され た場合，児童福祉法第27条による第3号措置として，児童養護施設や児童自 立支援施設などに入所させることがあります。児童の非行性が低く，生活環境

を変えることで立ち直りが期待できる場合は，児童養護施設への**治療的入所**で対応することもありますが，非行性がかなり進んでおり，特別な指導が必要な児童の場合は児童自立支援施設へ入所させることになります。

　児童自立支援施設は非行児童の指導を専門とする入所施設でしたが，1997年の児童福祉法改正により，「家庭環境その他の環境上の理由により生活指導を要する」児童の自立を支援する施設と位置づけられました。それに伴い，対象児童も従来の非行児童に加えて，家庭環境に問題があり，基本的な生活習慣の習得がされていない児童も対象になりました。児童自立支援施設のもう一つの特徴は，施設内に正規の小中学校の分校・分教室をもっていることです。そこで入所児童の学力や体力のレベルに合わせた教育（クラブ活動を含む）が行われています。なお，児童養護施設の入所児童は，地域の通常の小中学校に通学します。

3. 心身に障害のある児童の療育施設

　障害児の療育を支援する施設は，これまで障害者総合支援法による児童デイサービスや，児童福祉法による知的障害児通園施設，難聴幼児通園施設，肢体不自由児通園施設などの通園施設や，知的障害児施設，自閉症児施設，盲児施設，ろうあ児施設，肢体不自由児施設，重症心身障害児施設などの入所施設に措置（児童相談所が入所決定する）することで対応していました。2012 年に障害者自立支援法や児童福祉法の一部改正が行われ，障害児の支援制度はすべて児童福祉法に一本化されました。それに伴い，上記の障害種別に分かれていた施設は統合され，障害児通所支援の施設と，障害児入所支援の施設の 2 種類になりました。これらの施設の多くには，発達相談員などの職名で心理専門職が配置されています。

(1) 障害児通所支援の施設

　障害児通所支援の施設には，主として就学前の障害児を通わせ，日常生活における基本的な動作の指導，知識技能の付与，集団生活への適応訓練などを供与する施設（**児童発達支援施設**），肢体不自由のある児童を通わせ，発達支援や治療を行う医療機関（医療型児童発達支援施設），学校に就学している障害児を，授業の終了後または休業日に通わせ，生活能力の向上のために必要な訓

練，社会との交流の促進などを行う施設（放課後等デイサービス），などがあります。

(2) 障害児入所支援の施設

障害児入所支援の施設には，障害児を入所させ，保護，日常生活の指導，知識技能の付与などを行う福祉型障害児入所施設と，知的障害や肢体不自由のある児童，及び重症心身障害児を入院させ，日常生活の指導や知識技能の付与及び必要な治療を行う医療機関である医療型障害児入所施設があります。

4. その他の児童福祉施設

児童福祉法に基づくその他の施設としては，児童心理治療施設，母子生活支援施設，助産施設などがあり，いずれも特徴のある性格を有しています。

(1) 児童心理治療施設

児童心理治療施設は，以前は情緒障害児短期治療施設とよばれていた施設で，児童虐待の後遺症などで情緒が不安定な状態にある児童を短期間入所させて心理的な治療を行っています。施設の性格から，心理専門職が職員構成の大きな部分を占めています。基本は入所による短期治療ですが，通所治療にも対応しています。

(2) 母子生活支援施設

母子生活支援施設は，かつては母子寮とよばれていた施設で，第2次世界大戦終了直後に，戦災未亡人の救済を目的として設立されました。その後は離婚直後の母子家庭の利用が増え，最近ではDV被害から逃れてきた母子が増えています。その関係で心理専門職が配置される施設も増えています。

母子生活支援施設で指導や支援を受けながら，ある程度自立の見通しが立つようになると，次のステップとして公営住宅（母子家庭には優先枠があります）などに移ります。母子生活支援施設は児童福祉法の施設なので，児童は18歳未満まで入所可能ですが，若い女性の多い生活施設であることから，中学生以上の男子がいる場合は，緊急時のみの短期入所になることもあります。

(3) 助 産 施 設

児童福祉法（第22条）には，「保健上必要があるにもかかわらず，経済的理由により，入院助産を受けることができない場合」に助産施設が利用できると

BOX 8.1　児童相談所における児童福祉司と児童心理司の協働

　児童相談所は，18歳未満の児童に関するすべての問題に対応する専門機関という位置づけにあります。その関係で，職員組織もその役割に対応するように構成されています。主な職種としては，ソーシャルワーカーである児童福祉司，心理判定員ともよばれている児童心理司，一時保護所で児童の生活指導や行動観察を担当する児童指導員と保育士（幼児対応），そして精神科医師がおり，これらは常勤の専門職です。

　虐待通告があれば夜間・休日に関係なくただちに虐待専従班の児童福祉司が動きます。受理された通告は，平日ほぼ毎日開催されている受理会議で，担当する児童福祉司及び児童心理司と初期対応の方針を決めます。児童相談所では原則として，1件の児童ケースに対して児童福祉司と児童心理司の2人が協働して担当します。

　その後，児童福祉司は家庭や学校などを訪問して児童の処遇に必要な情報の収集（社会調査）を行い，並行して児童心理司は児童の発達検査やパーソナリティ検査などを行います。それらの活動によって得られた情報に基づいて，担当者と管理職，必要に応じて精神科医師が加わって処遇方針を決め，さらに処遇を進めていきます。

　その後の処遇過程では，児童福祉司は主に保護者，学校，児童福祉施設，司法機関の関係職員などとの面談を繰り返し，児童心理司は児童とのカウンセリングを継続したり，必要に応じて各種心理検査（描画テスト，P-Fスタディ，ロールシャッハ検査等）を行います。指導の場面では，児童や保護者に対して厳しい話（児童福祉法第27条に基づく措置等）をしなければならないことも多いのですが，その役割は主として児童福祉司が担います。一方，児童心理司のほうは児童に対して終始受容的・共感的に対応し，児童とのラポールを維持することに努めます。

　児童相談所は児童福祉司や児童心理司の配置数が多く，いずれも正規職員で長期間の一貫した役割遂行ができますが，その他の児童保健福祉機関では，ソーシャルワーカーや保健師は正規職員ですが，心理専門職は非常勤で1人配置のところも少なくありません。この問題については，第7章のBOX 7.1でもふれています。

しています。これは低額の負担金で入院出産ができるもので，児童福祉法による施設の一つですが，多くの場合は地域の基幹公立病院の産科が助産施設に指定されています。

8.4.3　行政から業務委託されている民間相談機関

　代表的なものとして，**児童家庭支援センター**があります。これは，1997年の児童福祉法改正に伴って，福祉事務所，児童相談所以外の，地域密着型の総合相談支援機関として設置されることになった公的機関ですが，大部分の児童家庭支援センターは，自治体から業務委託を受けた民間の社会福祉法人が，児童相談所と連携しながら運営しています。児童家庭支援センターの多くは，入所施設である児童養護施設と併設されており，行政機関が開いていない時間帯（休日等）でも対応しています。職員は，併設の児童養護施設などを運営している社会福祉法人の職員ですが，各種の問題について対応できる専門性の確保と相談内容の守秘義務が課されています。

復 習 問 題

1. 児童養護施設，児童自立支援施設，児童心理治療施設の違いを，入所児童の特性や指導の内容などを明確にして説明してください。
2. 配偶者の暴力（DV）から被害者を救済するための司法的手続きを3つ挙げ，それぞれについて説明してください。
3. 里親制度の一つである専門里親について，その特徴や役割について説明してください。

参 考 図 書

阿部 彩（2008）．子どもの貧困――日本の不公平を考える――　岩波書店
　著者は国立社会保障・人口問題研究所の分析官で，豊富な資料を駆使して子どもの貧困の実態を初学者にもわかりやすく説明しています。本書の続編として『子どもの貧困II』も刊行されており，そこでは解決策が模索されています。
内海 新祐（2013）．児童養護施設の心理臨床――「虐待」のその後を生きる――　日本評論社

現場の専門職向けですが，虐待から保護された児童の，その後の対応について心理臨床の実際が詳細に述べられています。

斎藤 環（1998）. 社会的ひきこもり――終わらない思春期―― PHP 研究所

　著者が臨床経験に基づいて本書にまとめているひきこもりの定義は，その後の国の定義にもほとんどそのまま引き継がれています。新書本ですが，ひきこもりに至る経緯や立ち直りのきっかけなどについてわかりやすく述べられています。

高齢者の福祉

　内閣府（2022）によると，2021 年 10 月の時点で，我が国において 65 歳
以上の人が総人口に占める割合は 28.9％と過去最高を記録しました。高齢者
をいかに定義するかという問題はありますが（BOX 9.1 参照），今後も，日本
の総人口に占める中高年者の割合が増えていくことは確実とみられています。
こうした中，私たちが加齢によるさまざまな変化を受け入れながら，長い人生
を豊かに過ごすことについて考えていくのはとても重要です。本章では，高齢
者福祉の変遷を概観した後，中高年以降の加齢に伴う心身面の変化についてみ
ていきます。そして，中高年になっても，社会の中でいかにやりがいや生きが
いを感じて生活していくことができるか，心理学の立場から考えていきます。

9.1　高齢者福祉に関する日本での取組み

9.1.1　高齢者支援制度の変遷

　高齢者人口の増加は世界的現象ですが，その中でも日本は特に顕著です。今
後は，少子化の影響も相まってさらに高齢化が加速し，2036 年には高齢者
（65 歳以上）の割合は 33.3％，2065 年には 38.4％に達する見込みです。もちろ
ん，高齢化自体が問題ではないのですが，同時に少子化が進むことで，社会保
障のための財源を逼迫させることが，日本を含め世界中の国々で問題となって
います。

　高齢者福祉について，我が国では「老人の福祉に関する原理を明らかにする
とともに，老人に対し，その心身の健康の保持及び生活の安定のために必要な
措置を講じ，もつて老人の福祉を図る」ことを目的とし，1963 年に老人福祉

法が制定されました。この法律では，この目的のために，老人居宅介護等事業，老人デイサービス事業，老人短期入所事業，小規模多機能型居宅介護事業，認知症対応型老人共同生活援助事業及び複合型サービスに関する事業などを定めています（第5条）。その後，1983年には疾病の予防，治療，機能訓練などの保健事業を発展させた老人保健法が施行されましたが，これは2006年の「健康保険法等の一部を改正する法案」により2008年から「高齢者の医療の確保に関する法律」に改称されました。高齢期における適切な医療の確保について定めたこの法律は，65歳から74歳までを前期高齢者，75歳以上を後期高齢者とし，前期高齢者に係る保険者間の費用負担の調整，後期高齢者に対する適切な医療の給付等を行うことを目的とし（第1条），新たな健康保険制度を発足させています。

　さらに，2000年に制定された介護保険法では，加齢に伴って生ずる心身の変化に起因する疾病等に対しては，必要な介護や医療にかかる費用を社会全体で担うことが定められており（第1条），保険者は市町村及び特別区であり，被保険者は40歳以上の国民となっています（第10条）。介護保険法以前は，家族が身内の高齢者を介護していましたが，夫婦共働きや核家族化など，社会における家族のあり方が多様化したことなどから，従来の介護のあり方が立ち行かなくなってきたことがこの法律の背景にあります。

9.1.2　多様な高齢者生活を目指して

　上記のように，我が国では，少子高齢化に伴う社会保障費の増加が顕著ですが，これを抑えるべく，幾度も医療・介護制度改革が行われてきました。最近では，2016年に一億総活躍プランが閣議決定されました。また，2017年9月には，人生100年時代を見据えた経済社会のあり方を構想するための，人生100年時代構想会議が設置され，その第1回の会議では，4つの柱の一つとして「高齢者向け給付が中心となっている社会保障制度の全世代型社会保障への改革」に言及しています。その論点は，社会保障費の負担は現役世代が中心である一方，給付は現役世代が少なく，高齢者が中心となっている点にあり，これまでの社会保障の構造を見直し，高齢者をすべての世代で広く支えていくと

いうものです。

　この中で，高齢者に限っては，医療費負担の見直しや，生涯現役で活躍でき
る社会づくりの推進（予防・健康づくりの強化）などが挙げられています。こ
の会議では，長寿という点で世界をリードする日本では，人生を 100 年ととら
え，現在のように 65 歳前後で引退せず，80 歳まで働くことも可能ではないか
といったことが話し合われています。こうした政策の是非や実現性はさておき，
重要なことは，高齢者とされる 65 歳以上も現役として働く可能性に言及して
いる点です。

　確かに，定年以降もまだまだ働きたいと思っている人もいるでしょう。実際，
企業のトップや政治家など重要な組織集団のトップには，70 歳を超えて活躍
する人もたくさんいます。しかし，一方で，定年後はそれまでの仕事をやめて
新しいことにチャレンジしたり，家族との時間を大切にしたいと考える人もい
れば，核家族化や少子化などによって増える老老介護のように，夫婦や親子間
での介護に時間をとられ，働くことができない人も出てくるでしょう。介護や
看護を理由に離職した人は，2017 年度時点で約 9 万 9,000 人（このうち女性は
7 万 5,000 人）でした（総務省統計局，2018）。介護休業制度はありますが，取
得率は 1〜2％と低く，十分に活用されているとはいえません。

　2018 年度の 18 歳以上の日本国籍をもつ 5,000 人を対象にした世論調査（内
閣府，2019）では，2,919 人から回答が得られ，65 歳で退職したいと考えてい
る人が 56.4％で，そのうち，17％は「趣味やボランティアなど仕事以外のこと
に時間を使いたいから」と回答し，29％が「体力的・精神的に難しいから」と
回答しています。一方で，半数近くの回答者が「65 歳以上も働きたい（ある
いは働かないといけない）」と考えていることは，国民の多くも，老後の過ご
し方について従来とは異なる姿勢をもちつつあることを示唆しています。今後
は，国民一人ひとりが希望する生活の実現に向けて，多様で柔軟な生き方を選
べる社会の仕組みづくりが望まれます。

| BOX 9.1 | 高齢者の定義 |

　現在，日本において社会保障の対象となる高齢者は65歳以上と定義されていますが，その理由は社会保障の対象者を何らかの公平な基準によって限定する必要があるからです。しかし，高齢者の基準とされる65歳という年齢にどのような根拠があるのかというと，不明です。国際連合日本政府代表部のステートメント（2016）には，世界保健機関（WHO）の報告を根拠に65歳以上の人口比率が7％以上を高齢化社会，14％以上を高齢社会，21％以上を超高齢社会とすることが記されていますが，「WHOが65歳以上を高齢者とする」と明確に定義した記述は見当たりませんし，『令和3年版高齢社会白書』（内閣府，2021）においても，高齢者という用語に一律の定義はないことが記されています。世界中で，65歳前後を高齢者とみなす国が多いようですが，近年，そうした基準を疑問視する声もあります。我が国においても，日本老年学会・日本老年医学会（2017）は，10〜20年前に比べて加齢に伴う高齢者の身体・心理機能の変化の出現が5〜10年ほど遅延していることから，65〜74歳を准高齢者・准高齢期（pre-old），75歳以上を高齢者・高齢期（old）とすることを提言しています。従来は，心理学を含むさまざまな学術研究においては，60歳以上を高齢者として扱うことが多かったのですが，こうした状況を踏まえると，今後は発達段階における高齢者の暦年齢を見直す必要があるかもしれません。

9.2　加齢に伴う変化

　あらゆる生物は時間とともに生体としての機能が低下し，やがて死を迎えます。その原因は，動物の生体を構成する細胞分裂の回数が有限であることにあり，その限界はヘイフリック限界（Hayflick limit）とよばれ，ここに達した細胞を老化細胞といいます。この老化細胞は加齢に伴い増加し，臓器や組織の機能低下を引き起こすと考えられています。また，テロメア（telomere）とよばれる染色体の末端にある構造が細胞分裂の限界を定めることも指摘されており，

注目を集めています。

　加齢に伴う変化には，上記のような生物学的変化に加えて，他者との死別や退職といった環境の変化があり，これらの変化は精神的，身体的な機能低下をもたらします。しかし，中にはあまり低下しない機能もあり，また，すべての人が同じように機能低下するわけでもありません。近年は，加齢に伴う変化を遅らせたり，予防したりすることで，実年齢よりも若い機能状態にあることを目的としたアンチエイジング（anti-aging）に対する関心が高まっています。予防医学の観点からは，高齢期以前の食事や運動などの生活習慣，ライフスタイルなどが加齢に伴う機能低下に与える影響とその予防効果について検討がなされています。そこで，次節以降，加齢に伴う心身機能の変化についてみていきます。

認 知 機 能

9.3.1　加齢と知能

　加齢に伴い，大脳の生理的，病理的な変化によって認知機能（cognitive function）は低下します。心理学における認知とは，記憶，判断，推論，言語理解などからなる包括的概念で，多くの場合，その低下は社会生活や行動に制限をもたらし，その極端な状態として，記憶障害，失行，失語，失認，実行機能障害などを示す認知症（dementia）があります。

　しかし，加齢とともにすべての認知機能が一様に低下するわけではありません。知能に焦点をあて，加齢に伴う認知機能の変化を調べた研究では，図 9.1 に示すように，新しい事柄を覚える記憶，計算のような数的処理や推論，空間認知といった情報処理と知覚速度に関わる**流動性知能**（fluid intelligence）が60 歳くらいから著しく低下するのに対して，語の意味や理解といった言語理解に代表される過去の経験などによって蓄積された**結晶性知能**（crystallized intelligence）は，60 歳を超えても比較的維持され，流動性知能に比べると劣化も緩やかです。これらのことから，社会的，文化的経験を通して獲得された知識は加齢の影響を受けにくいといえます。

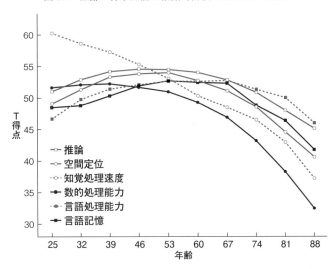

図9.1　加齢に伴う知能の縦断的評価（Schaie, 1994）

9.3.2　加齢と記憶

　上記のことは，加齢と記憶形態の関連を検討した研究からも明らかになっています。心理学では記憶を，目や耳などの感覚器官で受け取った外界情報が非常に短時間だけ保持される感覚記憶（sensory memory），多少の間は保持できるがすぐに忘れてしまう短期記憶（short-term memory），比較的長期にわたって保持される長期記憶（long-term memory）に区別します。

　これらの記憶形態のうち，加齢による短期記憶への影響は意見が分かれるところですが，加齢による影響はごくわずかであろうとされています。しかし，これをもとに認知作業を行う作動記憶（working memory）のほうは，加齢の影響を強く受けることが知られています。それは暗算ができなくなったり，同時に2つの作業をすることが難しくなったりすることなどにみられます。

　長期記憶には言語性知識のほかに，車の運転や泳ぎ方といった学習された技能などに関する手続き的記憶（procedural memory）があり，これらは年齢を

重ねてもそれほど低下しません（Park et al., 2002）。しかし，長期記憶の中でも加齢の影響を受けやすいものがあり，それは「いつ，どこで，誰が何をした」など個人的に経験した出来事に関するエピソード記憶（episodic memory）です。このため，「昨年の誕生日をどのように過ごしたか思い出せない」「先月，友人と交わした約束の内容を思い出せない」といったことが起こります。また，長期記憶の中には，過去情報を回顧的に想起するものだけでなく，意図した行動を将来的に実行するために，たとえば，待ち合わせの約束や，数日後に予定した内容を記憶するという展望記憶（prospective memory）もあります。こうした能力は日常生活を営む上で非常に重要な機能といえます。しかし，こちらのタイプの記憶については加齢による低下はわかっていません。

9.3.3　加齢と注意

　注意も加齢の影響を強く受ける認知機能です。これは，情報処理過程において目的とする情報を選択する機能を指し，視覚や聴覚などの知覚による情報入力，記憶や計算，言語，推理などのさまざまな認知的活動において重要な役割を果たしています。実際，私たちはすべての対象に関する情報を等しく処理するのではなく，関心を向けた特定の対象について積極的に情報処理を行っており，これは選択的注意（selective attention）とよばれます。

　選択的注意が加齢とともに機能低下することについてはいくつかの説があります。第1に，この注意機能は，外界からの余計な刺激を制限することで実行可能となるのですが，認知機能を司る脳の前頭葉の処理能力が加齢によって低下すると，妨害刺激から目標とする刺激を選択する能力も低下すると考えられます。複数の対象から特定の対象を探し出す視覚探索課題（visual search task）などを用いた研究において，このことが示唆されています。

　第2に，人間が情報処理に使える認知資源量にはもともと限界があり，課題が複雑だったり，難易度が高くなったりすると，より多くの認知資源を必要としますが，加齢に伴って利用できる認知資源量が減少すると，複雑な課題遂行が困難になるのではないかと考えられます。たとえば，2つ以上の課題を同時に処理するためには，これらの課題に同時に注意を振り分ける分割注意を行う

BOX 9.2 　発達の研究法

1. 横断的方法 (cross-sectional method)

　複数の年代の人々を同時に測定し，各年代グループ間で測定値を比較する方法です。たとえば，1 回の測定で 60 代，70 代，80 代の人々を対象に知能を測定し，それを直線で結んだものを発達的な変化とみなします。この方法は 1 回の測定で済むことからコストを抑えることができますが，個人の変化を直接とらえているわけではありません。

2. 縦断的方法 (longitudinal method)

　時間の経過に沿って同一対象者を追跡し，個人内の変化をとらえる方法です。たとえば，ある時点で 60 歳の人々を対象に知能の測定を行い，その後 10 年間，20 年間にわたって，同じ対象者について同じ測定を繰り返します。この方法は，加齢に伴う個人の変化を調べるのに適した方法ですが，調査対象者を長期間追跡しなければならないコストや，同じ測定を行うことによる慣れの効果などが問題点として挙げられます。

3. 系列法 (sequential method)

　加齢に伴う変化に対しては，年齢効果以外にも，いつ生まれたかという世代（コホート）効果，たとえば，戦争や災害といった出来事や共通経験の影響もあります。これには，教育内容の違いや携帯通信機器の普及度といった世相の変化も含まれます。横断的研究では年齢効果がコホート効果と混じりやすく，たとえば，2000 年の調査で現れた 50 歳代と 70 歳代の違いには戦前教育か戦後教育かというコホート効果が含まれているかもしれません。また，縦断的研究では年齢効果に測定時点の効果が混じりやすくなります。たとえば，30 歳から 60 歳までの変化を分析する場合，その変化が加齢によるものか，それとも，その間に起こった出来事（戦争や大震災など）の影響なのかを見分ける必要があります。

4. 包括的系列方法 (overall sequential design)

　系列法にみられる問題を避けるため，シャイアは，図 9.2 のような系列法を「もっとも効率的なデザイン」として提唱しています。この方法は，複数の測定時点

で測定された複数の年齢群を比較する横断系列と，複数のコホートに実施された同一人物の年齢による違いを比較する縦断系列を組み合わせるものです。たとえば，1960 年に 10 歳，20 歳，30 歳の年齢群について測定を行い，その 10 年後に同一人物に同じ測定を行います。このとき，各年齢群はそれぞれ，1950 年生まれのコホート，1940 年生まれのコホート，1930 年生まれのコホートととらえることができ，複数の年代コホートの縦断的なデータを得ることになります。加えて，最初の年齢群と横断的となる新たなコホートについて測定を行います。先の例でいうと 1970 年の測定の際に 10 歳となる対象群を追加し，これを新たな 1960 年生まれのコホートとします。さらに，既存のコホートについて新たな対象者からなる同様のコホートを作成し，測定に対する慣れの効果を排除するために，既存のそれとは異なる測定を行います。新たなコホートを作成する理由は，縦断的研究の場合，どうしても対象者が脱落しやすいためです。こうして収集されたデータは，加齢変化をコホート効果に対比させるコホート系列分析によって検討されます。

　単一のコホートのみを対象とする従来の縦断的方法と違って，この方法は複数のコホートで確認することでより一般化できると考えられます。ただし，この方法では膨大な時間と費用がかかることが問題点といえます。

図 9.2　シャイアのもっとも効率的なデザイン（Schaie & Willis, 2001 岡林訳 2006）

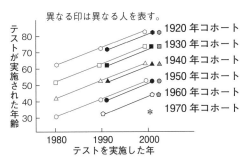

必要がありますが，認知資源が不足するとこれが不十分となるため，どちらか
の課題遂行の質が低下してしまうのです。

　第3に，選択的注意を実行する過程では，目標関連情報を適切に処理し，非
関連情報への反応を抑制することが求められるのですが，加齢によってこの抑
制機能が低下するという説もあります。抑制機能が低下すると，作動記憶内で
目標に関連する情報とそうでない情報との干渉が生じ，結果的に課題遂行を困
難にさせたり，処理速度を低下させたりします。こうした抑制機能の低下を調
べるには，GO/NO-GO 課題（GO/NO-GO task）やストループ課題（Stroop
task）が用いられます。

9.3.4　認知の予備力

　加齢と認知機能低下の関連については，**認知の予備力**（cognitive reserve）
を強調する考えもあります。認知の予備力とは脳損傷やアルツハイマー病のよ
うな神経病理学的変化が，認知機能にもたらす悪影響の個人差を説明するため
に提唱された概念で，シナプスやニューロンによって構成される脳内ネットワ
ークを効率的に使用する能力であり，認知機能の低下を防いだり，低下した機
能を補ったりするように働くと考えられています。たとえば，同程度の脳損傷
を受けた患者であっても，認知の予備力によって，認知障害の程度や，回復の
経過が異なるというわけです。このことを加齢に伴う認知機能の低下にもあて
はめると，これが高い人ほど加齢に伴う認知機能の低下は緩やかであろうとさ
れます。最近では，認知の予備力の獲得には，食生活や運動習慣，知的活動や
社会的活動などのライフスタイルが関わっていることが指摘されています。

　類似した概念に**脳の予備力**（brain reserve）があり，これも認知機能の低下
を防ぐ役割があるとされていますが，これは脳の大きさや重さなどの形態学的
な大きさからなり，脳内の神経細胞の数が多いことを指します。つまり，脳の
予備力は脳の構造的な側面に重点をおき，認知の予備力は機能的な側面に焦点
をあてた概念といえます。ただし，これらは比較的新しい概念で，そのメカニ
ズムの存否や遺伝的・環境的要因などについては検討の余地があります。

9.4 身体機能

　高齢になると，さまざまな臓器の機能が20歳代の成人に比べて著しく低下します。たとえば，生命維持に必要な栄養摂取では嚥下障害や消化吸収機能の低下がみられ，頻尿や尿失禁など排泄についても機能低下が生じます。また，肺・腎臓・肝臓などの内臓機能や免疫機能などを含め，加齢に伴い身体機能が低下することは避けられませんが，できる限り健康を保ったまま年を重ねていくことが理想的な老後です。

　年をとっても健康な状態でいられる年齢を健康寿命（healthy life expectancy）とよびます。これはWHOが提唱した概念で，平均寿命から寝たきりや認知症など介護状態におかれる平均期間を差し引いたもので，介護などを受けずに生活できる年齢です。また，要介護状態に至る前段階として，高齢者は身体的・心理的機能の低下だけでなく，他者と関わる機会が少なかったり，他者との関係性が希薄であったりすることでサポートが受けられにくくなる社会的脆弱性といった面でも問題を抱えやすく，そうした健康障害を招きやすい状態をフレイル（frailty syndrome）とよびます。フレイルの予防として，国は食事の改善，運動，社会参加を推奨しています。健康寿命の延伸には認知機能や身体機能を維持するだけでなく，社会的活動も重要です。

　臓器のほかに，視覚や聴覚などの感覚受容器の機能も加齢とともに低下します。高齢者の場合，単純に視覚情報の処理速度が遅くなるだけでなく，周辺視の機能低下による視野狭窄，奥行き知覚や立体視などの機能低下による空間認識の低下，明暗への順応に時間を要するなどが生じます。その他にも，眼球におけるレンズの役割を果たす水晶体が白く濁ってしまう白内障や，水晶体や毛様体筋によるピント調節がうまく働かなくなる老眼のような視覚機能の低下もあります。聴覚では，加齢に伴い高周波の音が聞きとりにくくなり，音源を同定する能力が低下し，さらに最小可聴閾値が高くなるため，弱い音では聴こえないが，音が一定以上の強さになると急に大きく聴こえる補充現象（recruitment phenomenon）が生じたりします。また，皮膚感覚のうち温度感覚については加齢とともに閾値が高くなるため，高齢者は温度に対して鈍感になった

りもします。厚生労働省（2022）の人口動態統計によると，熱中症による死亡者数の約8割が65歳以上の高齢者で，その原因の一つが加齢に伴う温度に関する感覚機能の低下とされています。

9.5　運動機能

　身体運動のための運動器は呼吸器や消化器のように生命の危機に直結しないことから，加齢問題の中ではあまり注目されてきませんでしたが，WHOが2000年から2010年を「運動器の10年（The Bone and Joint Decade 2000-2010）」と定めて以降，その機能への関心が高まっています。個人差はあるものの，加齢に伴い関節，筋肉，神経などからなる運動器の機能も低下します。運動器の障害は，排泄や入浴などのセルフケア，仕事，家事，娯楽などの日常生活動作（Activities of Daily Living; ADL）を妨げ，生活の質（Quality of Life; QOL）を低下させます。

　関節や骨などの機能低下は，自立的な運動を困難にするだけでなく，変形性脊椎症，変形性関節症，骨粗鬆症などを発症させることから，健康寿命を縮める直接的な要因であるともいえます。骨量は20歳代でピークに達し，40歳頃からは減少し始めます。特に，女性は，閉経後，急激に減少して骨粗鬆症になりやすいとされています。男女とも，筋力もまた50歳頃から急激に低下し，特に下肢において顕著です。

　加齢に伴う運動器の機能低下は，日常生活において必要となる筋力，柔軟性，バランス機能などの運動能力を低下させますが，高齢者の運動機能や体力水準が一様に低下するわけではありません。内閣府（2022）が公表した2020年度のスポーツ庁の調査結果をみると，2020年時点での握力や6分間歩行からなる新体力テストによる高齢者の体力は，2002年時点よりも向上しており，5～10歳程度若返っているといえます（図9.3）。

　その原因は明らかになっていませんが，医療の進歩に伴って寿命が伸びた結果，高齢者の健康や運動習慣に対する意識が向上したことが考えられます。厚生労働省による国民健康・栄養調査報告では，週2回以上かつ1回30分以上

図 9.3　**新体力テスト得点の推移**（内閣府，2022 をもとに作成）

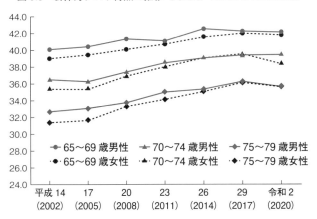

の運動を 1 年以上継続している高齢者の割合は 1991 年の時点で，60～69 歳が26.3％，70 歳以上で 30％であった（厚生労働省，2013）のに対し，2018 年時点では 31.5％と 40.2％に増加していました（厚生労働省，2020）。

　一般的な運動機能は，1999 年に文部科学省が公示した新体力テスト実施要項に含まれる項目によって測定されることが多く，年代によってその内容は異なります。65～79 歳の高齢者を対象とした実施要項は，ADL に関する質問項目，握力，上体起こし，長座体前屈，開眼片足立ち，10 m 障害物歩行，6 分間歩行の測定からなります。これらの測定項目は筋力，柔軟性，バランス機能などの測定に有用とされており，比較的簡易な道具で測定することが可能です。この他にも，ペダルを漕いで脚の筋力を測るエルゴメーターや 2 次元上に配置される重心の揺れでバランス機能を測定する重心動揺検査など，特別な機器を用いて運動機能を測定することがあります。

　脚の筋力やバランス機能を測定するのは，運動機能の低下が健康寿命を短縮させるからです。『平成 30 年度版高齢社会白書』（内閣府，2018）によると，65 歳以上で要介護となる原因の一つに転倒・骨折があり，男性では 7.1％，女

性では 15.2％がこれにあたります。運動機能の低下から転倒を恐れて外出しな
くなると，ますます筋力やバランス機能が衰えるため転倒のリスクは増大し，
結果的に ADL を妨げることになります。

　脚に限らず，こうした加齢による全体的な筋力低下は**一次性サルコペニア**
（sarcopenia）とよばれ，寝たきりなどによる不活動，臓器不全などの疾患，
栄養不足など，加齢以外の要因で生じる場合を**二次性サルコペニア**といいます。
また，筋力だけでなく他の運動器の障害を含め，自立度が低下し，介護が必要
となるリスクの高い状態を**ロコモティブ・シンドローム**（locomotive syn-
drome）といいます。国の社会保障費を抑制することは喫緊の政策課題ですが，
このためにも，高齢者の運動機能の低下を予防することが重視されています。

9.6　社会生活と幸福感

9.6.1　高齢者を取り巻く環境

　加齢に伴い，個人を取り巻く環境は変化します。高齢者の場合，健康面の悪
化，収入の減少，社会的役割の喪失，親しい人との死別など，いくつかの喪失
体験を余儀なくされ，これまで過ごしてきた生活パターンを変えたり，人間関
係を再構築したりする必要が生じます。そして，これらの変化に対する不適応
はうつなどの精神的な不調やひきこもりをもたらし，外出の機会を減少させる
ことによって，結果として，運動機能の低下やロコモティブ・シンドロームの
原因となったりします。政府は定年を 70 歳まで延長する方針を示しています
が，それは少子高齢化による労働力の確保や社会保障費の抑制だけでなく，高
齢者の定年後のこうした変化を遅らせることが目的の一つです。ただし，社会
的環境の変化を先延ばしした結果，心身面での機能低下や健康面の悪化などか
ら外出が困難になることで，新たな人間関係を構築する機会がこれまで以上に
減少したり，消極的になったりするなど，高齢者の適応がより困難になるおそ
れもあります。

　時に，高齢者は孤独（loneliness）であるとか，偏屈，気難しいなどネガテ
ィブな性格を付与されたり，新しい技術に対応できないといった能力的偏見を

もたれるなど，差別的な言動にさらされることがあります。しかし，私たちが加齢に対して抱くこうしたネガティブな印象自体が間違っている可能性もあります。高齢者に対する負のステレオタイプや差別は**エイジズム**（ageism）とよばれ，人種差別のレイシズム（racism），性差別であるセクシズム（sexism）と並んで，近年，人権擁護の観点から問題視されています。支援の場において，高齢者に対して赤ちゃん言葉で接したり，虐待が生じたりする背景にこうしたエイジズムがあります。

9.6.2　幸福感の指標

　専門家たちは，精神的な不調や身体的機能の低下を予防するという点から，高齢者には趣味やボランティアなどやりがいのもてる活動に参加することを推奨しており，そうした活動への参加は，**サクセスフル・エイジング**（successful aging）とよばれる幸福な老後に向けた取組みの一環となることが期待されています。

　高齢者の幸福に関する研究では，その指標として生活満足度やモラール（morale）とよばれる概念が測定されてきました。モラールとは高齢者の快適な心のもち方を指し，その測定尺度である PGC モラールスケール（The Philadelphia Geriatric Center Morale Scale）の改訂版は，高齢者が経験している不安を特徴づける「心理的動揺」，高齢者が自ら実感している加齢による変化を表す「老いに対する態度」，老いに伴って人間関係が希薄になったり狭まったりすることへの受容と不満を示す「孤独感・不満足感」の3因子からなり，これらが低いことがモラールの高さを示します（Lawton, 1975）。

　近年は，サクセスルフル・エイジングの指標として**主観的幸福感**（subjective well-being）が注目されています。これは認知的側面と感情的側面からなります。前者は自らを取り巻く環境，人間関係，人生全般に対する満足度を指します。一方，後者は「喜び」のような快感情と「悲しみ」のような不快感情からなり，それぞれの感情を独立した概念としてとらえ，快感情の得点が高いほど幸福感は高く，不快感情が低いほど幸福感は高いと考えます（Diener et al., 1999）。これらを指標化したものは国連による世界幸福度調査でも利用され

ています（BOX 2.1 参照）。

9.6.3　幸福感の要因

　高齢者にとって，さまざまな機能の低下や喪失体験を余儀なくされることは，決して望ましいことではありません。それでは，高齢者は不幸なのかというと，むしろ逆であるという指摘もあります。若年期から中年期にかけて幸福感はいったん下がりますが，老年期になって再び上がるという加齢と幸福感のU字型関係が，海外の研究においてしばしば報告されてきたからです。このような現象は，**エイジング・パラドックス**（aging paradox）とよばれていますが，日本人のデータにもこのことを示唆するものがあります（島井ら，2018）。この現象の原因は十分には解明されていませんが，一概に，老化が人を不幸にするわけではないことがうかがえます。

　高齢者の幸福感を左右する要因としては，社会経済的地位や健康状態の主観的評価などが挙げられますが，これらは長い年月をかけて獲得されたものなので，容易に変えることはできません。これに対して，もう一つの要因である社会活動への参加は個人の意欲次第で高めることが可能です。社会活動には就業のほかにもボランティア，地域行事への参加，趣味などがあります。こうした社会活動は先に述べたように，予防的な観点からも高齢者の幸福感に貢献するものです。

　近年，高齢者の幸福感に関連する要因として，**ソーシャル・キャピタル**（social capital）が注目されています。これは政治学者のパットナム（Putnam, R. D.）が提唱した概念で，「信頼」「規範」「ネットワーク」といった社会組織やコミュニティの特徴を指し，ソーシャル・キャピタルが高い集団では協調行動が活性化され，社会的効率が高まるとされています。個人レベルでは，信頼に基づく他者との親密な関係性にあたるので，ソーシャル・キャピタルが豊富な高齢者ほど他者と活発な交流をもち，趣味やボランティアなどを通して社会的活動に積極的に参加するため，精神的な不調や身体的機能の低下が抑えられ，主観的幸福感が高くなると考えられます。

9.6.4 高齢者の幸福に関する諸理論

　高齢者の幸福感を規定する諸要因の中でもっとも重要なものは加齢への適応ですが，これに関しては次のようなさまざまな理論が提起されています。

　活動理論（activity theory）では，社会的な役割や生きがいをもたらしてきた職業を引退した後も，インフォーマルな分野を含む他のさまざまな分野で引退前の活動水準を保つことで幸福感が得られるとされています。一方で，離脱理論（disengagement theory）では，年を重ねる過程で，高齢者と社会との相互作用が減少することはやむを得ないことであり，この活動水準の低下を受け入れることで幸福感が得られると考えます。これら2つの理論は，加齢や老化に伴う社会との関わり方と幸福の関係について対照的な見方をしています。

　他にも，加齢や老化に伴う社会との関わり方はパーソナリティに依存することを論じた継続性理論（continuity theory）があります。これは，サクセスフル・エイジングを実現する老年期への適応は，社会活動への参加や社会からの離脱に限定されるものではなく，個人に適したさまざまな形があるとするものです。また，高齢者は減少する社会的関係を自らの意思で選択しているとする社会的情緒選択理論（socioemotional selectivity theory）では，高齢者は目的を達成するためにより効果的な相互作用の機会や相手を選択することが強調されています。幸福に生きるための方略として目標の選択，資源の最適化，補償からなる一連の過程に注目した選択最適化補償（SOC; selective optimization with compensation）理論では，加齢に伴い目標の達成が困難となった際に，目標の内容や水準を変更したり，目標達成のための資源を再分配したりするが，それでも目標達成が困難となった場合には，高齢者は外部からの援助を得て，加齢に順応しようとする，とします。さらに，物質主義的で合理的な世界観から脱却して高齢者としての現状に適した価値観をもつようになる老年的超越（gerotranscendence）を強調する理論もあります。加齢に伴う心理的変化を生涯発達の一部としてとらえる老年学（gerontology）の分野においては，こうした理論を用いて高齢者の幸福研究が進められています。

　高齢者にとって，人生の締めくくりを考えることは避けられません。いつ訪れるかわからない「その日」をただ待ち受けるのではなく，自らの意志でどの

BOX 9.3　ソーシャル・サポートの諸理論

　ソーシャル・サポート（social support）についての明確な定義はありませんが，広い意味では，家族，友人，地域住民などの社会的関係の中でやりとりされる支援といえます。その支援内容には，提供者が共感や安心を提供する情緒的サポート（emotional support），問題解決の手助けや助言などを提供する情報的サポート（informational support），日常生活でのサービスや仕事による援助からなる道具的サポート（instrumental support），自己評価に関連するフィードバックを与える評価的サポート（appraisal support）などがあります。ソーシャル・サポートはストレス状況への対処方略として役立ちますが，その効果はストレッサーの強さ，サポートを提供するサポート源とその内容，提供されたサポートが受け手にとって望ましいものであるという意図を両者が共有できていることなどによって異なり，これらの条件が整っていない場合には，ストレスが解消されなかったり，ウェルビーイングが低下したりするなど，むしろ悪影響が出ることがあります。高齢者に対するソーシャル・サポートの働きに関しては，下記のようないくつかのとらえ方があります。

1.　階層的補完モデル（hierarchical-compensatory model）

　高齢者は，まず，親子や兄弟などの親族にサポートを求めるが，それが期待できない場合，友人や知人にサポートを求め，それも期待できない場合には公的機関にサポートを求めます。つまり，親密さの階層の上位にあるサポート源が利用不能な場合，下位のサポート源がそれを補うように選択されるという考え方です。

2.　課題特定モデル（task-specific model）

　階層的補完モデルが関係の親密さによってサポートの授受の優先度が決まるという考えに対して，このモデルでは，介護は親族で，話し相手は近隣の友人，さ

まざまな手続きについては公的機関といったように，課題の性質に応じてより効果的な対象がサポート源として選択されるとする考え方です。

3. コンボイ・モデル（convoy model）

　このモデルでは，ソーシャル・サポートを愛情，肯定，援助の3要素のうち少なくとも1つを含む個人間の相互交渉ととらえ，個人が人生を通してサポートを授受できる関係をコンボイ（護衛隊）といいます。図9.4に示したように，自らを中心に，親密度や役割依存の観点から他者を3層からなる同心円状に配置します。外層ほど親密度が低く，加齢や環境によってサポートが変化する役割依存的な関係を意味し，内層ほど非役割的で安定した関係であることから，安定的なサポートが期待できます。

図 9.4　**コンボイ・モデルの例**（Kahn & Antonucci, 1980）

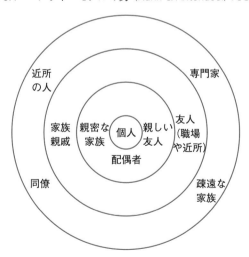

ように過ごすかを選べるようにすることは，高齢者の QOL を高めることにつ
ながります。本人だけでなく家族も，ある程度納得して「その日」を迎えるた
めに，心理専門職には，高齢者が自律的に意思決定できるような環境を整えて
いくことが期待されます。

復 習 問 題

1. 加齢によって影響を受けやすい記憶とそうでない記憶のそれぞれについて説明し
てください。
2. フレイル，サルコペニア，ロコモティブ・シンドロームについて説明し，これら
の関連について考察してください。
3. 加齢とソーシャル・キャピタルの関連について説明してください。
4. ソーシャル・サポートに関する理論を挙げて，それぞれについて説明してくださ
い。

参 考 図 書

権藤 恭之（編）（2008）．高齢者心理学　朝倉書店

　高齢者の心理的特徴について，専門的な見地から詳細に記されています。ただし，
心理学に関する専門的な知識がないと少し難しいかもしれません。

**唐沢 かおり・八田 武志（編著）（2009）．幸せな高齢者としての生活　ナカニシヤ
出版**

　高齢者の福祉において重要な運動機能や生理的機能の低下について学べます。ま
た，加齢に伴うさまざまな機能低下への対策・予防についても記されています。

**谷口 幸一・佐藤 眞一（編著）（2007）．エイジング心理学——老いについての理解
と支援——　北大路書房**

　エイジング心理学を老年学の一分科学としてとらえ，加齢に伴う心理的変化を生
涯発達という観点でとらえている点が特徴的です。単なる研究成果だけでなく研究
課題や方法論についても説明があり，臨床的なアプローチについても紹介されてい
ます。

司法と福祉分野における活動

　児童福祉領域には児童福祉法という法律があり，保育，母子保護，児童虐待，非行等への対応を行うための手続きが定められています。そこでは児童相談所が中心となって対応が行われます。一方，少年司法領域には少年法という法律があり，未成年者の非行に対する保護の手続きが定められています。少年司法領域では家庭裁判所が中心となって対応が行われています。満18歳未満については児童福祉法と少年法の両方が適用できるため，2つの法律に基づく制度が並行して運用されています。そのため，児童福祉法と少年法をそれぞれ独立した視点から理解しようとすると，相互の関係性がわかりにくくなります。公認心理師法では，業務を行うにあたって各職域の間で連携を維持することが公認心理師の責務の一つとされています[1]。このため，未成年を取り扱う児童福祉と少年司法の両制度がどのように関連し合っているか把握することは重要です。本章では，仮想事例を踏まえながら2つの領域の連携についてみていくことにします。なお，成人においても司法と福祉が重なるケースはありますが，手続き上で2つの制度が重なることが多々あることから，本章では少年，児童に限定して論じていきます。

10.1　児童福祉法と少年法の対象年齢

　成人に比べて未成年者は，精神的にも身体的にも未発達な段階にあることから，犯罪行為をした成人に刑罰が与えられるのとは異なり，保護に重点をおい

---

[1] 公認心理師法第42条　公認心理師は，その業務を行うに当たっては，その担当する者に対し，保健医療，福祉，教育等が密接な連携の下で総合的かつ適切に提供されるよう，これらを提供する者その他の関係者等との連携を保たなければならない。

た措置がとられることが望ましいと考えられます。このため，未成年者の事件に対しては成人とはまったく別系統の手続きが定められています。保護という理念を法律がどのように説明しているのかをみると，児童福祉法第 1 条では「全て児童は，児童の権利に関する条約の精神にのつとり，適切に養育されること，その生活を保障されること，愛され，保護されること，その心身の健やかな成長及び発達並びにその自立が図られることその他の福祉を等しく保障される権利を有する」とあります。また，少年法第 1 条では「この法律は，少年の健全な育成を期し，非行のある少年に対して性格の矯正及び環境の調整に関する保護処分を行うとともに，少年の刑事事件について特別の措置を講ずることを目的とする」としています。いずれにおいても「保護」という言葉が用いられており，保護が未成年者に対して働きかけを行う際の基本理念になっていることがわかります。

　未成年者には成人と異なる別系統の手続きが定められていると述べましたが，それは児童福祉法を中心とした手続きと少年法を中心とした手続きです。この 2 つの法律の適用年齢は，児童福祉法では満 18 歳に満たない者[2]，少年法では満 20 歳に満たない者[3]とされており，2 歳のずれがあります。満 18 歳を超えているか否かが分かれ目になっており，未成年者が満 18 歳を超えていた場合には，児童福祉法の適用がなく少年法のみの適用となり，満 18 歳に満たない場合には児童福祉法と少年法の両方の法律が適用されることになります。

　加えて，少しややこしいのですが，児童福祉法における「少年」は小学校就学の始期から満 18 歳に達するまでの者を指すのに対し，少年法における「少年」は満 20 歳に満たないものを指すという違いがあるため注意が必要です。さらに，少年法では，少年（満 20 歳に満たない者）のうち，満 18 歳を超えて

---

[2] 児童福祉法第 4 条　この法律で，児童とは，満 18 歳に満たない者をいい，児童を左のように分ける。
　一　乳児　満 1 歳に満たない者
　二　幼児　満 1 歳から，小学校就学の始期に達するまでの者
　三　少年　小学校就学の始期から，満 18 歳に達するまでの者
[3] 少年法第 2 条　この法律で「少年」とは，20 歳に満たない者をいい，「成人」とは，満 20 歳以上の者をいう。

満 20 歳に満たない者を**特定少年**とよび，満 18 歳未満とは異なる手続きがとられることにも留意が必要です[4]。以下，こうした混乱を避けるため，本章では少年司法に関連した満 20 歳に満たない者を「少年」と表記し，児童福祉に関連した満 18 歳に満たない者を「児童」と表記することにします。

要保護児童と通告

　児童相談所は，相談援助活動を主たる目的として，児童福祉法第 12 条[5]に基づいて全国に設置されている行政機関です。児童相談所では保護者への対応や指導，子どもの保護，入所措置，家庭等の養育環境の調査や障害などの専門的診断，社会的養護における施設・里親との連携等を行います（第 8 章参照）。中でも，児童虐待への対応には近年注目が集まっています。

　児童福祉法では，満 18 歳に満たない保護者のない児童または保護者に監護させることが不適当であると認められる児童を**要保護児童**と定めています[6]。保護者のない児童とは，現に監督保護している者がいない児童であり，たとえば，孤児，保護者に遺棄された児童，保護者が行方不明の児童，保護者が長期受刑

---

[4] 少年法第 62 条　家庭裁判所は，特定少年（18 歳以上の少年をいう。以下同じ。）に係る事件については，第 20 条の規定にかかわらず，調査の結果，その罪質及び情状に照らして刑事処分を相当と認めるときは，決定をもつて，これを管轄地方裁判所に対応する検察庁の検察官に送致しなければならない。
2　前項の規定にかかわらず，家庭裁判所は，特定少年に係る次に掲げる事件については，同項の決定をしなければならない。ただし，調査の結果，犯行の動機，態様及び結果，犯行後の情況，特定少年の性格，年齢，行状及び環境その他の事情を考慮し，刑事処分以外の措置を相当と認めるときは，この限りでない。
　一　故意の犯罪行為により被害者を死亡させた罪の事件であつて，その罪を犯すとき 16 歳以上の少年に係るもの
　二　死刑又は無期若しくは短期 1 年以上の懲役若しくは禁錮に当たる罪の事件であつて，その罪を犯すとき特定少年に係るもの
[5] 児童福祉法第 12 条　都道府県は，児童相談所を設置しなければならない。
[6] 児童福祉法第 6 条の 3 第 5 項では，保護者の養育を支援することが特に必要と認められる児童，若しくは保護者に監護させることが不適当であると認められる児童を要支援児童と定めています。

中の児童，家出した児童などが該当します。保護者に監護させることが不適当であると認められる児童とは，被虐待児童，保護者の著しい無理解・無関心のため放任されている児童，保護者の労働または疾病のため必要な看護を受けることのできない児童，身体障害・知的障害・精神障害などを有しているため，専門の施設での訓練・治療を行うことがその子の福祉に適っていると認められる児童，不良行為をなし，またはなすおそれのある児童などが該当します（第7章 7.2 節参照）。要保護児童を発見した者は，福祉事務所もしくは児童相談所に通告しなければなりません[7]。要保護児童には近年社会問題として大きく注目を集める虐待被害児も当然，含まれています。虐待については，別建てで児童虐待の防止等に関する法律（児童虐待防止法）という法律があり，そこでも同様に通告義務が定められています[8]。

　児童福祉法における要保護児童は幅の広い概念であり，その中で少年司法の対象となる児童は限られた一部にすぎません。近年は虐待の相談件数が増加の一途をたどっていますが（2020 年度の児童相談所による児童虐待相談対応件数は 20 万 5,029 件），虐待をされている児童が，そのことのみをもって少年司法領域で処遇されることはありません。しかし，児童相談所が取り扱う事例で

---

[7]　児童福祉法第 25 条　要保護児童を発見した者は，これを市町村，都道府県の設置する福祉事務所若しくは児童相談所又は児童委員を介して市町村，都道府県の設置する福祉事務所若しくは児童相談所に通告しなければならない。ただし，罪を犯した満14 歳以上の児童については，この限りでない。この場合においては，これを家庭裁判所に通告しなければならない。
2　刑法の秘密漏示罪の規定その他の守秘義務に関する法律の規定は，前項の規定による通告をすることを妨げるものと解釈してはならない。
[8]　児童虐待防止法第 6 条　児童虐待を受けたと思われる児童を発見した者は，速やかに，これを市町村，都道府県の設置する福祉事務所若しくは児童相談所又は児童委員を介して市町村，都道府県の設置する福祉事務所若しくは児童相談所に通告しなければならない。
2　前項の規定による通告は，児童福祉法第 25 条第 1 項の規定による通告とみなして，同法の規定を適用する。
3　刑法（明治 40 年法律第 45 号）の秘密漏示罪の規定その他の守秘義務に関する法律の規定は，第 1 項の規定による通告をする義務の遵守を妨げるものと解釈してはならない。

は，その多くが不安定な家庭環境のもとで適切な養育が行われていない児童で
す。こうした養育環境上の負因は，非行や逸脱行動が引き起こされる可能性を
高めることがあります（Bonta & Andrews, 2016 原田訳 2018）。実際，児童相
談所で取り扱う児童の中には，家庭における養育上の問題に端を発して，不登
校，家出，地域の不良仲間との交遊，窃盗，放火，暴行，傷害などの逸脱，非
行行動を併発している者が少なくありません。虐待等では養育する保護者側の
対応が注目されますが，児童自身の行動が不良行為として表面化してきた場合
には，児童福祉法に代えて少年法による対応が可能になります。少年審判の対
象となる未成年者には，犯罪少年，触法少年，ぐ（虞）犯少年という区分けが
なされており，児童がこれに該当した場合には，少年司法での対応ができるよ
うになります。

10.3 犯罪少年・触法少年・ぐ犯少年

　未成年者の非行について，少年法第 3 条[9] では犯罪少年・触法少年・ぐ犯少
年という区分を設けています。この 3 つのいずれかに該当する少年は，家庭裁
判所の少年審判に付すことができます。審判とは，成人でいうところの裁判に
あたります。

---

[9] 少年法第 3 条　次に掲げる少年は，これを家庭裁判所の審判に付する。
　一　罪を犯した少年
　二　14 歳に満たないで刑罰法令に触れる行為をした少年
　三　次に掲げる事由があつて，その性格又は環境に照して，将来，罪を犯し，又は
　　刑罰法令に触れる行為をする虞のある少年
　　イ　保護者の正当な監督に服しない性癖のあること。
　　ロ　正当な理由がなく家庭に寄り附かないこと。
　　ハ　犯罪性のある人若しくは不道徳な人と交際し，又はいかがわしい場所に出入
　　　すること。
　　ニ　自己又は他人の徳性を害する行為をする性癖のあること。
2　家庭裁判所は，前項第二号に掲げる少年及び同項第三号に掲げる少年で 14 歳に満
たない者については，都道府県知事又は児童相談所長から送致を受けたときに限り，
これを審判に付することができる。

　3 つの区分のうち，犯罪少年と触法少年は，いずれも強盗，窃盗，傷害等のような刑事法に定められた構成要件に該当する行為を行っている者ですが，対象者が満 14 歳以上の場合には犯罪少年，満 14 歳未満の場合には触法少年とよびます。満 14 歳が基準になっているのは，刑法第 41 条に「14 歳に満たない者の行為は，罰しない」という**刑事責任年齢**に関する規定があり，満 14 歳未満の者は，法律に抵触する行為を行っても犯罪とはならないためです。このため満 14 歳未満で刑罰法令に規定される行為を行った場合は，犯罪ではなく法に触れることをしたという意味で，触法少年という区分に分類されます（触法少年には年齢の下限はありません）。

　ぐ犯少年は，**ぐ犯事由**があり，**ぐ犯性**が認められる場合に該当する区分です。ぐ犯性は，その性格または環境に照らして，将来，罪を犯し，または刑罰法令にふれる行為をする虞（おそれ）のことをいいます。一方，ぐ犯事由とは，少年法第 3 条第 1 項第三号にある通り，保護者の監督に服さず，家庭に寄りつかなかったり，犯罪性のある人と交際したり，自己や他人の徳性を害する行為をする傾向があるということがその内容となっています。たとえば，家出をして，犯罪性の高い成人のもとに身を寄せて生活するといった行為に及んだ場合には，ぐ犯事由に該当することになるでしょう。上記の 2 つ，ぐ犯事由とぐ犯性の両方を満たす場合に，ぐ犯少年となります。なお，犯罪少年は，満 14 歳以上満 20 歳未満の少年が該当しますが，ぐ犯少年は，満 18 歳未満の少年が該当します（ぐ犯少年の年齢には下限がありません）。特定少年とよばれる満 19 歳以上 20 歳未満の少年は，ぐ犯少年にならないことに注意が必要です。これは 2021 年の少年法改正によって，ぐ犯少年の対象年齢が引き下げられたことによります[10]。

　ぐ犯少年とされるにあたって，法律にふれる行為に及んでいる必要が必ずしもない点に留意してください。成人であれば，法律にふれる行為をしていないにもかかわらず，将来，犯罪をする虞（おそれ）があるという理由で裁判にかけられることはありません。そうしたことは人権上，許されませんが，ぐ犯少年の場合に

---

[10] 少年法第 65 条　第 3 条第 1 項（第三号に係る部分に限る。）の規定は，特定少年については，適用しない。
※満 18 歳以上 20 歳未満は特定少年とよばれます。

は保護という少年法の理念から少年審判の対象とすることが認められているわけです。なお，近年，人権という観点から，家庭裁判所が少年をぐ犯として取り扱うことに消極的な傾向があるようです。

10.4 児童福祉領域と少年司法領域との行き来について

対象となる児童が，万引き，放火，窃盗等の犯罪，触法行為及びぐ犯に及ぶようになると，児童福祉よりも強力な措置が可能となる少年司法の枠組みが適用できるようになります。図10.1は児童福祉，少年司法，刑事司法の3つの領域について，どのような移行の手続きがあるかを示したものです。各領域にはそれぞれ主軸となる法律があります。児童福祉領域では児童福祉法，児童虐待防止法，少年司法では少年法，少年院法，少年鑑別所法，更生保護法，刑事司法領域では刑法，刑事訴訟法，更生保護法がそれにあたります。ここでは特に児童福祉領域と少年司法領域とで相互に行き来をする手続きがあることに留意してください。

児童福祉も少年司法も，どちらも対象者の保護を行うことに主眼をおいており，その目的を達成するために必要な程度の人権上の制約が対象者に対して行われます。ただし，児童福祉と比べて少年司法の枠組みのほうがより強制力をもっており，特に身柄拘束の仕方には大きな違いがあります。児童福祉法上の措置では，児童相談所の**一時保護**[11] において自由に出入りができないように建物の入口に鍵をかける，児童自立支援施設において**強制的措置**の許可が家庭裁判所から出ている場合には児童を鍵のかかる部屋に入れるといったことが行われています。一方，少年司法の枠組みでは，少年鑑別所や少年院において常時，鉄格子のある居室といった物的戒護力が強い環境に対象者を留め置くことができます（なお，開放処遇とよばれる物的戒護力の弱い処遇を行う少年院もあり

---

[11] 児童福祉法第33条 児童相談所長は，必要があると認めるときは，第26条第1項の措置を採るに至るまで，児童の安全を迅速に確保し適切な保護を図るため，又は児童の心身の状況，その置かれている環境その他の状況を把握するため，児童の一時保護を行い，又は適当な者に委託して，当該一時保護を行わせることができる。

図 10.1　児童福祉・少年司法・刑事司法の関係

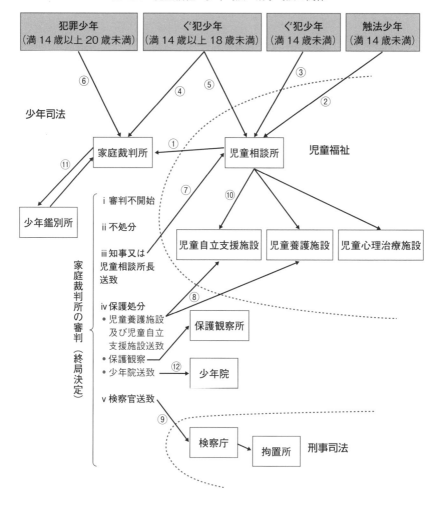

ます）。10.3 節の末尾で，近年，家庭裁判所がぐ犯の運用について抑制的な姿勢にあることを述べましたが，ぐ犯の場合には，対象者が実際に刑罰法令にふれる行為に及んでいないことから，人権を強く制限する身柄拘束は回避しよう

とする意図が働いていると考えられます。

10.4.1 満14歳未満の少年の取扱い

それでは，児童福祉と少年司法の領域間を移行する手続きについて，図10.1を参照しながら説明していくことにしましょう。満14歳未満である触法少年と，満14歳未満のぐ犯少年については，少年法第3条第2項に基づき児童福祉法上の措置が優先されます（図10.1の矢印②③）。未成年の少年が起こした事件は，原則として，そのすべてが家庭裁判所に送られることになっており，これを**全件送致主義**とよびますが[12]，満14歳未満の場合には例外的な取扱いとして，まず児童相談所が児童の処遇を先議します。対象者が満14歳未満で児童相談所に係属した事件は，家庭裁判所の審判を受けさせることが望ましいと都道府県が判断した場合のみ，家庭裁判所へと送致されます[13]（図10.1の矢印①）。たとえば，殺人のような重大事案の場合には家庭裁判所に事件が送致される可能性が高くなります。

家庭裁判所へ事件が送致され，少年審判に付されると，**保護処分**[14]を行うことが可能となり，満14歳未満であっても少年院に送致し，強い身柄拘束のも

---

[12] 成人の場合には，検察官の判断で公訴提起（起訴）して裁判にかけるか否かを決めます。これを起訴便宜主義とよびます。

[13] 児童福祉法第27条 都道府県は，前条第1項第一号の規定による報告又は少年法第18条第2項の規定による送致のあつた児童につき，次の各号のいずれかの措置を採らなければならない。
　　四 家庭裁判所の審判に付することが適当であると認める児童は，これを家庭裁判所に送致すること。

[14] 少年法第24条 家庭裁判所は，前条の場合を除いて，審判を開始した事件につき，決定をもつて，次に掲げる保護処分をしなければならない。ただし，決定の時に14歳に満たない少年に係る事件については，特に必要と認める場合に限り，第三号の保護処分をすることができる。
　　一 保護観察所の保護観察に付すること。
　　二 児童自立支援施設又は児童養護施設に送致すること。
　　三 少年院に送致すること。
2 前項第一号及び第三号の保護処分においては，保護観察所の長をして，家庭その他の環境調整に関する措置を行わせることができる。

とで更生のための矯正教育を受けさせることができます。その一方で，女児への強制わいせつ事案のように一見，重大に思える事件であっても，家庭裁判所へ送致されず，児童福祉の範囲内で処遇が行われることもあります。

　2022年に知事又は児童相談所から家庭裁判所に送致された事件は261件でした。児童相談所の相談受付件数は2021年度では57万243件，そのうち，非行相談は1万904件でしたから，児童福祉法から少年法上の措置へと移行するケースは全体からみて多いとはいえないでしょう。

10.4.2　満14歳以上の少年の取扱い

　満14歳以上18歳未満のぐ犯少年は，原則として家庭裁判所に送致されることになりますが（図10.1の矢印④），警察または保護者が児童福祉法の措置に委ねることが適当と考えた場合には，児童相談所へ通告することができます（図10.1の矢印⑤）[15]。ぐ犯少年は，満14歳未満では児童福祉法上の措置が優先されますし，満14歳を超えていても満18歳未満であれば児童福祉法の措置が行われる可能性があります。こうしてみると，ぐ犯は家庭裁判所への全件致主義という原則に鑑みれば例外的な制度といえるでしょう。2022年に家庭裁判所が新たに受理した事件は4万5,740件でしたが，ぐ犯はそのうち181件と少数です。

　次に，満14歳以上となる犯罪少年の取扱いについてみていきましょう。犯罪少年は全件送致主義という名称の通り，事件のすべてが家庭裁判所に送致されます（図10.1の矢印⑥）。児童相談所に係属中の児童であっても，窃盗や強盗等の犯罪行為に及んで事件を警察が取り扱うようになれば，児童相談所の判断をあおぐことなく，直接，家庭裁判所に送致されます。その後どのような処

---

[15] 少年法第6条　家庭裁判所の審判に付すべき少年を発見した者は，これを家庭裁判所に通告しなければならない。

2　警察官又は保護者は，第3条第1項第三号に掲げる少年について，直接これを家庭裁判所に送致し，又は通告するよりも，先づ児童福祉法（昭和22年法律第164号）による措置にゆだねるのが適当であると認めるときは，その少年を直接児童相談所に通告することができる。

分になるのかは，児童相談所ではなく，家庭裁判所が決定することになります。

なお，家庭裁判所に送致された少年に対しても，審判決定の中で，知事又は児童相談所長送致（図 10.1 の矢印⑦）[16] や保護処分における児童自立支援施設又は児童養護施設送致という措置（図 10.1 の矢印⑧）を行うことができます。これが少年司法領域から児童福祉領域へと処遇を移行する措置です。この措置は，18 歳未満の犯罪少年，ぐ犯少年，触法少年のいずれにも行うことができます。そのため，児童相談所から家庭裁判所に送致された事件であっても，これらの決定によって児童福祉上の措置へと戻っていくことができることになります。

2022 年に家庭裁判所から知事又は児童相談所長に送致されたケースは 124 件でした。また，児童養護施設又は児童自立支援施設送致は 118 件でした。この年に家庭裁判所が処理した事件は 5 万 2,619 件ですから，司法領域から児童福祉領域に移行する事件はやはり少数です。児童福祉法から少年法上の措置へ移行する事件が少ないことは 10.4.1 項でみましたが，児童福祉領域と少年司法領域での行き来は限られており，いったんそれぞれの領域に係属した事件はその枠組み内で対応が行われる傾向があります。

最後に，家庭裁判所で行われる終局決定について説明します。終局決定は図 10.1 にあるように，ⅰ審判不開始，ⅱ不処分，ⅲ知事又は児童相談所長送致，ⅳ保護処分，ⅴ検察官送致の 5 つです。ⅰは調査の結果，審判を開かないという決定をするものです[17]。事案が軽微である等の理由で審判を開く必要がない

---

[16] 少年法第 18 条　家庭裁判所は，調査の結果，児童福祉法の規定による措置を相当と認めるときは，決定をもつて，事件を権限を有する都道府県知事又は児童相談所長に送致しなければならない。

2　第 6 条の 7 第 2 項の規定により，都道府県知事又は児童相談所長から送致を受けた少年については，決定をもつて，期限を付して，これに対してとるべき保護の方法その他の措置を指示して，事件を権限を有する都道府県知事又は児童相談所長に送致することができる。

[17] 少年法第 19 条　家庭裁判所は，調査の結果，審判に付することができず，又は審判に付するのが相当でないと認めるときは，審判を開始しない旨の決定をしなければならない。

場合がこれにあたります。ⅱは，審判を開いた結果，次に述べる保護処分にする必要がない場合に下される処分です[18]。ⅲは，10.4.2項で説明した児童福祉法上の措置に移行させる決定です。ⅳは，少年司法領域における中核的な措置であり，保護観察に付する，児童自立支援施設又は児童養護施設送致，少年院送致のいずれかを選んで決定します（少年法第24条）。ⅴは少年司法から成人に適用される刑事裁判の手続きに移行させる措置です（図10.1の矢印⑨）。故意に他人の生命を奪った事案等ではこの処分が下される可能性が高くなります[19]。また，満18歳以上の特定少年で，死刑または無期もしくは短期1年以上の懲役もしくは禁錮にあたる罪の事件に係るものは原則検察官送致とされます[20]。

---

[18] 少年法第23条　家庭裁判所は，審判の結果，第18条又は第20条にあたる場合であると認めるときは，それぞれ，所定の決定をしなければならない。

2　家庭裁判所は，審判の結果，保護処分に付することができず，又は保護処分に付する必要がないと認めるときは，その旨の決定をしなければならない。

3　第19条第2項の規定は，家庭裁判所の審判の結果，本人が20歳以上であることが判明した場合に準用する。

[19] 少年法第20条　家庭裁判所は，死刑，懲役又は禁錮に当たる罪の事件について，調査の結果，その罪質及び情状に照らして刑事処分を相当と認めるときは，決定をもつて，これを管轄地方裁判所に対応する検察庁の検察官に送致しなければならない。

2　前項の規定にかかわらず，家庭裁判所は，故意の犯罪行為により被害者を死亡させた罪の事件であつて，その罪を犯すとき16歳以上の少年に係るものについては，同項の決定をしなければならない。ただし，調査の結果，犯行の動機及び態様，犯行後の情況，少年の性格，年齢，行状及び環境その他の事情を考慮し，刑事処分以外の措置を相当と認めるときは，この限りでない。

[20] 少年法第62条　家庭裁判所は，特定少年（18歳以上の少年をいう。以下同じ。）に係る事件については，第20条の規定にかかわらず，調査の結果，その罪質及び情状に照らして刑事処分を相当と認めるときは，決定をもつて，これを管轄地方裁判所に対応する検察庁の検察官に送致しなければならない。

2　前項の規定にかかわらず，家庭裁判所は，特定少年に係る次に掲げる事件については，同項の決定をしなければならない。ただし，調査の結果，犯行の動機，態様及び結果，犯行後の情況，特定少年の性格，年齢，行状及び環境その他の事情を考慮し，刑事処分以外の措置を相当と認めるときは，この限りでない。

　一　故意の犯罪行為により被害者を死亡させた罪の事件であつて，その罪を犯すとき16歳以上の少年に係るもの

　二　死刑又は無期若しくは短期1年以上の懲役若しくは禁錮に当たる罪の事件であ

特定少年はより広く刑事裁判への移行が想定されているのです。なお，事件を処理していく過程で満 20 歳を超えたときにもこの処分となります[21]。

10.5　仮想事例

　次に，児童福祉と少年司法との連携，移行がどのように行われているかを，これまでにみてきた制度を踏まえながら仮想事例を用いてみてみましょう。

　少年 M は，実母が 22 歳，実父が 25 歳のときに，長男として出生しました。その後，同胞の出生はありません。実父は型枠大工であり，継続して就労はしていましたが，毎日のように飲酒をしては実母に繰返し暴力を振るっていました。そのため，実父母は M が 3 歳の頃に離婚し，M は実母に引き取られました。実父と M はその後，現在まで音信不通になっています。

10.5.1　初回の児童相談所通告

　実母は M が 3 歳になる頃から，M に暴力を振るうようになりました。拳骨で殴ったり，ほうきの柄で打ち据えたりすることがあったようです。M が保育所に通っていた 4 歳の頃，近隣の住民から虐待をされている子どもがいると児童相談所に通告がありました。この通告は先にみた児童福祉法第 25 条，児童虐待防止法第 6 条に規定があるものです。ここから M と児童福祉の関わりが始まりました。

　通報を受け，児童相談所の児童福祉司が M の通う保育園に連絡をとり，事情を聴きました。保育士の話では，特に M からは家庭で暴力を振るわれているという訴えはないとのことでした。M にあざなどの暴力を振るわれた痕跡も見たことがないとのことでした。児童福祉司が M の自宅を訪問したところ，母親は昼間から飲酒をしていました。児童福祉司が母親に通告があった旨を伝

つて，その罪を犯すとき特定少年に係るもの（前号に該当するものを除く。）
[21] 少年法第 19 条第 2 項　家庭裁判所は，調査の結果，本人が 20 歳以上であることが判明したときは，前項の規定にかかわらず，決定をもつて，事件を管轄地方裁判所に対応する検察庁の検察官に送致しなければならない。

えると，母親は険しい表情になり，「誰が通報したのか。嫌がらせだ」「きつく叱ることはあるが，殴ったりはしていない」と言いました。また，お金がなくて生活に困っていると訴えていました。虐待の事実が確認できなかったことから，児童福祉司は，暴力を振るうことはいけない旨を実母に指導し，市役所の生活保護担当課を紹介してケースを終結させました。

10.5.2　2回目の児童相談所への通告

　児童相談所が再びMに関わるようになったのは，13歳のときでした。Mは中学1年生になっていました。その当時，Mは実母とその内縁の夫（48歳）と同居生活を送っていました。Mは内縁の夫から繰返し暴力を振るわれていました。

　ある日のこと，Mは携帯電話のゲームに多額の課金をしたのを実母に発見され，叱責されました。実母は，Mの携帯電話を解約すると言って携帯電話をMから取り上げようとしたところ，Mはそれに抵抗して実母と揉み合いになりました。その様子を見ていた内縁の夫は「いい加減にしろ」と怒鳴りながらMの髪の毛をつかみ，顔面を床にたたきつけました。このままでは殺されると思ったMは，家を出て友人宅に駆け込みました。Mは友人に「ひどい暴力を受けた。家には帰れない」と話しました。それを聞いた友人の父親が，警察に連絡を入れたところ，警察からパトカーの迎えが来て，Mは警察署に行くことになりました。

　警察は児童相談所に通告しました。この通告も初回の通告と同じく児童福祉法第25条に基づくものです。Mはこの時点で満13歳ですから児童福祉法による措置が優先されます。その結果，Mは児童相談所で一時保護（児童福祉法第33条）を受けることになりました。

10.5.3　一時保護所での生活

　児童相談所は，Mが一時保護になったことを実母に電話で連絡をしました。来所した実母に児童福祉司が面接してMの家庭での様子を尋ねました。Mは小学3年生頃から，家の金銭を持ち出すようになったそうです。最近ではスマ

ホのゲームに多額の課金があり困っているとのことでした。現在 M は中学 1 年生ですが，学校では落ち着きがなく，しばしば授業を抜け出して地域の不良仲間と交遊しているそうです。また，他の生徒と金銭の貸し借りでトラブルになっているとのことでした。夜に家を出て，仲間の家に泊まって家に帰らないことも多々あったそうです。コンビニエンスストアで万引きを繰り返しており，実母は何度も M をコンビニエンスストアに迎えに行き，謝罪をしたそうです。実母は，今回，M が一時保護になったことについて，M の普段の生活態度に大きな問題があると述べました。実母は M がわがままますぎるので面倒を見れないから，本人が望めば施設に行っても構わないと言います。

　M は一時保護所では，「ここでは殴られないからいい」と述べ，職員には自分から積極的に話しかけ，人懐っこい面を見せていました。しかし，自分の思い通りにならないことがあると感情のコントロールができず，カッとなって職員に反抗することが時々ありました。また，児童心理司による面接において，M は入所して 2 週間を過ぎた頃から，実母の内縁の夫から殴られる夢を見て眠れないとの訴えや症状があることが確認されました。精神科医師による診察では，虐待によって引き起こされたフラッシュバック症状と診断され，薬物療法が行われました。M は「家には帰りたくない，施設に行きたい」と児童相談所の職員に繰返し訴えていました。

　一時保護所での生活が 1 カ月を過ぎた頃から，M は「家に帰りたい」と訴えるようになりました。担当の児童福祉司が実母と面談を続けたところ，実母は内縁の夫と別れ，M を引き取るという意思を示しました。ほどなくして実母が内縁の夫と別居したことが確認されました。実母単独での生計維持も可能なようでした。また，フラッシュバック症状に関して医療機関の紹介を行いました。今後も，定期的に児童相談所での通所指導を行うこととして，M の一時保護は解除となり，M は実母に引き取られて自宅に戻りました。

10.5.4　2 回目の一時保護

　M は自宅に戻ってしばらくの間は落ち着いていたようですが，半年ほどたつと，M に暴力を振るった内縁の夫が家に来るようになりました。内縁の夫

から再び M への暴力が行われるようになりました。その頃から，M は家に帰らないことが多くなりました。地域の不良仲間の家を転々と泊まっていたのですが，その間，お金がなかったことからコンビニエンスストアで万引きを繰り返すようになり，警察に身柄を確保されました。警察官が実母に連絡をして，身柄を引き受けるよう要請したところ，実母は M の引き受けを拒否しました。この時点で M は 14 歳に達していなかったため，警察は窃盗の触法事件として児童相談所に身柄付通告をしました（児童福祉法第 25 条，図 10.1 の矢印②）。M は児童相談所で再び一時保護（児童福祉法第 33 条）されることになりました。実母はここでも「M を引き取ってやっていくことはもうできない。施設に入れてほしい」と担当の児童福祉司に話し，M の引き取りを拒否しました。

　児童相談所で開かれた援助方針会議では，現状で，実母と M の間には信頼関係がなく，実母が M に適切な関わりを行うことが難しいこと，内縁の夫が現在も家にいて暴力を振るわれる可能性があること，M は家に寄りつかず，万引きを繰り返していることから，児童自立支援施設に入所させることが相当とされました[22]（図 10.1 の矢印⑩）。

　児童自立支援施設は，不良行為をなし，又はなすおそれのある児童及び家庭環境その他の環境上の理由により生活指導等を要する児童を入所させ，又は保護者の下から通わせて，個々の児童の状況に応じて必要な指導を行い，その自立を支援し，あわせて退所した者について相談その他の援助を行うことを目的とする施設です（児童福祉法第 44 条）。M の場合も，児童自立支援施設という枠のある安全な環境で，安定した大人との関わりの中で信頼関係を築き，社会に適応できる力を養っていくことが必要という判断でした。

---

[22]　児童福祉法第 27 条　都道府県は，前条第 1 項第一号の規定による報告又は少年法第 18 条第 2 項の規定による送致のあつた児童につき，次の各号のいずれかの措置を採らなければならない。
　　三　児童を小規模住居型児童養育事業を行う者若しくは里親に委託し，又は乳児院，児童養護施設，障害児入所施設，児童心理治療施設若しくは児童自立支援施設に入所させること。

10.5.5　児童自立支援施設から少年司法の枠組みへ

　児童自立支援施設に入所してからも，M の行動は落ち着きませんでした。M は入所してすぐに，自分よりも年の若い入所児童に対して，威圧的な発言を繰り返すようになりました。そうした入所児童の顔面を殴って腫れ上がらせたこともありました。施設職員にも暴力を振るいました。ほうきの柄で施設の壁を叩いて穴を空けたりもしました。M は実母が面会に来ないことで不満を募らせていたようです。

　ほどなくして，M は無断外出を繰り返し，以前から交遊があった不良仲間と遊ぶようになりました。そして，児童自立支援施設送致から 3 カ月後，無断外出中に M は傷害事件を起こしました。常日頃，一緒に遊んでいた年下の少年が，陰で自分の悪口を言っているという話を人伝に聞いて腹を立て，仲間と共にその少年を呼び出し，殴る蹴るの暴行を加えたのです。M は倒れて動けなくなった少年の頭部を目がけてコンクリートブロックを投げつけました。その少年が動かなくなったのを見て，仲間の一人が救急車を呼びました。病院へ運ばれて治療を受けたその少年は，一命は取りとめましたが，重い後遺症が残ることになりました。

　この時点で M は 14 歳になっており，犯罪少年として警察に逮捕されました。犯罪少年の場合，事件は全件家庭裁判所へと送致されます（図 10.1 の矢印⑥）。事案の内容を重くみた家庭裁判所の裁判官は，M の性格や非行性，更生のために必要な処遇について精査を行う鑑別の必要があると認め，少年鑑別所へ収容する措置である観護措置決定[23] をしました（図 10.1 の矢印⑪）。鑑別とは，医学，心理学，教育学，社会学などの専門的知識や技術に基づき，鑑別対象者について，その非行等に影響を及ぼした資質上及び環境上問題となる事情を明らかにした上，その事情の改善に寄与するため，適切な指針を示すことです（法務省，2023）。

---

[23] 　少年法第 17 条　家庭裁判所は，審判を行うため必要があるときは，決定をもって，次に掲げる観護の措置をとることができる。
　一　家庭裁判所調査官の観護に付すること。
　二　少年鑑別所に送致すること。

　少年鑑別所に入所した者は，全員が鉄格子のある居室に収容されます。M はこうした部屋に入れられ，外から錠をかけられたことに驚き，入所した初日はしばしば涙を流していました。数日すると M は落ち着いた様子で笑顔を見せるようにもなりました。少年鑑別所の職員に対して事件について反省の弁を述べるようになりました。被害者の怪我の程度は重く，後遺症が治る可能性はないとのことでした。そのことを知って，M は被害者の少年に謝罪の手紙を送りたいと述べていました。

　少年鑑別所では 3 週間を過ごしましたが，実母は面会に来ず，家庭裁判所からの呼び出しにも応じませんでした。家庭裁判所調査官（BOX 10.1 参照）が実母宅に事情を聴きに行ったところ，実母は少年の引き受けを拒否しました。家庭裁判所調査官は児童相談所に赴き児童記録を閲覧し [24]，これまでの経緯を確認しました。

　少年鑑別所の法務技官（心理専門職）は鑑別の結果，M には，情緒面が安定せず粗暴傾向が強く認められること，実母との関係が不良であることから適切な保護環境が得られないこと，被害者の後遺症が重く事案が重大であること等の理由で，長期の少年院送致が相当であるという意見を家庭裁判所に提出しました。家庭裁判所調査官も同じ意見でした。

　M に対して家庭裁判所で審判が開かれました。審判にも実母は現れませんでした。裁判官は M に対して保護処分である少年院送致の処分を言い渡しました（少年法第 24 条第 1 項第三号，図 10.1 の矢印⑫）。M が少年院から仮退院して社会に戻るのは，およそ 1 年後のことになるでしょう。実母は引き受けを拒否しており，少年院を出院後の帰住先を決める保護調整は難しいものとなりそうです。

---

[24] 少年法第 16 条　家庭裁判所は，調査及び観察のため，警察官，保護観察官，保護司，児童福祉司（児童福祉法第 12 条の 3 第 2 項第六号に規定する児童福祉司をいう。第 26 条第 1 項において同じ。）又は児童委員に対して，必要な援助をさせることができる。
2　家庭裁判所は，その職務を行うについて，公務所，公私の団体，学校，病院その他に対して，必要な協力を求めることができる。

BOX 10.1	家庭裁判所調査官と法務技官（心理）

　家庭裁判所調査官は，裁判所職員採用総合職試験（家庭裁判所調査官補，大卒程度区分）により家庭裁判所調査官補として採用され，その後，裁判所職員総合研修所に入所し，約 2 年間の研修を受け，調査官となることができます。家庭裁判所は，夫婦や親族間の争いなどの家庭に関する問題を家事審判や家事調停，人事訴訟（親子，夫婦など身分関係の確認・変更）などによって解決するほか，非行をした少年について処分を決定します。いずれも法律的な解決を図るだけでなく，事件の背後にある人間関係や環境を考慮した解決が求められます。家庭裁判所調査官は，このような観点から，たとえば，離婚，親権者の指定・変更等の紛争当事者や事件送致された少年及びその保護者を調査し，紛争の原因や少年が非行に至った動機，生育歴，生活環境等を調査します（裁判所，2023）。家庭裁判所調査官は，主に家事事件と少年事件の 2 つの領域で活動します。家事事件では，紛争の当事者や親の紛争下におかれている子どもに面接をして問題の原因や背景を調査し，必要に応じて社会福祉機関や医療機関などとの連絡や調整を行いながら，当事者や子にとってもっとも良いと思われる解決方法を検討し，裁判官に報告します。少年事件では，非行を犯したとされる少年とその保護者に会って事情を聞くなどして，少年が非行に至った動機や原因，生育歴や性格，生活環境などを調査します。少年の資質や性格傾向を把握するために必要に応じて心理テストを行ったり，少年鑑別所，保護観察所，児童相談所などの関係機関と連携を図ったりしながら，少年の更生に向けて必要な方策を検討し，裁判官に報告します（森ら，2021）。

　法務技官（心理）は，法務省専門職員（人間科学）採用試験の矯正心理専門職区分により採用され，少年鑑別所や少年院，刑事施設（刑務所，少年刑務所及び拘置所）などに勤務する専門職員です。心理学の専門的な知識・技術等を生かし，科学的で客観的視点とともに，当事者に対する共感的姿勢をもちながら，非行や犯罪の原因を分析し，対象者の立ち直りに向けた処遇指針の提示や，刑務所の改善指導プログラムの実施に携わっています。なお，法務技官（心理）は，国家公務員総合職採用試験の人間科学区分からも採用されます。法務技官（心理）は心理学の専門知識を生かして，少年鑑別所，少年院，刑事施設（拘置所，刑務所，少年刑務所）等で稼働します。

　業務の内容としては，非行少年に対して，面接や各種心理検査の実施を通して，知能や性格等の資質面の特性をアセスメントし，非行に至った原因や今後の再非行の可能性，再犯を防ぐための処遇上の指針を立てます。また，成人の受刑者の改善更生を図るため，同様のアセスメントを実施します。さらに，地域援助業務として，地域の犯罪防止に貢献するため，一般の方からの心理相談に応じ，関係機関と連携して非行防止や青少年の健全育成のための取組みにも関与します。地域援助業務の中では，児童福祉機関や教育機関などと連携しながら，地域社会における非行・犯罪の防止や，健全育成に資する活動などを行っています。これらの業務は，非行や犯罪などに関する知識や鑑別のノウハウを，地域社会における非行少年や犯罪者に対する指導や介入に生かす取組みです（森ら，2021）。

BOX 10.2	少 年 院

　少年院は，家庭裁判所から保護処分として送致された少年に対し，その健全な育成を図ることを目的として，矯正教育や社会復帰支援等を行う法務省所管の施設です。

　各少年院には，矯正教育の重点的な内容と標準的な教育期間を定めた矯正教育課程が設けられています。少年院においては，設置された矯正教育課程ごとに，当該少年院における矯正教育の目標，内容，実施方法等を定める少年院矯正教育課程を編成しています。その上で，入院してくる少年一人ひとりの特性及び教育上の必要性に応じ，家庭裁判所，少年鑑別所の情報及び意見等を参考にして個人別矯正教育計画を作成し，きめ細かい教育を実施しています。少年院では，少年の必要性や施設の立地条件等に応じた特色のあるさまざまな教育活動が行われています。矯正教育の内容は，生活指導，職業指導，教科指導，体育指導及び特別活動指導から成り立っています（法務省，2023）。

　なお，少年院は 20 歳まで在院すると原則，退院となりますが，矯正教育の目的を達したと認められる場合には，仮退院となります。一般的には，在院生は仮退院によって，社会に戻っていきます。

復習問題

1. 法律の対象年齢について，少年法と児童福祉法ではそれぞれどうなっているか確認しましょう。また，「少年」という用語は，少年法と児童福祉法では適用とされる年齢が異なりますので確認してください。少年法における特定少年についても対象となる年齢を確認しましょう。

2. 要保護児童とはどのような児童のことを指しますか。確認してください。

3. 13歳の児童が，学校で同級生に暴力を振るって，大怪我をさせた，という事例を考えた場合，児童福祉法，少年法の規定によって，この児童にはどのような処遇が行われることが想定されるでしょうか。図10.1を参考にして考えてみましょう。

参考図書

磯谷 文明・町野 朔・水野 紀子（編集代表）（2020）．実務コンメンタール　児童福祉法・児童虐待防止法　有斐閣

　児童福祉法・児童虐待防止法の，児童虐待問題に取り組む現場で特に必要な条文について，実務的な視点も踏まえて，詳細な解説が行われています。

吉田 幸恵・山縣 文治（編著）（2023）．新版　よくわかる子ども家庭福祉　第2版　ミネルヴァ書房

　子ども家庭福祉に関する課題，法制度，各施設の役割等について，新しいトピックを盛り込みつつ，丁寧に解説がされています。一読することで，子ども家庭福祉を網羅的に理解できるようになります。

障害者福祉分野の活動

11

障害をもつ人ももたない人も，地域で安心して自分らしい生活を送ることができるようにさまざまな福祉政策がとられています。本章では，障害者福祉のための法律や制度はどのような経緯で整備されてきたのか，どのような人たちがどのような支援を受けることができるのか，そして，その中で公認心理師など心理専門職はどのような役割をもっているのかなどについて説明します。

11.1 障害者福祉の概要

まず，「障害」のとらえ方や障害者福祉の歴史，現状について概略を述べます。

11.1.1 「障害」という表記

「障害」という言葉は，最近，当事者への配慮から「障碍」や「障がい」と表記し直して使われるようになっています（BOX 1.2 参照）。「害」が「物事の達成や進行の妨げになること」という意味をもつため，それを回避してのことと思われます。2004〜2008 年にかけて，8 県，5 指定都市で「害」から「がい」に表記を改めています。

国としては，2010 年「障がい者制度改革推進会議「障害」の表記に関する作業チーム」が，当事者を含めたさまざまな人の意見を聞き，歴史的変遷や漢字の意味や海外の考え方などを参考に検討した結果，障害はさまざまな障壁との相互作用によって生ずるものであるという障害者権利条約の考え方を重視し，今後への課題を残しながらも「障害」という表記をそのまま使い続けると結論

づけました。

11.1.2　障害者福祉の歴史的展開

　日本の障害者福祉は，国際社会の動きにリードされながら，国内法を整え展開してきました。図 11.1 は，その概要を示したものです。

1.　戦前の障害者福祉——閉鎖された隔離の歴史

　近代国家が成立した明治時代，障害者支援については，恤救規則<ruby>（じゅきゅう）</ruby>や救護法などに基づき，就労ができないことなどからくる貧困問題として扱われてきました。当時は，家族・親族による支援が重要視されていたので，生活面の支援は周囲の者に任されており，そういった支援が受けられない障害者のみが貧困問題として援助されたのです。

2.　戦後の福祉制度

　第 2 次世界大戦後，1947 年に発布された新憲法の中で**基本的生存権**の保障が明確に規定され，その具現化のために，1949 年に身体障害者福祉法がつくられ，身体障害者に対しては，手帳交付や補装具の支給，更生援護施設や更生相談所の設置などが進められました。1950 年には精神衛生法がつくられ，私宅監置の制度を廃止し適切な医療や保護がなされることとなりました。また，1960 年には精神薄弱者福祉法ができましたが，その内容は援護施設を中心として障害者を終生保護しようとするものでした。

3.　優生保護法

　1948 年には**優生保護法**が施行されました。その趣旨は母体保護の観点から人工妊娠中絶を認めるものでしたが，1996 年に母体保護法に改正されるまでの間に，「不良な子孫の出生の防止」という優生思想に基づき，遺伝性疾患，ハンセン病，精神障害がある人などに対して，場合によっては本人の同意がない強制的優生手術や人工妊娠中絶が行われ，その被害者は 8 万 4,000 人に及びました。こうした措置は，障害者福祉とは逆方向のものですが，それほど昔の話ではありません。

4.　国際障害者年

　世界に目を転じると，国際連合は，障害者の「完全参加と平等」をテーマに

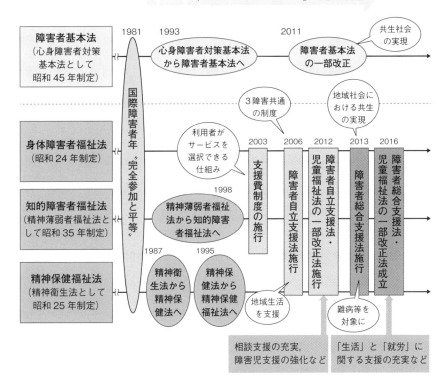

図 11.1　精神保健福祉施策の歴史
（厚生労働省社会・援護局障害保健福祉部・こども家庭庁支援局障害児支援課，2023 より改変）

1981 年を国際障害者年と宣言し，その後，障害者に関する世界行動計画を発表しました。そして 1983 年から 1992 年の 10 年間を「障害者の 10 年」とし，ノーマライゼーション理念の普及や地域福祉の推進を謳いました。

　図 11.1 に示すように，国内でも国連の動きを追う形で，1987 年，精神衛生法が精神保健法に代えられ，2006 年には障害者自立支援法が施行されました。これで，福祉は公が障害者に与える措置ではなく，当事者が選び相応の負担を

する**支援**に形を変えました。また，ここではじめて精神障害が，身体障害・知的障害と同様に福祉の恩恵を受けることが可能になりました。また，手続き等が都道府県から市町村主体に一元化され，より身近な支援となりました。

5.　障害者権利条約

　一方，2007 年 9 月，国際連合総会では，**障害者権利条約**が採択されました。障害のある人の権利を守るための国の約束というわけです。これは，障害者の医学モデルから社会モデルへの転換を図ったもので，障害は個人ではなく社会の側にあるという認識に立った条約でした。これとともに，障害者の視点から，社会の政策や制度を考えるにあたっては，「私たちのことを，私たち抜きに決めないで（Nothing about us without us）」，つまり，障害者に関係することを決めるときは，必ず障害者の意見を聞いて決めることを主張したのです。そして，障害者と共に生きる（共生）地域づくり，差別の禁止，合理的配慮，そして国際協調を原則としました。

6.　日本での障害者関係法規の変遷

　日本では，障害者権利条約の批准に，国連総会での採択から 6 年を費やしました。2013 年 12 月の参議院本会議は，国内の法律が条約の求める水準に達したとして，条約の批准をようやく承認したのです。その間，「障害に基づくあらゆる差別」を禁止し，障害者の権利・尊厳を守るために，国内法を整備しなければならなかったのでした。

　まず，2011 年に障害者基本法が改正され，共生社会の実現が謳われました。2013 年に障害を理由とする差別の解消の推進に関する法律（**障害者差別解消法**）ができ，合理的配慮の概念が導入され，公的機関ではそれが義務化されることになりました。さらに，2013 年に障害者自立支援法が改正され，障害者の日常生活及び社会生活を総合的に支援するための法律（**障害者総合支援法**）に形を変え，地域社会における共生が謳われました。2018 年には**障害者雇用促進法**の策定により，精神障害者保健福祉手帳をもつ精神疾患罹患者（発達障害を含む）も，この雇用の義務化の中に入ることになりました。

　このように，世界的な流れを追い，法律主導で障害者福祉は進んできていますが，2016 年には，重度の障害者たちが元職員によって殺害されるというお

ぞましい「やまゆり園事件（相模原障害者施設殺傷事件）」が起こりました。この事件は，障害者に否定的な人がまだ存在することを示すもので，社会に大きな衝撃を与えました。**合理的配慮**についても，まだ十分に浸透しているとはいえず，人々の生活や心の中にノーマライゼーションが根づくにはまだまだ時間が必要かもしれません。

11.1.3　障害者の現状

　障害者が福祉的サービスを受けるために必要な手帳（**身体障害者手帳，療育手帳，精神障害者福祉手帳**）の取得状況からみると，2019 年の障害者の数は，身体障害者 436 万人，知的障害者 109.4 万人，精神障害者 419.3 万人で，人口からみた全体の割合はおよそ 7.6％です（厚生労働省，2022）。

11.1.4　障害者福祉サービス

　障害をもつ人は，医療に継続的にかかることが必要ですが，手続きをすることによって**自立支援医療制度**を利用し，通院や障害を除去あるいは軽減するための治療費の支給を受けることができます。また，さまざまな料金の割引，費用助成といったそれ以上の支援は，身体障害者手帳，療育手帳，精神障害者福祉手帳などの手帳を取得することによって受けることが可能になります。

　障害者手帳の取得のための手続きとしては，まず，相談をするところから始め（相談・申請），どのような障害があるかの調査を受け（認定調査），一次判定・二次判定を経て，その結果を受け取り（認定・結果通知），それに応じてどのような支援を受けるかという希望を出し（サービス利用意向の聴取），支援の枠組みの中での組合せを相談し（サービス等利用計画案の提出），支援が始まる（支給決定），となります。必要な費用は本人が負担することになりますが，判定結果に応じた支援費で補填できる仕組みです。支援者と相談しながらですが，主体性をもって当事者が自分の生き方を選択していけるような仕組みになっています。

　手帳取得の経済的な利点として，税の優遇措置，公共料金・公共交通機関の運賃・携帯料金などの割引を受けられることが挙げられます。また，必要な補

図 11.2　障害福祉サービス等の体系（介護給付・訓練等給付）
（厚生労働省社会・援護局障害保健福祉部・こども家庭庁支援局障害児支援課，2023）

			サービス内容
訪問系	介護給付	居宅介護　者児	自宅で，入浴，排せつ，食事の介護等を行う
		重度訪問介護　者	重度の肢体不自由者又は重度の知的障害若しくは精神障害により行動上著しい困難を有する者であって常に介護を必要とする人に，自宅で，入浴，排せつ，食事の介護，外出時における移動支援，入院時の支援等を総合的に行う
		同行援護　者児	視覚障害により，移動に著しい困難を有する人が外出する時，必要な情報提供や介護を行う
		行動援護　者児	自己判断能力が制限されている人が行動するときに，危険を回避するために必要な支援，外出支援を行う
		重度障害者等包括支援　者児	介護の必要性がとても高い人に，居宅介護等複数のサービスを包括的に行う
日中活動系		短期入所　者児	自宅で介護する人が病気の場合などに，短期間，夜間も含めた施設で，入浴，排せつ，食事の介護等を行う
		療養介護　者	医療と常時介護を必要とする人に，医療機関で機能訓練，療養上の管理，看護，介護及び日常生活の世話を行う
		生活介護　者	常に介護を必要とする人に，昼間，入浴，排せつ，食事の介護等を行うとともに，創作的活動又は生産活動の機会を提供する
施設系		施設入所支援　者	施設に入所する人に，夜間や休日，入浴，排せつ，食事の介護等を行う
居住支援系	訓練等給付	自立生活援助　者	一人暮らしに必要な理解力・生活力等を補うため，定期的な居宅訪問や随時の対応により日常生活における課題を把握し，必要な支援を行う
		共同生活援助　者	夜間や休日，共同生活を行う住居で，相談，入浴，排せつ，食事の介護，日常生活上の援助を行う
訓練系・就労系		自立訓練（機能訓練）　者	自立した日常生活又は社会生活ができるよう，一定期間，身体機能の維持，向上のために必要な訓練を行う
		自立訓練（生活訓練）　者	自立した日常生活又は社会生活ができるよう，一定期間，生活能力の維持，向上のために必要な支援，訓練を行う
		就労移行支援　者	一般企業等への就労を希望する人に，一定期間，就労に必要な知識及び能力の向上のために必要な訓練を行う
		就労継続支援（A 型）　者	一般企業等での就労が困難な人に，雇用して就労する機会を提供するとともに，能力等の向上のために必要な訓練を行う
		就労継続支援（B 型）　者	一般企業等での就労が困難な人に，就労する機会を提供するとともに，能力等の向上のために必要な訓練を行う
		就労定着支援　者	一般就労に移行した人に，就労に伴う生活面の課題に対応するための支援を行う

（注）1.　表中の「者」は「障害者」，「児」は「障害児」であり，利用できるサービスにマークを付している。

　　　2.　利用者数及び施設・事業所数は令和 4 年 12 月サービス提供分

装具の費用についても支給してもらうことができ，負担が軽くなります。福祉サービスとしては，図 11.2 のようにホームヘルパーや訪問看護などの在宅者への訪問事業や日中の活動を介護する「**介護給付**」と，社会参加・就労支援のための通所施設の利用などの「**訓練等給付**」があります。

11.1.5　障害者福祉全体を通しての心理専門職の役割

　障害者支援は，早期発見と正確なアセスメントから始まります。母親に対するカウンセリングとともに施行される出生前診断で，胎児期に障害が判明することがあります。また，出生直後に障害が明らかになることもあります。日本では，生後 1 カ月から節目ごとに市町村による健診制度があり，障害の早期発見・早期介入に大きな役割を果たしています。障害をもつ子どもの養育者は，市町村の保健師から障害児通所支援などに紹介されることが多く，そこから福祉分野につながることになります。そこで，相談・アセスメント，母親の障害受容を援助することからが心理専門職の仕事です。

　11.1.2 項で述べたように，「障害」は，当事者本人がもっているものであるとともに，社会がもつバリアという意味でもあります。また，ICF（BOX 2.2 参照）にも示されているように，障害には，個人要因だけでなく，環境要因も大きく影響します。心理専門職は，これらに関するアセスメントや，それをもとにした支援に携わることになります。当事者本人がもっている障害を理解するだけでなく，それを生育上の環境や今の環境との相互作用の中でとらえることが必要です。たとえば，障害について理解あるバリアフリーの整った社会で育つ場合と，周囲に障害をもつ人がおらず，差別意識の強い地域で育つのでは，本人の育ち方は大きく異なることになります。同じ障害をもっていても，どのような環境で，どのような経験をしてきたか，何に困難を感じているのかなどは個人によって千差万別ですし，類似の状態にあっても当事者の希望は異なる場合があります。本人の主体性を尊重できるようにするためには，まず，本人を十分理解することが大切です。心理専門職には，当事者の側に立つ姿勢で，当事者の意見を生かせるようなアセスメント・支援計画・支援が期待されています。

11.2　身体障害者福祉

　多くの国の歴史をみると，障害者の福祉は国の意思決定によって生じた戦争による傷痍軍人の生活保障として始まりました。身体障害はパラリンピックに代表されるように，比較的周りに理解されやすい障害です。環境的バリアフリーなど，**身体障害者福祉の流れ**をみていきましょう。

11.2.1　歴　　史

　我が国における身体障害者福祉の始まりは，1917 年に制定された軍事扶助法で，国のために働き負傷した傷痍軍人を国が責任をもって支援するという考え方に基づくものでした。第 2 次世界大戦後，日本国憲法の理念に従って1949 年に身体障害者福祉法が発布されました。これも傷痍軍人を意識したものといわれていますが，それまでの障害者支援の「保護」的立場から，はじめて「自立」を目指したものであると評価されています。しかし，1964 年の東京オリンピックにおいて我が国ではじめてのパラリンピックが開かれましたが，このとき，外国人アスリートと日本人アスリートの違いは顕著でした。外国人アスリートの多くは，障害者であっても仕事をしながらスポーツに取り組んでいる人たちだったのですが，日本人アスリートでは，病院に入院したりリハビリ中の人が多かったといわれています。当時の日本では，障害をもちながら社会に出ること，仕事をすることがまだまだ一般的ではないという実情が反映されていたものと推察されます。

　1981 年からは国際障害者年のテーマである「完全参加と平等」の共生社会推進運動の中で，バリアフリー化が推進されました。車椅子を使用する肢体不自由者の「見える障害」を対象に行われた環境を物理的に整えるこの取組みは，成果がわかりやすいものでした。1994 年にはハートビル法もでき，高齢者や身体障害者等にとって使いやすい建築が促進されることとなりました。次いで2000 年には交通バリアフリー法ができ，公共交通機関が使いやすくなり，2006 年には，これらがバリアフリー新法としてまとめられ，障害者の移動の円滑化が図られることになりました。この年には障害者自立支援法も成立し，

地域社会における障害者の自立の実現に向けて進むことになります。

11.2.2　定義と障害の種類

　身体障害者福祉法（第4条）によると，この法律の対象者は，身体の一部に不自由があり，日常生活に制約がある状態の18歳以上の者ですが，障害の種類は「別表で」と定められています。別表に掲げられた身体障害の種類は「視覚障害」「聴覚または平衡機能の障害」「音声機能，言語機能または咀嚼機能の障害」「肢体不自由」「内部疾患（障害）」で，それぞれ1級から7級までの程度に分けられています。内部障害には，「心臓・腎臓もしくは呼吸器，ぼうこうまたは直腸・小腸，ヒト免疫不全ウイルスによる免疫機能，もしくは肝臓等の機能障害」が含まれていますが，その内訳は，時代により順次増やされて，2013年には障害者総合支援法の中で難病も障害に加えられました。

11.2.3　現　　状

　図11.3と図11.4は，身体障害者の中でも在宅者についての調査結果ですが，65歳以上の障害者が増加し，また，加齢とともに特に内部障害をもつ割合が増えていることが示されています。

11.2.4　福 祉 支 援

　かつては，日常的に介護の必要な重度の障害をもつ人は施設に入所することが多かったのですが，今日では，そうした人たちでも，ホームヘルプなどの居宅介護や重度訪問介護などの包括支援を使い，地域で生活することが可能になってきました。また，必要な補装具も，現物支給から費用支援に変わってきました。

11.2.5　心理専門職の役割

　身体障害分野における心理専門職の役割は，主として，アセスメント及び障害受容などの支援です。まず，相談業務に携わる心理専門職は，障害についてのアセスメントを担当します。11.1.5項でも述べたように，障害者の生育歴や

図 11.3　**年齢別身体障害者数の推移**（内閣府, 2022）

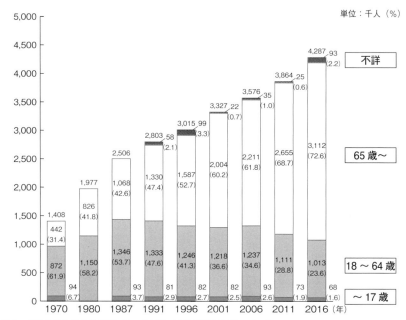

注1：1980 年は身体障害児（0〜17 歳）に係る調査を行っていない。
注2：四捨五入で人数を出しているため，合計が一致しない場合がある。
資料：厚生労働省「身体障害児・者実態調査」（〜2006 年），厚生労働省「生活のしづらさなどに関する調査」（2011・2016 年）

環境との相互作用も含めて理解していくことになります。この中で，彼らに寄り添い，彼らの主体的な希望も引き出せるような支援策を探します。

　未就学の子どもを対象とする**児童発達支援センター**には医療型のものと福祉型のものがありますが，どちらも家族への相談や助言をするとともに，子どもの基本的な習慣づくりや機能発達促進のためのトレーニングを行ったりします。

　中途障害などの場合は，当人の障害受容が問題となることもあります。診断の場でもある医療現場では，心理教育といって，障害受容のために障害者が自らの疾病・障害について正しい知識を得，今後の新しい生活様式や行動に結び

図11.4 種類別身体障害者数の推移 （厚生労働省，2019）

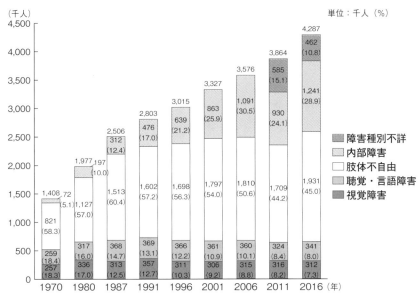

資料：厚生労働省社会・援護局障害保健福祉部「身体障害児・者等実態調査」（1970年，1980年，
　　　1987年，1991年，1996年，2001年，2006年）
　　　厚生労働省社会・援護局障害保健福祉部「生活のしづらさなどに関する調査（全国在宅障害
　　　児・者等実態調査）」（2011年，2016年）
（注）1980年は身体障害児（0〜17歳）に係る調査を行っていない。

　つけるための教育プログラムが行われることがあります。この教育プログラム
は患者グループで行われることも多く，そこからセルフヘルプグループに発展
したり，移行したりすることも少なくありません。
　そうしたプログラムを経ることなく，当事者会を紹介することもあります。
同じ立場の人からのピアサポートは，ソーシャル・サポートとして重要だから
です。しかし，障害受容ができていない段階では，グループに馴染めないこと
が多いので，そうした場合には個人カウンセリングから始めるのが適切でしょ
う。心理専門職は，その人の障害受容の状態を観察しながら，タイミングをみ
て適切な支援をします。

身体障害，特に視覚・聴覚障害の子どもたちに対しては，発達に配慮した支援も求められます。生まれながらに視覚や聴覚に問題をもつ場合は，親とのアタッチメントの形成が難しかったり，周りとのコミュニケーションの成立が困難であったりし，他者をどう認識・理解し信頼関係を築くかといった関係性の問題，ひいては社会性の発達の問題に発展することもあります。こういった障害は，できるだけ早く検知し，その障害を補填するような対応が必要です。

聴覚障害児は，特に抽象的な学習に入る段階で困難をもつことが多く，「9歳の壁」といわれたりします。このため，特別支援教育や療育（教育支援）は長期にわたって継続的に行われる必要があります。また，聴覚障害者のための「手話」は，WHO の障害者権利条約では「言語」として認められていますが，日本ではまだ公式には認められておらず，特別支援学校での手話教育も都道府県によって差があります。手話は種類もさまざまで，統一されていないことも普及を妨げる一因かもしれません。健常者の間での普及とともに，手話による教育が充実されることが期待されます。

医療や療育の場で障害児に関わる心理専門職は，健常児の発達理論も参考にしながら，障害特性はあってもその影響を最低限に抑えることができるように，アセスメントや療育支援に取り組むことが重要です。

11.3　知的障害者福祉

知的障害は生来的な障害で，その子どもたちをどのように育てるかについて親たちは心を砕いてきました。本節では，知的障害者に対してどのような生活支援を講じるべきか，また，その中で心理専門職はどのような役割が果たせるかなどについて解説します。

11.3.1　歴　　史

知的障害は，他の障害同様に，かつては家族・親族の支援に任されてきました。1947 年の学校教育法では，知的障害児を健常児から分離し，特殊教育という形で教育の機会を与えることにしましたが，重度の障害があったり，発達

の遅れ如何によっては，就学猶予や免除という扱いも認められていました。また，1960年には精神薄弱者福祉法ができ，これにより重度の知的障害者を中心に，大規模な援護施設に収容し終生保護することが進められてきました。

一方，海外に目を向けると，デンマークでは1950年代から「知的障害者も社会人として共同生活を」という親たちによるノーマライゼーションの運動が始まり，それが後に，1981年の国連の国際障害者年，1983年からの国連・障害者年の10年の動きにつながることになります。

日本では，1979年になってようやく，就学猶予・免除の扱いも可とされてきた知的障害児の全員就学体制が整い，2006年には学校教育法が改正され，従前の盲学校，ろう学校及び養護学校が特別支援学校に一本化されるなど，**特別支援教育**の推進が謳われるようになりましたが，原則分離の教育体制に大きな変更は加えられませんでした。

11.3.2 定　　義

知的障害者福祉法等では，特に知的障害者についての定義はなく，発達期（おおむね18歳未満）において遅滞が生じ，その遅滞が明らかであること，また，遅滞により適応行動が困難であることとされ，実質的には，「療育手帳の取得者」ということになっています。

11.3.3 現　　状

知的障害は生来的なもので，人生の早いうちに気づかれることが多い障害です。障害が判明したときから，**療育手帳**などを申請することができ，**特別児童扶養手当**などの援助を受けることができます。また，幼い頃から学校以外の専門施設で療育が受けられるようになりました。

11.3.4 心理専門職の役割

児童相談所や知的障害者相談所にいる心理専門職は，療育手帳の手続きや養育支援のためにアセスメント・判定・相談に携わります。前節で述べた児童発達支援センターなど療育の場では，子どもたちの発達を促進するための遊びや

トレーニングを，また親に対しては子どもへの対応法についての心理教育など
を行います。

精神障害者福祉

　精神障害者に対する福祉は，身体障害や知的障害に比べて遅れてのスタート
でした。精神障害は傍からは見えないため理解されにくい障害で，偏見やスティ
グマ（否定的な評価）も強く，しばしば当事者自身も認めようとしません。
本節では精神障害者を巡る現状を確認した上で，心理専門職の役割を考えてみ
ましょう。

11.4.1　歴　史

　精神障害者に関しては，1900 年に精神病者監護法が発布されましたが，そ
の内容は家族や親族が精神障害者を管理することを前提にしたものでした。こ
れは後に非難される私宅監禁「座敷牢」をも認めるもので，1918 年にそれら
を調査した精神医学者の呉 秀三が，「この国の精神病者は，この病気になった
という不幸の他に，この国に生まれたという不幸も重ねてしまう」と言うほど
のものでした。その後，1919 年に公布された精神病院法によって公立の精神
病院が設置されるようになり，入院治療・収容を中心に精神障害者の治療・処
遇が行われるようになりました。

　1964 年には「ライシャワー事件」が起きました。これは，駐日アメリカ大
使が統合失調症の少年に刺傷された事件で，これ以降，一般の人々の安全を守
るためにという意味合いでも精神病院の病床数が増えていきました（図 11.5）。

　しかし，1968 年，WHO より日本の閉鎖的収容主義的な精神医療のあり方に
ついての非難勧告が行われ（クラーク勧告），また 1984 年には，精神科病院に
おける人権侵害事件（宇都宮病院事件）が起きたことで，精神障害者の人権と
処遇を見直す機運が高まりました。1960 年代，イタリア，アメリカなどで高
まった脱施設化運動などにも後押しされ，精神障害者の処遇改革が進められて
きました。その一例として，2000 年代に入り，医療的意味のない「社会的入

図 11.5　**主要諸国の精神病床数推移**（厚生労働省，2012）

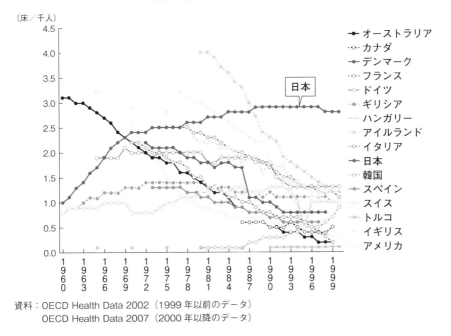

資料：OECD Health Data 2002（1999 年以前のデータ）
　　　OECD Health Data 2007（2000 年以降のデータ）

院」がクローズアップされ，問題とされたことが挙げられます。こうした経緯を通して，それぞれの地域で精神障害者退院促進支援事業が試みられ，障害者自立支援法に基づいた地域生活支援事業，精神障害者地域移行支援事業などを通して患者の地域社会への回帰が推進されてきました。

11.4.2　定　　義

　精神保健及び精神障害者福祉に関する法律（精神保健福祉法）では，精神障害者とは，脳及び心の機能や器質の障害によって起きる精神疾患によって，日常生活に制約がある状態とされ，「統合失調症，精神作用物質による急性中毒又はその依存症，知的障害，精神病質その他の精神疾患を有する者」と定義されていますが，うつ病，そううつ病などの気分障害，てんかん，高次脳機能障

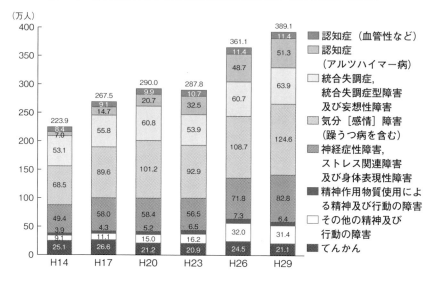

図 11.6　**精神疾患を有する患者数と疾病別数の推移**（厚生労働省，2022）

害，その他の精神疾患（ストレス関連障害等）なども含まれます。遅ればせながら 2011 年には，発達障害も精神障害者保健福祉手帳の対象者となりました。

11.4.3　現　状

2011 年に，精神疾患は，国民が注意すべき 5 大疾病に入りました。図 11.6 を見ると，近年，うつ病などの気分障害，認知症などに罹患する人の増加が目立ちます。

11.4.4　福 祉 支 援

精神障害者は，病状に波があり不安定なために就労しにくいと思われていましたが，障害者の法定雇用率の対象にも入りました。今後，就労の増加が期待されていることもあり，障害者向けに種々の就労支援が提供されています。就労移行支援は 2 年間という期限つきですが，一般企業への就労を目指して，自

立訓練（生活訓練）からさまざまなビジネススキルの訓練を受けることができます。当事者の状態に合わせて実務体験をしながら将来の就労可能性を高めていきます。

就労継続支援には2つのタイプがあり，A型では事業所と雇用契約を結んで就労しますが，体調に合わせて勤務時間の調整などを行うことができます。B型では，時間雇用など，より緩やかな就業環境のもとで無理なく能力の向上が図れるように工夫されています。

一般企業への就労では，病状からくる不安定さや周りに理解されにくい障害のため定着率が低いことが問題でしたが，就労初期はジョブコーチ（職場適応援助者）による支援や，就労後最大3年間の相談・調整・助言が受けられる就労定着支援も追加され，今後その効果が期待されています。

11.4.5　心理専門職の役割

身体障害，知的障害，精神障害の3障害のうちでは，精神障害（発達障害を含む）にもっとも多くの心理専門職が関わっています。精神障害者の場合，問題となる症状の有無だけでなく，意欲の低下，論理的思考やコミュニケーションの問題，注意や記憶といった認知機能の不安定さなどが，就労の予後に悪影響を与えやすく，心理専門職には，彼らの認知機能や就労能力のアセスメントをきめ細かく行うことが求められます。また，下記のような技法を使用して，就労支援を行うことも期待されています。

ソーシャル・スキル・トレーニング（SST; Social Skills Training）は，認知行動療法や社会的学習理論などに基づき，精神疾患をもつ患者の記憶や注意力といった認知機能の問題に配慮した形で，ソーシャル・スキル，特にコミュニケーションをトレーニングするための治療プログラムです（6.3.2項参照）。アメリカのリバーマン（Liberman, R. P.）によってモジュールからなる教材パッケージがつくられ，支援者の誰もが使いやすいものとなっています。

当事者研究は，北海道浦河の「べてる」というコミュニティで，当事者が仲間と共に，主体的に自分の問題との付き合い方を研究する実践的アプローチです。さまざまな研究者や臨床家を巻き込み，症状の如何を問わず当事者主体で

多様な生き方を目指す「リカバリー」の活動と共に発展しています。こうした研究・活動を推進することも，心理専門職の役割の一つです。

　また，就労の際，障害になりやすい認知機能の低下に対応するために，**認知機能リハビリテーション**が開発されています。統合失調症などの予後に強い影響を与える認知機能の問題に対して，コンピュータ・ゲームやその戦略についての話し合い活動などを通して，注意・記憶・実行機能などの回復・向上を図る方法で，認知機能についての専門家である心理職が，認知機能検査などを用いながら支援していくことが求められます。

　一方，精神障害者の家族は，障害の受容という問題を抱えていることが少なくありません。障害を正しく理解し，障害者に適切に対処できるような心理教育・家族支援も心理専門職の重要な役割です。

11.5 発達障害者福祉

　発達障害は，その診断がなされるようになってから日が浅い新しい領域です。精神障害として扱われていますが，支援方法も十分浸透していないことから，これからの支援にあたり心理専門職の役割が期待される分野です。

11.5.1 歴　史

　発達障害が日本で知られるようになったのは，1960〜70 年代で，まず自閉症の概念が欧米から導入され，その後，多動児，微細脳損傷という名称でよばれた時代もありました。小児科医や児童精神科医からは子どもの発達途中でみられる障害とみなされ，大人になれば目立たなくなると，軽く考えられていたこともありました。児童だけでなく，大人にも同様の困難さを抱えている人がいるという認識は，最近になってからのものといえます。

　法律的には，2004 年に発達障害者支援法ができ，教育の場でも発達障害児に対する特別支援教育が推進されることになりました。2012 年には，文部科学省によって「通常の学級に在籍する発達障害の可能性のある特別な教育的支援を必要とする児童生徒に関する調査」が行われ，公立の小中学校の通常の学

級において，学習面または行動面において著しい困難を示す児童生徒が6.5%
程度の割合で在籍していることが明らかになりました（文部科学省，2012）。
このすべてが発達障害と診断される子どもたちというわけではありませんが，
この数値はその後の出現率の目安になりました。

　大人の発達障害者が福祉支援を受けられるようになったのは，2011年に改
正障害者基本法が施行されてからのことで，発達障害があると同時に生活上の
問題を抱える人に，ようやく福祉の対象となる障害認定が行われるようになり
ました。

11.5.2 定　　義

　発達障害者支援法では，「発達障害者とは，発達障害（自閉症，アスペルガ
ー症候群その他の広汎性発達障害，学習障害，注意欠陥多動性障害などの脳機
能の障害で，通常低年齢で発現する障害）がある者であって，発達障害及び社
会的障壁により日常生活または社会生活に制限を受けるもの」と，規定されて
います。「社会的障壁により」という表現は，改正によって追加されたところ
で，障害者権利条約やICFの考え方と通じるものです。

　一時期，知的障害を伴わない発達障害は「軽度発達障害」とよばれた時期も
ありましたが，2007年の文部科学省の通達で，定義がはっきりしないために
使用されないことになっています。実際，「軽度」に見える障害のほうが社会
適応上の困難を生じさせやすいこともあり，実情は決して軽度とはいえないこ
とがあります。

11.5.3 現状（発見・療育・教育・就労）

　発達障害は，生来的な障害とされているので，幼児期の健診，保育所・幼稚
園・小学校などで認知された場合は，法規に従い，図11.7のように，種々の
専門家から相談や療育の支援を受けることができます。これらのうち，障害児
相談事業，児童発達支援，放課後等デイサービスなどの障害児通所支援の利用
は，2014～19年の5年間で2.3倍にも増えました。

　また，小中学校の時期は，特別支援学校や特別支援学級で，障害に応じた特

図 11.7　障害福祉サービス等の体系（障害児支援，相談支援に係る給付等）
（厚生労働省社会・援護局障害保健福祉部・こども家庭庁支援局障害児支援課，2023）

			サービス内容
障害児通所系	障害児支援に係る給付	児童発達支援 児	日常生活における基本的な動作の指導，知識技能の付与，集団生活への適応訓練などの支援を行う
		医療型児童発達支援 児	日常生活における基本的な動作の指導，知識技能の付与，集団生活への適応訓練などの支援及び治療を行う
		放課後等デイサービス 児	授業の終了後又は休校日に，児童発達支援センター等の施設に通わせ，生活能力向上のための必要な訓練，社会との交流促進などの支援を行う
障害児訪問系		居宅訪問型児童発達支援 児	重度の障害等により外出が著しく困難な障害児の居宅を訪問して発達支援を行う
		保育所等訪問支援 児	保育所，乳児院・児童養護施設等を訪問し，障害児に対して，障害児以外の児童との集団生活への適応のための専門的な支援などを行う
障害児入所系		福祉型障害児入所施設 児	施設に入所している障害児に対して，保護，日常生活の指導及び知識技能の付与を行う
		医療型障害児入所施設 児	施設に入所又は指定医療機関に入院している障害児に対して，保護，日常生活の指導及び知識技能の付与並びに治療を行う
相談支援系	相談支援に係る給付	計画相談支援 者 児	【サービス利用支援】 • サービス申請に係る支給決定前にサービス等利用計画案を作成 • 支給決定後，事業者等と連絡調整等を行い，サービス等利用計画を作成 【継続利用支援】 • サービス等の利用状況等の検証（モニタリング） • 事業所等と連絡調整，必要に応じて新たな支給決定等に係る申請の勧奨
		障害児相談支援 児	【障害児利用援助】 • 障害児通所支援の申請に係る給付決定の前に利用計画案を作成 • 給付決定後，事業者等と連絡調整等を行うとともに利用計画を作成 【継続障害児支援利用援助】
		地域移行支援 者	住居の確保等，地域での生活に移行するための活動に関する相談，各障害福祉サービス事業所への同行支援等を行う
		地域定着支援 者	常時，連絡体制を確保し障害の特性に起因して生じた緊急事態等における相談，障害福祉サービス事業所等と連絡調整など，緊急時の各種支援を行う

※障害児支援は，個別に利用の要否を判断（支援区分を認定する仕組みとなっていない）
※相談支援は，支援区分によらず利用の要否を判断（支援区分を利用要件としていない）
（注）表中の「者」は「障害者」，「児」は「障害児」であり，利用できるサービスにマークを付している。

別支援教育を受けることができますが，通常学級に所属しながら，週に数時間の特別支援教育を受ける通級制度もあります。通級による教育を受ける児童・生徒の全体数は増加していますが，それは主に発達障害児の利用によるものです。この制度では，他校へ通級することも可能ですが，多くの場合，保護者の送迎が必要になります。希望者が送迎の心配をせずに通えるようになることが，今後の課題です。

　発達障害があっても就学時は大きな問題を感じなかったのに，就労してから社会性の問題などが前面に出てくることがあります。発達障害者も精神障害者保健福祉手帳が取得できるようになったので，障害者雇用制度を利用して勤務先で合理的配慮を受けることができます。しかし，大人になってからの障害受容は難しく，社会不適応によるストレス性障害を併発するなど二次的障害で苦しむ人も少なくありません。それがひきこもりなどに至ってしまうケースさえあり，問題になっています。

　発達障害者支援法では，「早期発見・早期介入」や「切れ目のない支援」の必要性が謳われていますが，発達障害の程度や診断の有無，環境との適合具合によっては，発見や診断が遅れたり，支援を受けないままに社会不適応に陥り，上記のように，二次障害を患ったりすることも少なくありません。本人の障害受容に抵抗があるのは，偏見や差別，スティグマなど，社会の側に問題があることも否めません。受診や相談しやすい体制が整い，障害者が受け入れられやすい社会となることが望まれます。

11.5.4　心理専門職の役割

　発達障害者は個別性が顕著なので，アセスメントが大切です。発達障害者の特性がもたらす言動が周囲の人たちとの間にズレや摩擦を生み，問題化することが多いのですが，その行動が「怠け」や「ふざけ」と受け取られたり，「悪意」があるように誤解されることさえあります。本人が気づかないうちに人を傷つけてしまったり，イライラさせられることもあり，周りの人たちの困惑が本人への不適切な対応になったりしがちです。それが障害者本人のストレスや心の負担になります。発達障害者の特性を的確にアセスメントし，本人や家族

に説明することによって，本人も周りの人も互いに理解し合うことができます。そのために，認知能力，行動様式，心理状態を含めた詳しいアセスメントが必要になります。ウェクスラー式知能検査などの認知能力検査，行動特徴をとらえるチェック・リスト形式の検査などがこのために使われます。

　アセスメント結果を親や当事者と共有し，相談に活用する際には，障害の部分にだけ注目するのではなく，長所や得意な部分を押さえながら障害の受け入れができるように支援します。

　子どもの場合は，療育の場で，発達を促したり，行動特性に合わせた対応法などが提供されます。自閉症スペクトラムの特性に合わせてつくられた TEACCH プログラム，応用行動分析や認知行動療法に基づくペアレント・トレーニングといった両親向けプログラムもよく利用されています。TEACCH プログラム（Treatment and Education of Autistic and related Communication-handicapped CHildren）は，1970 年代にアメリカのノースカロライナ州で使われ始めたもので，自閉症スペクトラム障害の当事者と家族を生涯にわたって支援するプログラムです。障害特性とその文化を尊重し，視覚刺激やスケジュールなどを多用して，生活や学習のさまざまな場面で，自分に何が期待されているのかをわかりやすく伝えるために構造化を図るなど，学びやすい環境をつくり，本人の得意なところを育て，地域で自立生活ができることを目標としています。ペアレント・トレーニングは，障害特性のために育てにくいと感じられることが多い発達障害児の親のために，応用行動分析や認知行動療法の考え方に基づき，子どもとの向き合い方や対応の仕方を伝えるものです。

　発達障害者が自分の「障害」を受け入れられるようになったら，次に，周りの人たちとの関係を自分自身で調整できるよう支援していきます。最近は，自分に関する「取扱説明書（自己紹介書）」をつくり，周囲の人たちに対してどのような配慮（合理的配慮）をしてほしいのかを表明できるやり方などが奨励されています。

　一方，重度の障害をもつ人の中には，強度行動障害といわれる激しい症状で社会生活が大きく制限される人もいます。自閉症スペクトラム障害の人に多いといわれますが，障害特性に合わせた対応を工夫したり，応用行動分析を用い

て不適切な行動の軽減を図り，適切な行動の獲得を目指す対応が試みられています。

11.6　地域の中で暮らすシステム

　これまでみてきたように，我が国の障害者福祉は，世界基準を目標としながら発展してきました。これからの課題は，障害をもっていても地域で自立できる制度を軌道に乗せていくことです。公認心理師をはじめとした心理専門職はそのために他職種と協働して役割を果たすことになります。民間企業などの事業所に対しては合理的配慮の必要性が求められており，それは今後拡充されることが期待されます。そうした対応の適否判断のためにも心理専門職によるアセスメントが重要になると考えられています。

11.6.1　多職種協働の中の心理専門職

　地域で生活する障害者を支えるためには，医療サポート，経済サポート，生活サポート，心理サポートなど，それぞれを担う専門家が協働することが必要です。主治医，社会福祉士，精神保健福祉士，指導員，心理専門職などが連携し，カンファレンスなどを重ねながら支援を進めていくことになります。

11.6.2　合理的配慮（教育，雇用）のスタート

　先に述べたように，事業者は雇用した障害者に対して，その障害が社会参加を妨げないように，必要な合理的配慮をすることが定められていますが，まだ，十分に浸透しているとはいえません。2013年，障害を理由とする差別の解消の推進に関する法律（障害者差別解消法）が制定されましたが，合理的配慮の義務づけは国や自治体だけで，民間企業には努力義務となっているためです。2024年からは民間企業も義務化されるので，厚生労働省でも，表11.1のように，例を示しながらこれを推進しているところです。

　一方，障害者の側でも，自分自身に何ができて何が支障となり，どのような配慮が必要かを要求できるようにしていかなければならないでしょう。そのた

表 11.1　**合理的配慮の例**（厚生労働省，2015 より改変）

障害種別	事例
障害共通	・業務指導や相談に関し，担当者を定めること。 ・出退勤時刻・休暇・休憩に関し，通院・体調に配慮すること。 ・本人のプライバシーに配慮した上で，他の労働者に対し，障害の内容や必要な配慮等を説明すること。
肢体不自由	・移動の支障となる物を通路に置かない，職場内での移動の負担を軽減。 ・机の高さを調節すること等作業を可能にする工夫を行うこと。 ・スロープ，手すり等を設置すること。 ・体温調整しやすい服装の着用を認めること。
知的障害	・本人の習熟度に応じて業務量を徐々に増やしていくこと。 ・図等を活用した業務マニュアルを作成する，業務指示は内容を明確にし，一つずつ行う等作業手順を分かりやすく示すこと。
精神障害	・業務の優先順位や目標を明確にし，指示を一つずつ出す，作業手順を分かりやすく示したマニュアルを作成する等の対応を行うこと。 ・できるだけ静かな場所で休憩できるようにすること。 ・本人の状況を見ながら業務量等を調整すること。
発達障害	・業務指示やスケジュールを明確にし，指示を一つずつ出す，作業手順について図等を活用したマニュアルを作成する等の対応を行うこと。 ・感覚過敏を緩和するため，サングラスの着用や耳栓の使用を認める等の対応を行うこと。

めには，障害者自身の自己認知が重要になります。最近，当事者研究（11.4.5項）や自分の「取扱説明書（自己紹介書）」をつくることが勧められていることも，合理的配慮を実現するために有効と思われます。障害者の自己認識，事業者や周りの人たちの理解を得て，合理的配慮が当たり前の世の中にしていきたいものです。

11.6.3　わかりにくい障害

　知的障害，精神障害，聴覚障害，視覚障害，内部障害は，外からは見えにくい障害です。このため，障害ゆえの行動が誤解されたり，援助や配慮がほしいことを理解されずに苦労するといった体験を多くの障害者がもっています。こうした事態を避けるため，外見からではわからない障害をわかりやすく示すた

図 11.8　**障害者に関係するマークの一例**（内閣府，2023）

ハート・プラス・マーク	ヘルプマーク	耳マーク
身体内部に障害がある人であることを表す。	援助や配慮を必要としている人であることを，周囲の人に知らせる。	聞こえが不自由なことを表すと同時に，聞こえない人・聞こえにくい人への配慮を求める。

めのマークを定め（図11.8），使用する車にこれを貼ったり，障害者自身が持ち歩けるようになっています。

　マークはこれ以外にもありますが，このようなマークについての理解を広め，これらを見かけた人たちから障害者が配慮・理解・協力が得られるようなユニバーサル社会の実現を目指しています。

復 習 問 題
1. TEACCH プログラムの「構造化」とはどのような考え方か，また，それにはどのような意義があるのか，説明してください。
2. SST とは，どのような学習理論に基づいてつくられているのでしょうか，またそれは認知機能に障害をもった人にどのように対応しているか，説明してください。
3. 「合理的配慮」については，日々新しい事例が積み重ねられています。どのような具体的支援が可能か，また実現されているのか調べてみましょう。

参 考 図 書
内閣府（2021）．令和 3 年版障害者白書　勝美印刷

政府が障害者基本法に基づき，毎年国会に提出するもので，障害者関係の施策の概況について報告されたものです。最新のトピックや具体的な事例などがわかりやすくまとめられており，最新の状況が把握できます。読み物としても興味深いと思われます。

内閣府（2010）.「障害」の表記に関する検討結果について　第 26 回障がい者制度改革推進会議資料 2　内閣府（https://www8.cao.go.jp/shougai/suishin/kaikaku/s_kaigi/k_26/pdf/s2.pdf）

「障害」という文字の使い方だけでなく，その意味についても過去や将来のあるべき姿とともに詳細に検討され，今後の課題が明確に提示されています。

忍 博次（2019）. 偏見とノーマライゼーション——これからの障害者福祉を考える——　22 世紀アート

社会的障壁の大なるもの「偏見」に真摯に向かい合い，障害をもつ人たちの悲鳴のような声に寄り添ってきた著者が，未来の「障害者と共に生きる社会」がどうあるべきかについて提言しています。

虐　待

　昨今，虐待に関する報道をたびたびニュースや新聞で目にします。中には死亡に至ってしまったという心の痛む報道もあります。福祉分野で心理支援を行っている公認心理師の約63％が虐待への支援や活動などを経験していることもあり（厚生労働省，2021a），心理専門職にとって虐待についての知識は必要不可欠といえるでしょう。福祉分野は，児童福祉，障害者福祉，高齢者福祉などに大別できますので，この章でも，児童，障害者，高齢者の虐待について，定義や虐待防止に関する法令，虐待の実態について説明します。福祉分野においては，児童相談所や児童発達支援センター，障害児通所支援事業所や障害者支援施設等を勤務先としている公認心理師の割合は高いのですが，一方で，高齢者関連の施設ではまだ少なく，今後は，高齢者支援分野での活躍が期待されます。

12.1　児童虐待

　厚生労働省（2021a）の報告によると，2020年の児童虐待相談対応件数は，20万5,029件（速報値）で過去最多を更新しました。統計をとり始めた1990年度が1,101件であったことを考慮すると，この30年で急激に増加したといえるでしょう。日本は，1994年に子どもの権利条約を批准し，2000年11月20日には児童虐待の防止等に関する法律（最終改正：2007年6月1日法律第73号）を施行しましたが，その背景には，虐待が社会問題化し，虐待の予防が強く求められるようになったことがあります。

12.1.1　児童虐待の法的定義

　児童虐待の防止等に関する法律には，第1条に次のような目的が示されました。

　「第1条　この法律は，児童虐待が<u>児童の人権を著しく侵害</u>[1]し，その心身の成長及び人格の形成に重大な影響を与えるとともに，我が国における将来の世代の育成にも懸念を及ぼすことにかんがみ，児童に対する虐待の禁止，<u>児童虐待の予防及び早期発見その他の児童虐待の防止に関する国及び地方公共団体の責務</u>，児童虐待を受けた児童の保護及び自立の支援のための措置等を定めることにより，<u>児童虐待の防止等に関する施策を促進</u>し，もって児童の権利利益の擁護に資することを目的とする。」

　この法律以前，児童福祉法に児童虐待に関する記載はありましたが，目的の中に「児童の虐待が人権侵害にあたること」が明記されたのははじめてで，意義のあることです。また，「児童虐待の予防及び早期発見やその自立のための支援を国及び地方公共団体の責務」としたことにより，これまで以上に職員研修を強化するなど，虐待防止の支援の重要性に関する意識は高まったといえます。

　虐待は，児童虐待の防止等に関する法律（平成12年法律第82号）第2条に次のように定義されています。

　「第2条　この法律において，「児童虐待」とは，保護者（親権を行う者，未成年後見人その他の者で，児童を現に監護するものをいう。以下同じ。）がその監護する児童（18歳に満たない者をいう。以下同じ。）について行う次に掲げる行為をいう。

（**身体的虐待**）[2]

一　児童の身体に外傷が生じ，又は生じるおそれのある暴行を加えること。

（**性的虐待**）

二　児童にわいせつな行為をすること又は児童をしてわいせつな行為をさせる

---

[1] 第1条の下線部は，条文に追加された文言です。

[2] 条文に記載はありませんが，厚生労働省の分類に従って名称を追記しています。性的虐待，ネグレクト，心理的虐待も同様です。

こと。

（ネグレクト）

三　児童の心身の正常な発達を妨げるような著しい減食又は長時間の放置，保
護者以外の同居人による前二号又は次号に掲げる行為と同様の行為の放置その
他の保護者としての監護を著しく怠ること。

（心理的虐待）

四　児童に対する著しい暴言又は著しく拒絶的な対応，児童が同居する家庭に
おける配偶者に対する暴力（配偶者（婚姻の届出をしていないが，事実上婚姻
関係と同様の事情にある者を含む。）の身体に対する不法な攻撃であって生命
又は身体に危害を及ぼすもの及びこれに準ずる心身に有害な影響を及ぼす言動
をいう。）その他の児童に著しい心理的外傷を与える言動を行うこと。」

12.1.2　児童虐待の実態

　厚生労働省（2021a）によると，相談の内容別件数は，多い順に，心理的虐
待 12 万 1,325 件（全体の 59.2％），身体的虐待 5 万 33 件（24.4％），ネグレク
ト 3 万 1,420 件（15.3％），性的虐待 2,251 件（1.1％）となっています。前年度
の件数と比べると，ネグレクトのみ 1,925 件のマイナス，他は多い順に，心理
的虐待が 1 万 2,207 件，身体的虐待が 793 件，性的虐待が 174 件とそれぞれ増
加しています。

　虐待相談件数増加の原因として，厚生労働省は，心理的虐待に係る相談対応
件数の増加（1 万 2,207 件増加），警察等からの通告の増加（2019 年度は 9 万
6,473 件だったものが 2020 年度は 10 万 3,619 件と 7,146 件増加した）を挙げて
います。心理的虐待には，言葉による脅し，無視，きょうだい間での差別的扱
いのほか，DV の目撃なども含まれます。2020 年には，配偶者からの暴力事案
（domestic violence; DV）等の相談件数が過去最多（8 万 2,643 件）となりまし
た（男女共同参画局，2021）。DV の増加に伴って家庭内で起こった暴力を目
撃した児童が増え，それが心理的虐待の発生件数を高めた要因の一つと考えら
れます。

12.1.3　児童虐待の加害者

　虐待者別でみると加害者は実母がもっとも多く，約半数を占めています。また，年齢区分でみると，加害者が母親の場合は若く，父親の場合は年長者が多いという報告もあります。また，加害者が母親であった場合は父親であった場合に比べて，子どもの被害が怪我であることは少ない一方，死亡が多いという報告もあります。この理由の一つとして，母親による虐待の被害者が乳幼児であることが挙げられます。死亡事例（心中以外の虐待死）の 49.1％が 0 歳児（0 歳児のうち月齢 0 カ月児が 39.3％）なのですが（厚生労働省，2021b），後に述べるように，虐待の危険因子には望まない妊娠・出産（35.1％），経済的な理由，養育者間での支え合いのなさなどが挙げられています（表 12.1）。また，誰にも相談ができず，育児に関する不安や悩みを一人で抱え込んでしまう母親が多いことも反映されているように思われます。虐待自体があってはならないことですが，特別な人ではなく，誰もが虐待者になる可能性があると想定して対策を考える必要があります。

12.1.4　児童虐待の予防と支援

　次に，虐待の予防，虐待者及び被虐待児への支援という観点を念頭に，虐待が生じる危険因子を整理してみます。それらは虐待者要因，家族・社会的要因，被虐待児要因に大別することができます（表 12.1）。主な養育者が感情のコントロールが困難であったり，精神疾患に罹患していて，その症状の影響で虐待をしてしまうという場合には，虐待者要因といえます。養育者個人には危険因子はないが経済的な理由により十分に養育ができない場合などには，家族・社会的要因による虐待と考えられます。また，子どもに発達の遅れがあったり，気質的に養育する上で難しいと感じ，適切な方法がわからないことで虐待につながってしまうという場合などは，被虐待児要因といえるでしょう。

　これらの要因が複数組み合わさって生じる虐待もあるため，心理専門職には幅広い視野をもつことが求められます。先に挙げた虐待者要因を念頭に，虐待をしている可能性のある養育者の特徴を表 12.2 にまとめました。たとえば，子どもの健康診断の記録や歯科検診などの結果に関心がなかったり，治療が必

表 12.1　**虐待の危険因子**（山﨑ら，2012 を参照し一部改変）

要因	内容
虐待者要因	自身が安定した養育環境になかった。または，被虐待経験がある。 自己評価が低く，傷つきやすい。 自分や周囲に対する要求水準が高い。 攻撃性が高く，コントロールするのが難しい。 性格が未熟で，養育者間で互いに支え合うことが難しい。 人格障害，アルコール依存症，統合失調症などの精神疾患がある，もしくは，その疑いがある。 知的障害がある。 身体疾患がある。
家族・社会的要因	虐待発生以前から暴力的な環境がある。 望まない結婚，妊娠または出産である。 経済的な問題を抱えている。 孤立していて，相談できる友人や知り合いがいない。 新生児期から乳幼児期にかけて親子が離れて生活をした経験がある。 家族に特に手のかかる子どもや病人などがいる。 さまざまな情報にアクセス可能で，表面的なことがらを比較をしてしまいやすい社会。 完全なものや最良なものだけが価値があるとする社会。 コミュニティのつながりがなく，相互扶助の環境が整っていない社会。
被虐待児要因	未熟児で育児に特別な配慮や世話が必要である。 病気や発達の遅れが原因となり，育児に通常以上の手がかかる。 反応が少ない，食が細いなど。 養育者の期待が裏切られる機会が多い（背景に親の過度な期待や周囲との比較）。 養育者が嫌悪している対象に似ているなど，陰性感情を投影されやすい。 癇癪などの行動上の問題がある。

要という結果であっても受診している様子がないなどの場合は，子どもの養育に対する関心が低いことから，ネグレクトのような状態になることが考えられます。また，明らかに困っていたり，ストレスがたまっている様子がうかがえるにもかかわらず，サポート資源となる親族や知り合いがいないことや，夫婦で協力している様子が見受けられないといったことも虐待につながりやすい養育者の特徴といえます。これらの特徴は，子どもや養育者と関わると確認できることが多いので，彼らの日常の様子に注意を払うことで虐待の早期発見が可

表 12.2　**虐待をしている可能性のある養育者の特徴**
（日本小児科学会こどもの生活環境改善委員会，2022 を参照し一部改変）

親の言動など
1　子どもの軽微な症状で，外来や救急外来をしばしば受診している。
2　症状が前から出ているのに，受診が遅れがち。
3　育児についての誤った知識（確信）をもっているようにみえる。
4　子どもを怒鳴りつけて（時に体罰を含む），注意したりすることをあたりまえと感じているようにみえる。
5　攻撃的であり，支援しようとする人との信頼関係を築きにくい。
6　子どもの異変（欠席，体調不良，ケガ，病院受診など）に関する状況の説明に一貫性がなく矛盾していたりする。
7　医師の診断や治療に対して関心を示さない。
8　親しい隣人や頼ることのできる親戚が近くにいないようで，孤立した生活を送っている。
9　子どもに心理的に依存しているようにみえ，子どもに対して慰めや安心・満足を求めている。
10　一貫した養育態度がなく，期待通りにいかないときに子どもを脅したり，体罰を加える。
11　子どもの正常な発達に無関心で，たとえ教えられても受け入れない。
12　配偶者などから暴力を受けている様子や疑いがある。
13　養育に対して，一人で悩んでいるようにみえる。
14　生活上の過大なストレスがかかっているようにみえる。

能になります。

　児童福祉法第 25 条には，「（虐待を受けたと思われる）要保護児童を発見した者は，これを市町村，都道府県の設置する福祉事務所若しくは児童相談所又は児童委員を介して市町村，都道府県の設置する福祉事務所若しくは児童相談所に通告しなければならない（一部抜粋）。」とあります。これは心理専門職に限ったことではありませんが，虐待やその疑いのある事象を目撃した場合には，誰でも適切な機関に通告する義務があります。様子を見るべきではないかと思われるようなケースでも，虐待か否かの判断は然るべき機関に任せ，該当事象に接した場合には，ためらわずに通告すべきです。

12.2 障害者虐待

障害者虐待の防止，障害者の養護者に対する支援に関する法律（2011 年 6 月 24 日法律第 79 号，2012 年 10 月 1 日施行）は，国や地方公共団体，障害者福祉施設従事者や使用者等に障害者虐待の防止等のための責務を課すとともに，障害者虐待を受けたと思われる障害者を発見した者に対する通報義務を課すなどしています。これは，障害者に対する虐待が障害者の尊厳を害するものであり，障害者の自立及び社会参加にとって虐待を防止することがきわめて重要であること等に鑑み，虐待の防止，早期発見，虐待を受けた障害者に対する保護や自立の支援，養護者に対する支援等を行うことにより障害者の権利利益の擁護に資することを目的とした法律です。

12.2.1 障害者虐待の類型と加害者

同法律では，障害者の虐待者として次の三者を挙げています。

1. **養護者（家族など）による障害者虐待**

被虐待者が 18 歳未満の場合は，児童虐待防止法の対象となります。

2. **障害者福祉施設従事者等による障害者虐待**

被虐待者が，高齢者施設等に入所している場合は高齢者虐待防止法の対象となり，障害児入所施設等に入所している場合は児童福祉法の対象となります。

3. **使用者による障害者虐待**

さらに，虐待を次の 5 タイプに分類しています。

1. **身体的虐待**

・暴力や体罰によって身体に傷やあざ，痛みを与えること。

・身体を縛りつけたり，過剰に投薬したりすることによって身体の動きを抑制すること。

2. **性 的 虐 待**

・性的な行為を強要すること。

・わいせつな言葉を発すること。

3. **心 理 的 虐 待**

- 脅し，侮辱などの言葉を浴びせること。
- 仲間はずれや無視，嫌がらせなどによって精神的に苦痛を与えること。

4. ネグレクト（放棄，放任）

- 食事や排泄，入浴，洗濯などの身辺の世話や介助をしないこと。
- 必要な福祉サービスや医療，教育を受けさせないこと。

5. 経済的虐待

- 本人の同意なしに（だますなどして）財産や年金，賃金を使ったり勝手に運用すること。
- 本人が希望する金銭の使用を理由なく制限すること。

　児童虐待の分類にはない**経済的虐待**は，障害をもつ被害対象が児童には限らず，収入があったり財産を保有する人が含まれるためです。これは後述する高齢者虐待の分類でも同様です。

12.2.2　障害者虐待の要因

　障害者への虐待の原因についてはさまざまな議論がありますが，ここではその背景にある偏見や差別に関する心理学的研究の一部を紹介します。

　障害のある人への否定的な態度や言動だけでなく，肯定的（援助的）な態度や言動も偏見に基づいていることがあります。これらを軽減する上で，障害者との接触経験が有益であると考えられています（Allport, 1954; 河内，2006）。対象人物をよく知ることは，一般に，その対象への偏見を低減するという社会心理学の研究知見があります。障害をもつ人と接触したり，深く関わる機会があると，その人を障害者というひとくくりではなく，個性をもった個人として認識するようになり，このことが偏見を弱め，否定的言動を抑制させるようになると思われます。また，障害者と個人的な関わりをもつことによって，その人にどのような症状があり，日常生活においてどのようなことに困っていて，どのような支援を望んでいるのかを知ることにもなります。こうした意味からも，障害についての知識を深め，支援のための技能を身につけることが重要であるといえるでしょう。

12.2.3 支援者の育成

2007 年から**特別支援教育**が本格的に開始されたことによって，保護者や学校教職員を対象とした研修会や講演会が全国各地で開催されています。しかし，現職の教員の障害者に関する知識を調査した結果によると，十分な知識や技能をもつ教員は教育現場において依然として少数であることがわかりました（酒井ら，2012）。そればかりか，2015 年度に筆者らが行った発達障害に関する研修会においては，教職員間の知識の差が広がっている現状も明らかになりました（酒井，2016）。特別支援教育では障害（傾向）のある児童・生徒への適切な支援や配慮が求められるため，それぞれの障害の特性に関する知識が必要とされることはいうまでもありません。また，特別支援教育は学校全体で行うものなので，教職員全体の意識や知識の向上が不可欠です。

また，上記の調査では，**応用行動分析**（Applied Behavior Analysis; ABA）に関する知識の向上が，発達障害傾向のある生徒への対応に有効であることが示唆されました。ABA は，生徒集団に対して 1 名の教師が指導にあたる学校教育という環境下であっても用いることが可能であり，発達障害児・者の日常生活や学業に関するスキル獲得に有効であることが客観的に示されている介入方法です。

さらに，自閉症スペクトラム傾向のある生徒を担任している教師の間では，ABA の知識が低い人ほど心理的ストレス反応が強いことが示唆されました。発達障害の特性をもつ生徒の対応に苦慮する教員は，心理的ストレス反応が高まりやすいようですが，これが生徒への適切な対応を困難にする一因なので，障害に関する知識をもつことは，虐待の予防という観点からも重要といえるでしょう。

支援者の養成という観点からは，共感性と**援助コスト**に関する研究も注目されます。他の人に援助的に関わることができるのは，単に共感性が高いということでは説明がつきません。芳賀・青木（2021）によると，援助コストが小さい（前を歩く人が落とした物を拾ってあげるなど）場合には援助行動に共感性が関係しますが，援助コストが大きい（溺れている人を助けるなど）場合にはそうではありませんでした。先に挙げた知識や技能は援助コストに影響する可

能性があります。泳ぎが得意な人や救助に関する知識がある人にとっては，そうでない人に比べて援助コストが小さく，それが彼らの援助の意思決定を促すと推測されます。この点からみても，援助スキルをもつことが支援行為を積極的にするものであることがうかがわれます。

12.2.4　障害の社会モデル

障害の社会モデルの考え方は，2006 年，国連総会において採択された障害者の権利に関する条約に示されています。この条約は，2014 年，日本においても批准されており，この考え方に基づく対応が法的にも求められています。障害者差別解消法（2018 年 4 月施行）は，この考え方に基づき，国・地方公共団体・事業者に対して，不当な差別的扱いの禁止や合理的配慮の提供を求めています。具体的には，「障害」は個人の心身機能の障害（たとえば，視力が弱い，身体の一部に麻痺があるなど）と**社会的障壁**（設備や制度が大多数の人向けに設計されている）の相互作用によって創り出されているものであり，社会的障壁を取り除くのは社会の責務である，という考え方です。

合理的配慮は，「障害者が他の者と平等にすべての人権及び基本的自由を享有し，又は行使することを確保するための必要かつ適当な変更及び調整であって，特定の場合において必要とされるものであり，かつ，均衡を失した又は過度の負担を課さないものをいう。」と定義されています（障害者権利条約）。この合理的配慮は，障害のある人とそうでない人の機会や待遇を平等に確保し，支障となっている事情を改善，調整するための措置です。

雇用に関しては，障害者雇用促進法において，障害者の雇用における合理的配慮提供が義務化されています。具体的には，障害があることを理由に低い賃金とする，昇給を認めない，研修や実習を受けさせないといった，職務能力や適性などに基づかない判断で一般雇用者を優先するなどが，障害を理由にした差別にあたるとして禁止されています。

改正障害者差別解消法が，2021 年 5 月，参議院本会議で可決・成立したことによって，合理的配慮の義務づけは国や自治体のみでなく，民間事業者においても努力義務から義務となりました。この改正によって雇用している障害の

ある社員だけでなく，商品やサービスを利用する障害者に対し，配慮提供が義務化されることになりました。具体的には，障害を理由にして店舗への入店や受付，サービスの提供を拒否する，本人を無視して周囲の支援者や介助者のみに話しかける（たとえば，聴覚障害のある人を無視して，介助者のみに説明をするなど）といったことは差別にあたります。また，段差がある店舗にスロープを設置する，セミナーや説明会で手話通訳や筆談の仕方を社員に教える，音声ガイドを用意するなどの配慮が求められるようになりました。ただし，配慮をする側にとっての負担が重すぎない範囲での対応となるので，過大な費用がかかる設備の要求などはできません。

　今回の改正にあたって，内閣府内に設置された障害者政策委員会では「合理的配慮の提供は，障害者と行政機関，事業者との間での建設的対話を通じて行われるべきだ」との意見が提示されました。このことから，配慮提供の際には，両者の合意に基づいて適切に行われるよう事前に話し合うことが重要といえます。仮に，負担が重すぎる場合には理由の説明や別の方法を提案するなど，障害のある人の理解を得られるよう努めることが大切です。こういった法律に関する認識が社会に広がることによって，合理的配慮の要請は今後も増えることが予測されるので，組織としてもマニュアルの整備や研修等を通じ，障害や合理的配慮に関する理解，成員間での共通認識の醸成などを進める必要があるでしょう。

　また，国や地方自治体としても連携協力の責務規定を新設し，当事者や企業側からの個別の相談に対応できる体制の整備や，紛争防止や解決にあたることができる人材の育成・確保が進められることを見込んでいます。それによって，障害のある人に対する差別解消を巡る相談がスムーズに行われることが期待されます。

12.3　高齢者虐待

12.3.1　関連法規

　高齢者に対する虐待については，**高齢者虐待防止法**（2006年4月施行）で

禁止されています。この法律は，高齢者の虐待の早期発見・早期対応のために施行され，高齢者（65歳以上の者）の虐待をはじめて法的に定義しました。それには，高齢者が利用している施設や在宅サービス事業の従事者等による虐待も含まれます。また，障害者虐待と同様，経済的虐待も含まれており，財産被害防止の施策の一つとも位置づけされています。

　この法律には次の4つのポイントがあります。①対応責任など行政の役割が明確にされたこと（第3条，第6条），②虐待の類型が定義されたこと（第2条），③養護者に対する支援方法が規定されていること（第6条，第14条），④人材の専門性の強化に関する記述があること（第3条2項，第15条），です。

　この法律が施行される以前は，高齢者虐待は家庭内の問題とみなされ，行政に相談をしても対応責任が明確ではなかったため，複数の課をたらい回しにされることが少なくありませんでした。しかし，虐待に関する相談事案に対して各自治体の対応責任が明記されたことにより，行政として個別の虐待相談について情報収集し，その情報に基づいて介入することへの根拠となりました。ただし，法律には具体的な対応についての記載はありませんので，各自治体で法律に基づいた対応を具体化するためのマニュアルの整備が必要になりました。ある意味では，このことも法律施行の一つの効果といえるでしょう。

12.3.2　高齢者虐待の類型

　高齢者虐待の類型は障害者虐待と同じ分類ですが，ネグレクトについては，障害者と高齢者で内容が異なることがあります。

　経済的虐待については事情が複雑です。高齢者虐待防止法では「養護者または高齢者の親族が，当該高齢者の財産を不当に処分することその他当該高齢者から不当に財産の利益を得ること」とされています。親族の場合は，同居の有無に関わらず，当該高齢者の財産について不当に処分することは高齢者虐待にあたりますが，養護者の場合はその明確な定義がないことから，対応が異なることもあります。養護者と認定されない知人（他人と同義）が高齢者の財産を侵害した場合には，同法第27条（財産上の不当取引による被害の防止等）や刑法（詐欺や窃盗）・民法（不当利得・不法行為）の規定により対処する必要

が出てきます。このようなことを防止するためにも成年被後見人の申し立てにより高齢者の財産を守る必要があります。

　高齢者の場合，セルフ・ネグレクトということも起こります。認知症や抑うつ状態などの精神疾患，アルコール関連の問題を有するために意思確認が難しかったり，それまでの生活歴や相談歴，疾病などさまざまな理由から，「支援してほしくない」「困っていない」など，自治体等の福祉的関与を拒否する人もいます。これが原因で，生命・身体に重大な危険が生じるおそれや，場合によっては孤立死に至るリスクが高まります。

　このように介護・医療サービスの利用を拒否するなどにより，社会から孤立し，生活行為や心身の健康維持ができなくなっているセルフ・ネグレクト状態にある高齢者は，高齢者虐待防止法の対象外となっています。しかし，その場合も，高齢者の権利利益が侵害されていることが客観的に判断できる場合には，支援の必要性を総合的に判断し，虐待に準じた対応をしていく必要があります。具体的には，高齢者の見守りネットワーク等の既存のネットワークや介護保険法に基づく地域ケア会議を活用し，セルフ・ネグレクト状態にある高齢者に対応できる関係部署・機関との連携体制を構築することです。ただし，その場合も，当該高齢者の自己決定権を最大限に尊重することが重要です。

　養護者への支援では，虐待に関する理解を深めることが重要です（同法第6条，14条を参照のこと）。虐待は，事情によってはどの養護者にも起こり得ることです。養護者自身に経済的な不安があって親の年金をあてにせざるを得なかったという背景があったり，認知症についての知識がなく，介護や医療など適切な支援を受けることができなかった結果としてネグレクトのような状況に陥ってしまったという場合もあります。高齢者虐待防止法は，虐待の防止が目的であって，虐待に至ってしまった際に，虐待者を処罰する法律でも，処罰的介入を促す法律でもありません。

　高齢者虐待に限ったことではありませんが，虐待を未然に防止することがもっとも重要な課題です。そのためには，家庭内における権利意識の啓発，認知症等に対する正しい理解や介護知識の周知に加えて，介護保険制度等の利用を促進して養護者の負担軽減策をとることなどが有効といえます。虐待に結びつ

きやすい背景情報を得たときには，適切な機関の協力が得られるように，心理専門職としてもさまざまな機関に関する知識をもっておくと役に立ちます。

12.3.3　専門性の強化

最後に，専門性の強化に関して，高齢者虐待防止法には，高齢者虐待対応を「適切に実施するために，これらの事務に専門的に従事する職員を確保するよう努めなければならない」と規定されています（第15条）。これとの関連で，専門的な知識を収集したり，提供したりする立場として心理専門職への期待は高まるものと思われます。

高齢者虐待防止法では「高齢者」を65歳以上と定義していますが，65歳未満の者へ虐待が生じている場合も支援は必要です。**介護保険法**による地域支援事業の一つとして，市町村には「被保険者に対する虐待の防止及びその早期発見のための事業その他の被保険者の権利擁護のため必要な援助を行う事業」（介護保険法115条の45第2項第二号）が義務づけられており，この介護保険法の「被保険者」は65歳以上の者に限りません。また，高齢者虐待防止法でも，附則2において，「高齢者以外の者であって精神上又は身体上の理由により養護を必要とするものに対する虐待の防止等のための制度については，速やかに検討が加えられ，その結果に基づいて必要な措置が講ぜられるものとする」と規定されており，65歳未満の場合であっても虐待に対しては対応の必要性が認められています。また，高齢者で障害のある人については，先述の障害者虐待防止法の成立より，障害者虐待として対応することとなりますので，自治体においては，障害者担当と高齢者担当の連携が必要になります。

また，近隣との付き合いがなく孤立している高齢者のいる世帯などに対し，関係者による働きかけを通じてリスク要因を低減させるなど，高齢者虐待を未然に防ぐための積極的な取組みが重要となります。

復 習 問 題

1.「児童虐待の防止等に関する法律」によって虐待相談件数が増大した理由について考察してみましょう。

2. 障害のある人への虐待を抑制する因子として考えられる事柄を挙げてください。

3. 児童，障害児・者，高齢者に対する虐待を発見した場合，それぞれの場合に連絡できる共通の窓口について調べてみましょう。

参 考 図 書

鵜飼 奈津子・服部 隆志（編著）(2021). 虐待を受けた子どものアセスメントとケア——心理・福祉領域からの支援と協働——　誠信書房

　不適切な養育を受けた子どもたちがもつことが多い激しい情緒の変化に対して，個々の支援者もしくは組織としての支援者が，それを抱えながら消化していくことの重要性を説明しています。また，愛着に着目して被虐待児の支援を考えることもまとめられています。

増田 公香（2014). 当事者と家族からみた障害者虐待の実態——数量的調査が明かす課題と方策——　明石書店

　障害をもつ当事者とその家族を対象とした調査結果に基づいて学校，福祉施設などでの権利侵害及び虐待の実態について概説しています。

認 知 症

　日本では65歳以上の人を高齢者とよんでいますが，2040年頃までその数は増え続けることが推計されています。一方で，新たに生まれてくる子どもの数は減少し続けているため，総人口に対する高齢者の割合（高齢化率）は2060年頃まで上昇し続けることが予測されています。

　高齢者に多くみられる代表的な健康問題として認知症があります。認知症は「一度成熟した知能が，何らかの脳の障害のために持続的に低下し，仕事や生活に支障をきたす状態」の総称ですが，社会の高齢化に伴い認知症の人も増えることが予想されていることから，今後，ますます認知症の診断や治療，ケアは重要となり，この分野においてもこころの専門家の活躍が期待されます。

認知症とは

　認知症とは，「一度獲得された知的機能が，後天的な脳の機能障害によって全般的に低下し，社会生活や日常生活に支障をきたすようになった状態で，それが意識障害のないときにみられる」と定義されています（日本神経学会，2017）。後天的とは，生後に生じたという意味で，先天的な精神遅滞などとは区別されます。また，器質的な障害（脳の病変や損傷）によって全般的に知的機能が低下し，記憶以外にも言語や判断能力などさまざまな認知機能に障害がみられることもあります。そして，これらの障害は，せん妄などの意識障害によって一時的に生じるものではなく，継続してみられ，長期にわたって生活に影響を与えます。

　私たちは日常生活の中で多くの情報にふれますが，そのほとんどは消去され，

重要な情報のみが把持され，必要に応じて記憶として利用されます。そのため，忘れるということ自体は病気ではなく誰にでもみられます。では，一般的に経験するもの忘れと認知症の記憶障害とはどのように違うのでしょうか。一般的なもの忘れでは自覚があるのに対して，症状が進行した認知症では，多くの場合，本人に記憶障害の自覚がなく，取り繕ったりその場しのぎの行動がみられます。記憶障害の内容についても，もの忘れでは体験の一部を思い出すことができない（朝ご飯に何を食べたかを思い出せない）のに対して，症状が進行した認知症の人では体験そのものを想起できない（朝ご飯を食べたこと自体を思い出せない）ことが起こります。また，もの忘れの場合はヒントや手がかりがあると思い出せますが，進行した認知症の人では手がかりがあっても想起が難しくなります。

　こころの病気や発達障害などを診断するために世界的に使用されているDSM（「精神疾患の診断・統計マニュアル」）では，2013年に出版された第5版（Diagnostic and Statistical Manual of Mental Disorders-5; DSM-5）から，認知症の英語名が従来の dementia に代わり major neurocognitive disorder となりました。表13.1は DSM-5 で使われている認知症の診断基準です。

表13.1　DSM-5 認知症の診断基準
（American Psychiatric Association, 2013 髙橋・大野監訳 2014）

A.　1つ以上の認知領域（複雑性注意，遂行機能，学習および記憶，言語，知覚―運動，社会的認知）において，以前の行為水準から有意な認知の低下があるという証拠が以下に基づいている：
　（1）本人，本人をよく知る情報提供者，または臨床家による，有意な認知機能の低下があったという懸念，および
　（2）標準化された神経心理学的検査によって，それがなければ他の定量化された臨床的評価によって記録された，実質的な認知行為の障害
B.　毎日の活動において，認知欠損が自立を阻害する（すなわち，最低限，請求書を支払う，内服薬を管理するなどの，複雑な手段的日常生活動作に援助を必要とする）。
C.　その認知欠損は，せん妄の状況のみで起こるものではない。
D.　その認知欠損は，他の精神疾患によって上手く説明されない（例：うつ病，統合失調症）。

認知症の症状

認知症には，**中核症状**と**周辺症状**があります。中核症状とは，「新しいことを覚えられない」などの記憶障害，「今がいつであるか」や「ここがどこであるか」など状況の把握が難しくなる見当識障害，「どうしたらよいかわからない」などの判断力の低下，「自分の状況や環境がわかりにくくなる」などの理解の障害，「目的を達成するために，順を追って物事を処理することが難しくなる」などの遂行機能の低下，「うまく話せない，または聞いたことを理解できない，読むことができない」などの言語障害（失語），「（麻痺などがないにもかかわらず）これまで当たり前にできていた動作が難しくなる」などの行為の障害（失行），「見えているのに，それが何かわからない」などの感覚の障害（失認）などです。認知症の人はこのような症状のために自分の状況や他の人との会話が理解しにくくなるために，「つじつまの合わないことを言う」「同じ話ばかりする」「冷蔵庫の中が同じものばかりになる」などの変化が生じ，日常生活や周囲の人との関係性を維持することが難しくなります。

周辺症状とは，上記のような中核症状によって二次的に生じる行動や人格の変化のことで，**認知症の行動・心理症状**（Behavioral and Psychological Symptoms of Dementia; BPSD）ともよばれます。見当識や記憶障害などの中核症状によって状況の理解が難しくなり，その結果として，不安を感じ，不穏になっている場合や，記憶障害により交友関係に変化が生じ，抑うつや無為・無関心などが強まった場合などの不安や抑うつ，無為・無関心などの精神症状や行動の変化が周辺症状の例です。

中核症状はどのような認知症の人にも多かれ少なかれ共通してみられますが，周辺症状はみられなかったり，環境や周囲の人の関わり方によって強まったり弱まったりします。周辺症状は本人だけでなく，その家族など身近な人の生活にも影響を与えるため，本人や家族の生活の質（QOL）を低下させ，施設入所などを余儀なくされる事態を招きます。その意味で，認知症の人が，その人らしく，住み慣れた環境で長く生活をする上で周辺症状の理解はとても大切です。家族や周囲の人の理解や関わり方の工夫によって，周辺症状が落ち着き，

さらに認知症の状態が安定することもあるため，認知症のケアや介護において周辺症状との上手な付き合い方は重要なのです。

13.3 認知症の原因

　認知症の原因となり得る病気（原因疾患）は，表 13.2 に示すように多岐にわたり，それによって中核症状や周辺症状も異なります。たとえば，アルツハイマー病とレビー小体型認知症では障害される神経系が異なるため，前者では記憶障害が，後者では幻視や認知機能の変動が顕著で，初期症状や治療薬剤への反応性も異なります。このため，認知症の治療とケアにおいては原因疾患の鑑別が重要です。本章では，4 大認知症とよばれるアルツハイマー病，脳血管性認知症，レビー小体型認知症，前頭側頭葉変性症を取り上げて，それぞれの原因，症状，ケアの留意点などを説明します。

　認知症は年齢を重ねると有病率が上がります。そのため，加齢が最大のリス

表 13.2　認知症の原因疾患の例

神経変性疾患	アルツハイマー病，レビー型認知症，前頭側頭葉変性症，進行性核上性麻痺，大脳皮質基底核変性症，など
脳血管障害	脳梗塞，脳出血，脳動脈奇形，モヤモヤ病，など
感染症　炎症	脳炎・慢性髄膜炎，神経梅毒，エイズ（HIV），クロイツフェルト・ヤコブ病，膠原病，など
頭蓋内病変	正常圧水頭症，慢性硬膜下血腫，脳腫瘍，頭部外傷など
代謝障害内分泌異常	肝障害，腎障害，糖尿病，甲状腺，副甲状腺機能低下，副腎機能，銅代謝異常，電解質異常（Na，Ca，K，Mg）
臓器不全	腎不全，肝不全，慢性心不全，慢性呼吸不全，など
ビタミン欠乏症	ビタミン B_1・B_{12}，葉酸，ナイアシン欠乏症
中毒性疾患	薬剤（抗精神病薬，抗うつ薬，催眠鎮静薬，抗パーキンソン薬，抗コリン薬，抗てんかん薬，抗腫瘍薬，副腎皮質ホルモンなど），金属（鉛，有機水銀など），一酸化炭素中毒

ク・ファクターといえますが，その一方で，65歳未満の若い人でも発症することがあります（若年性認知症）。若年性認知症の発症率は低いのですが，就労によって家計を支えたり子育てをしていたりする年齢で発症すると，本人と家族の社会生活に大きな影響を与えます。若年性認知症の原因疾患としては，脳血管性認知症，アルツハイマー病，前頭側頭葉変性症などが多くみられます。

13.3.1　アルツハイマー病

1.　アルツハイマー病の特徴と症状

　アルツハイマー病はもっとも代表的な認知症で，進行性の神経変性（脳の神経細胞のタンパク質が変性する）により生じます。細胞外でβ（ベータ）アミロイドが，細胞内ではτ（タウ）というタンパク質が脳に異常に蓄積し，沈着することによって線維状に固まり（神経原線維変化），神経細胞が脱落することで脳が萎縮すると考えられています。

　アルツハイマー病では，脳の側頭葉の内側部にある海馬とその周辺（海馬傍回）が顕著に萎縮したり，後部帯状回から楔前部にかけて脳血流が減少したりします。海馬とその周辺は短期記憶を長期記憶に移行させるなど記憶の生成に重要な働きをしているため，その部位が萎縮し，正常に機能しなくなることにより順向性（前向性）の記憶障害がみられるようになります。また，後部帯状回や楔前部はエピソード記憶の再生に関わることから，この部位の血流低下によってこのタイプの記憶が障害を受けやすいと考えられています。これらの結果，新たに物事を記憶するのは苦手になりますが，昔の出来事の記憶は認知症が発症しても比較的維持されやすいという特徴があります。

　アルツハイマー病の初期段階では，「今がいつか」「ここがどこか」などに関わる見当識の障害と，新しく物事を覚えることができない順向性の記憶障害が特徴的にみられます。見当識障害は病気の進行に伴い，時間，場所，人の順に障害されることが一般的です。また，海馬の萎縮とともに大脳も全体的にゆっくりと萎縮するため，それに合わせて見当識や記憶以外の認知機能も徐々に低下し，言語障害，遂行機能障害，計算障害，視覚構成障害などもみられるようになります。この頃になると行動上の変化としては，一人暮らしのため自分で

買い物をしないといけない人の場合では，計算障害を補うためにお札で買い物をすることが増え，財布の中が小銭ばかりになることがあります。

　中核症状のほかに，うつや無為・無関心，妄想，幻覚などの周辺症状がみられることもあります。妄想の中でも，財布や現金，銀行通帳など，大事なものを盗られたと訴える物盗られ妄想はアルツハイマー病の人にみられやすい被害妄想で，介護や世話をしてくれる人が妄想の対象となることが多いため，家族や介護者とのコミュニケーションがとりづらくなることがあります。

2. アルツハイマー病の治療とケア

　治療においては，認知機能の低下のスピードを遅らせるために薬物療法が行われます。アルツハイマー病の人の脳では神経伝達物質の異常が認められますが，記憶や学習に関与するアセチルコリンを賦活し，認知機能の改善を目指す薬剤などが用いられます（コリンエステラーゼ阻害薬）。この薬剤には神経保護作用があるため，投薬治療によって海馬の萎縮率が下がり，認知機能の低下が緩やかになることが報告されています（Hashimoto et al., 2005）。しかし，現在行われている薬物療法は対症療法であるため，アルツハイマー病を根治する薬剤の開発が急がれます。

　すでに述べたように，認知症はさまざまな周辺症状を伴います。アルツハイマー病も同様で，認知症の進行に伴い行動・心理症状も強まります。それらは本人や介護者・家族の生活の質に影響を与えるため，**地域包括支援センター**や居宅介護支援事業所などを通して適切な社会資源や介護サービスを利用することにより，彼らにとって過ごしやすい生活が維持されるような支援を導入することが重要です。

13.3.2　脳血管性認知症

1. 脳血管性認知症の特徴と症状

　脳血管性認知症は，脳の血管が詰まったり，破れたりするなどの血管障害によって，酸素や栄養が脳に行き届かなくなることにより生じる認知症です。主な脳血管障害は脳梗塞，脳出血，くも膜下出血で，これらを合わせて脳卒中とよびます。脳卒中の前兆として一過性の脳虚血発作がみられることがあり，こ

の場合は，一時的に言葉障害，麻痺や手足のしびれなどが生じますが，通常24時間以内に消失します。一過性の脳虚血発作は脳に酸素が供給されないために症状が現れますが，神経細胞が死滅する前に血流が回復するため症状がなくなり，元に戻ります。一方，脳卒中では，持続的に脳の神経細胞が障害されるため，認知症が生じ，これが脳血管性認知症とよばれます。

脳血管性認知症の症状は，アルツハイマー病と比べると病初期の記憶障害や見当識障害が軽度である反面，脳卒中の部位により言語障害，遂行機能障害，注意障害などが部分的，かつ選択的に目立つことがあります。また，脳の左半球の血管障害では失語や失行，右半球の障害では半側空間無視や病態失認がみられるなど，影響を受ける認知機能にばらつきがあるため，「まだら認知症」とよばれることもあります。脳血管性認知症では，脳の血管障害の再発などによって脳血流の状態が悪化し，症状が階段状に進行するという特徴があります。

周辺症状としては，抑うつや無為・無関心（アパシー），不安，興奮や易怒性（怒りっぽくなる）などの精神症状に加え，血管障害の部位によっては脱抑制的な行動が生じることもあります。

2. 脳血管性認知症の予防，治療とケア

脳卒中の発症により起きる脳血管性認知症では，脳卒中の予防が肝要になりますが，そのために高血圧や糖尿病などの生活習慣病の危険因子の管理が重要です。脳血管障害の治療には抗血小板薬や血管拡張薬が使われ，認知症の中核症状に対しては，脳内の血液循環・代謝を改善する薬物が使用されます。ケアにおいては，誤嚥性肺炎や麻痺による転倒を防止するためリハビリテーションを行いますが，脳卒中による運動障害をきっかけに自宅に閉じこもり廃用症候群が生じることがあるので，これを防止するためデイケアやデイサービスの活用も大切です。

13.3.3 レビー小体型認知症

1. レビー小体型認知症の特徴と症状

レビー小体型認知症は，脳の神経細胞に α シヌクレイン（レビー小体）とよばれるタンパク質の塊ができることによって起こる認知症です。記憶障害，

幻視や妄想，抑うつ症状といった精神症状，自律神経症状（起立性低血圧や便秘など），パーキンソニズム（緩慢な動作や振戦など）など多様な症状を呈します。この認知症の特徴の一つは認知機能の変動で，その変動の間隔は数時間のこともあれば数日，数カ月といったこともあります。

　この認知症には，幻視・妄想が比較的よく発現します。幻視とは，実際には存在しないものが見えることで，レビー小体型認知症の人は「部屋に知らない子どもが来ている」などと訴えることがあります。また，アルツハイマー病の人には物盗られ妄想が多いのに対して，レビー小体型認知症では，カプグラ症候群やフレゴリ症候群などの妄想性誤認が顕著です（Simard et al., 2000）。前者は，家族や友人が外見そっくりの別人に入れ替わってしまったと思い込む妄想，後者は，まったく知らない人を見て，知人が変装していると思い込む妄想です。他にも，配偶者が浮気をしていると思い込む嫉妬妄想などがみられることもあります（Hashimoto et al., 2015）。

　レビー小体型認知症に特徴的な症状の一つに，レム睡眠行動異常症があります。これはレム睡眠期の夢が行動化を引き起こし，大きな寝言や叫び，動作，行動となる睡眠時随伴症（パラソムニア）です。こうした睡眠時の異常行動自体は50歳代以降の一般男性に0.5％程度みられますが，これがレビー小体型認知症の前駆であるとの知見があります（Schenck et al., 2013）。

2. レビー小体型認知症の予防，治療とケア

　レビー小体型認知症では，アセチルコリンに関連する神経伝達物質がアルツハイマー病よりも強く障害されるので，治療では主にこれに作用する薬剤が用いられます。その他，この認知症の人が示すパーキンソニズム，精神症状などに応じて種々の治療薬が併用されます。

　幻視・妄想などの精神症状は，本人だけでなく，介護者・家族の生活の質を低下させる原因になりやすいため，周辺症状へのケアの仕方は特に重要です。たとえば，幻視・妄想を否定するのではなく，まずは丁寧に訴えを聞き，安心感を与えるなど，受容的な対応を心がけることが大切です。しかし，本人の混乱，介護者・家族に対する拒絶が激しいときなどは，デイサービスや入院などの社会資源の活用を優先し，しばらく距離をおくことも有効です。

　パーキンソニズムでは筋肉や関節の柔軟性が失われ，歩行が小刻みになり，姿勢を保つ機能も衰えるため，レビー小体型認知症の人は転倒しやすくなります。注意障害のある人も転倒のリスクが高くなりますが，骨折は寝たきりや施設入所を招くおそれがあるので，転倒防止には十分な注意が必要です。また，自律神経障害による誤嚥，便秘，起立性低血圧などの身体状態にも注意が必要です。レビー小体型認知症の症状は変動するため，もっとも状態の悪いときを基準にケアの方針を決定するのがよいと考えられます。

13.3.4　前頭側頭葉変性症

1.　前頭側頭葉変性症の特徴と症状

　前頭側頭葉変性症では，前頭葉や側頭葉の前部の萎縮によって認知や言語の障害，人格変化や行動の異常などがみられます。この疾患はタウ（τ），TDP-43，FUS（fused in sarcoma）などの異常なタンパク質の蓄積が起こりますが，その蓄積のメカニズムは判明しておらず，症状も緩徐に進行することから難病に指定されています。この疾患は脳のどの部位が障害されるかにより，3つのタイプに分類され（図13.1），前頭葉が中心的に萎縮した場合には前頭側頭型認知症（frontotemporal dementia; FTD），左側頭葉のシルビウス裂周辺が中心的に萎縮した場合には進行性非流暢性失語（progressive non-fluent aphasia;

図 13.1　前頭側頭葉変性症の疾患概念

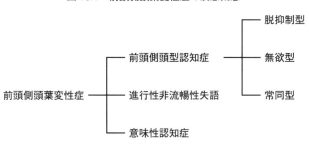

PNFA），側頭葉前部から底面が中心に萎縮した場合には意味性認知症（semantic dementia; SD）となります。他の認知症に比べて総じて発症数は少ないのですが，病気の発症が50代以降の比較的若い世代に多くみられます。

前頭側頭葉変性症は，発症してもはじめは記憶症状が目立たず，本人に病感もないのですが，徐々に進行した後，社会生活において対人関係上のトラブルや行動異常を指摘されることにより判明することが多いようです。診断にあたっても，病初期からの社会的対人関係の障害，行動統制障害，感情鈍麻，病識欠如などが中核的な臨床症状とされます（Neary et al., 1998）。

(1) 前頭側頭型認知症

前頭側頭型認知症では，前頭葉の障害を反映して，自発性の低下や無関心，感情鈍麻，共感性の低下，常同行動，食行動異常，社会的行動障害，被影響性の亢進（環境の影響を受けやすくなる），病識の欠如など，多様な症状や症候がみられます。中でも診察中や心理検査中，断りなく部屋を出ていく「立ち去り行動」はよく知られています。周囲への気配りや他者への共感性の機能が低下し，気持ちの赴くままに行動し，自己本位的にみえることから「我が道を行く」行動とよばれたりします。

また，脱抑制（状況の如何に関わらず衝動や欲求を抑えることが難しくなること）や被影響性が亢進するため衝動的になり，好きな物を大食するなどのほか，道路交通法違反，万引き，盗食，暴力などの反社会的行動を繰り返すこともあります（脱抑制型）。他にも，自分や人に対する関心が薄れるため，身だしなみが無頓着になったり，人に話しかけなくなったりする（無欲型），決まった時間に同じ行動をする時刻表的生活や，毎日同じコースを散歩するなどの常同行動などがみられることがあります（常同型）（図13.1）。

(2) 進行性非流暢性失語

病初期から言語表出の障害があり，失語症状が目立ちます。**進行性非流暢性失語**の人の失語症状は，言葉がつかえて出にくくなる非流暢性で，助詞を間違えるなどの失文法，「めがね」を「めがれ」と発音するなど音が他の音と入れ替わってしまう音韻性錯誤，相手の言った言葉をその通り繰り返すことができない復唱の障害などを特徴としています。これらは徐々に進行し，緘黙のよう

な状態にまで至ることがあります。一方，記憶や見当識は比較的保たれ，遂行機能の低下もみられず，前頭側頭型認知症のような行動障害もあまり顕著ではありません。しかし，中には病気が進行すると行動障害のような行動がみられるようになることもあります。

(3) 意味性認知症

　意味性認知症とは意味記憶の選択的な障害を特徴とし，左側頭葉に萎縮が生じた場合，物の名前が言えない，複数の物品から指示されたものを選択することができない（理解障害）といった語義失語がみられます。意味記憶が障害されるため言葉の想起や理解は困難になりますが，発話は比較的流暢で，復唱も可能です。「時計」という言葉を聞かされて復唱することはできますが，時計を見ただけでは「時計」と呼称することができず，「時計」という言葉の意味も失われます。一方，右利きの人で右側頭葉に萎縮が生じている場合は，知人や有名人の顔を見ても誰かわからない相貌失認，有名な建物についても判別することができなくなるといった症状がみられることがあります。この疾患では，食行動異常や常同行動などの行動障害も早期からみられることがあります。

2. 前頭側頭葉変性症の治療とケア

　神経変性に重要な働きをしているとされる異常タンパクの蓄積に対する根本的な治療薬はなく，投薬治療によって認知機能が改善されたとする報告はみられません。周辺症状に対してはSSRI（選択的セロトニン再取込み阻害薬）が脱抑制や常同行動の改善に効果があることが報告されています。一方，非定型抗精神病薬の使用は副作用のリスクがあるために少量にすべきで，前頭側頭葉変性症の人に薬剤のみで対応することは困難です。そのため，この認知症では，人格変化や行動障害などの症状に応じたケアが必要になります。

　ケアでは，保たれている機能を強化し，基本的な日常生活活動を維持できるような関わり方を工夫することが重要です。行動障害に対しては，適応的な行動を時刻表的行動パターン（同じ時間に決まった行動をすること）に活かすことや認知症専門病棟での短期的な集中的介入の試みが行われています。たとえば，池田ら（1996）は，万引きなどの社会的に許容されない行動を変容するために，短期間の入院期間中に適応的な行動を導入して常同行動に組み入れるル

ーティーン化療法を報告しています。

　前頭側頭葉変性症は，疾患特有の行動異常があることなどから対応可能な施設が少なく，他の認知症に対して行うような支援の導入が難しいことがあります。また，若年での発症では家族の経済的問題に直結し，さらに，自動車事故や万引きなど社会的トラブルを誘発するケースもあり，家族を含めた総合的な支援が必要になります。

13.3.5　軽度認知機能障害

　ここまで，代表的な認知症の原因疾患を紹介してきました。これらの認知症は，脳血管性認知症を除いては，健康な人に突然発症するのではなく，一定の時間をかけて徐々に進行し，もの忘れ，仕事や家事のミスなどをきっかけに気づかれることが多いようです。長い時間をかけて認知機能に関わる部位の神経細胞が少しずつ変異し，脳内ネットワークが破壊されることにより発症・進行していきます。このプロセスの初期において，認知機能が完全に正常ではないにしても，生活に大きな支障をきたしておらず，認知症とよぶには至っていない状態を軽度認知機能障害（Mild Cognitive Impairment; MCI）といいます。正常・異常の境界は明確ではありませんが，MCI とは，記憶に関する認知機能の低下やその自覚があるものの，日常生活への影響はあまりない状態を指します。表 13.3 に MCI の診断基準を示します。

　MCI の症状は，多くの場合，時間の経過とともに進行していきますが，一度 MCI と診断された人であっても，15〜16％は正常な認知機能の水準に戻る

表 13.3　**軽度認知機能障害（MCI）の診断基準**（Albert et al., 2011）

1.　以前の水準と比べて認知機能の低下がみられる。
2.　年齢や教育歴を考慮しても明らかな 1 つ以上の領域での認知機能の低下が客観的に認められる。
3.　日常生活の機能は保たれている。
4.　認知症ではない。

ことが報告されています（日本神経学会，2017）。

認知症の評価

　認知症の診断は，医師が家族や介護者から情報を集め，問診により現病歴や既往歴，服薬状況，教育歴，家族歴，生活状況について詳細に聴取し，身体所見や神経所見を診察することにより行われます。この診断では，脳画像検査や血液検査とともに心理検査による認知機能や生活機能の評価が不可欠です。認知機能については認知症スクリーニング検査や神経心理学的検査を用い，一方で，介護者から得た情報を整理することで日常の生活能力や BPSD の評価を行います。

13.4.1　認知症スクリーニング検査

　認知症のスクリーニングを目的とした検査としては，1975 年にアメリカのフォルスタインら（Folstein et al., 1975）が開発した MMSE（Mini-Mental State Examination）が世界中で広く使用されています。日本においては森ら（1985）が日本語版を作成し，これが長く使用されてきましたが，近年は日本版 MMSE-J が市販されています。MMSE は 10 分程度で実施可能な簡便な検査であり，11 項目からなります。その項目と得点は，日時と場所などに関する見当識がそれぞれ 0〜5 点（計 10 点），3 単語の即時再生と遅延再生がそれぞれ 0〜3 点（計 6 点），計算が 0〜5 点，物品呼称が 0〜2 点，復唱，書字理解，自発書字，図形描写がそれぞれ 0〜1 点，口頭での 3 段階命令が 0〜3 点で構成されています。正解の場合を 1 点，不正解の場合を 0 点として合計点を求め，0〜30 点で認知機能を評価し，合計点が 23 点以下の場合は認知症が疑われます（Tsoi et al., 2015）。

　日本では，MMSE のほかに，改訂長谷川式簡易知能評価スケール（HDS-R）が使用されてきました。HDS-R も 10 分程度で実施でき，評価項目も MMSE によく似ていますが，一部の項目に違いがあります。HDS-R は年齢や見当識，3 単語の即時記銘と遅延再生，計算，数字の逆唱，物品記銘，語の流暢性など

の 9 項目で構成されており，全正解の場合は 30 点となります。20 点以下が認知症を疑う目安とされます（加藤，1991）。

　ただし，MMSE や HDS-R のカットオフ・スコアはあくまで目安なので，それだけで診断はできません。これらの検査で高得点であっても認知症と診断されることがあります。検査の得点だけでなく，どの項目でどのように失点をしているかに注目し，その人の認知機能の特性を把握することが大切です。また，これらのスクリーニング検査では認知症の中核症状である記憶に関する検査項目（遅延再生）が 3 点しかないため，病初期で失点してしまった場合，その後に記憶障害の症状が進行しても検査の得点に反映されず，認知症の症状の進行が的確にとらえられないことがあります。そのため，重症度を評価するには，ADAS-J cog（Alzheimer's Disease Assessment Scale-cognitive component-Japanese version）などの検査とテスト・バッテリー（複数の検査を組み合わせて多面的な評価を行うこと）を組み，使用する必要があります。

13.4.2　アルツハイマー病の評価

　ADAS は，1983 年にモースら（Mohs et al., 1983）が開発した検査で，アルツハイマー病の評価によく用いられます。この検査は，もともとは認知機能障害を評価する認知パートと妄想や幻覚などの精神症状や，振戦，食欲などを評価する非認知パートからなるものでしたが，現在では認知パートだけを独立させ，ADAS-Jcog として多く使用されています。ADAS-J cog は単語の再生や再認，見当識，口頭言語能力や手指・物品呼唱などの 11 項目で構成されています。得点は 0～70 点で，高得点ほど認知機能の低下を表します。スクリーニングの検査に比べて施行に時間がかかりますが（40 分ほど），中核症状の一つである記憶障害をより詳しく測定できるので，重症度の判定や経年的な症状変化の評価に優れています。

13.4.3　抑うつ症状の評価

　認知症の初期症状としてうつ状態や抑うつ気分がみられることがあります。また，老年期うつ病の場合，うつ状態によって集中力や意欲が低下して認知機

能が低下し，認知症の症状のようにみえることがあります。このため，高齢者に対しては，認知症のスクリーニング検査とともに抑うつ症状を評価する検査の併用が勧められます。高齢者用うつ尺度短縮版（Geriatric Depression Scale-Short Version; GDS-S）は，15項目の抑うつ気分に関する質問に対して「はい」か「いいえ」で回答する評価票で，5点以上が軽度の抑うつ症状の目安とされています（杉下・朝田，2009）。これは10分程度で施行することができる簡便な検査であるため，疫学研究においても使用されることがあります。

13.4.4　軽度認知機能障害（MCI）の評価

　軽度認知機能障害や65歳未満の認知症（若年性認知症）の人では，老年期認知症と比べて記憶障害が目立たないことがあり，通常の認知症スクリーニング検査では症状を評価できないことがあります。このような場合には，リバーミード行動記憶検査（Rivermead Behavioural Memory Test; RBMT）やウェクスラー記憶検査（WMS-R）が用いられます。

　RBMTは1985年にウィルソンら（Wilson et al., 1985）が開発した検査で，2002年に日本語版が作成されました（綿森，2002）。日常生活場面を想定した内容で構成されているため，日常生活の中で困難を感じることを具体的に把握しやすいという特徴があります。また，展望的記憶とよばれる約束や用件の記憶に関する項目が含まれていることも特徴です。同じ内容の課題が4セットあるため，繰返し検査ができます。

　WMS-Rでは，一般的記憶，言語性記憶，視覚性記憶，遅延再生，注意／集中力を総合的に評価することができます。ウェクスラー式知能検査と同様，平均100，標準偏差15ですが，健常者にも実施することを念頭に開発された検査なので，難易度が高く，認知症が疑われる人には負担が大きくなることがあるので注意が必要です。

13.4.5　前頭葉機能の評価

　前頭側頭葉変性症は記憶障害よりも衝動性の亢進や自発性の低下など，行動障害が特徴的な認知症です。また，側頭葉の萎縮によって言語障害がみられる

ことが少なくないため，一般の認知症スクリーニング検査では症状の評価が難
しいことがあります。そのため，症状に合わせてテスト・バッテリーを考慮す
る必要があります。直接的に前頭側頭葉変性症を評価するわけではありません
が，注意や遂行機能などの前頭葉機能を評価することができるという点で，フ
ランスのデュボアら（Dubois et al., 2000）が開発した前頭葉機能検査（Frontal
Assessment Battery; FAB）は有用です。FAB は類似性（概念化），語の流暢性，
運動系列，葛藤指示，GO/NO-GO，把握行動の6課題からなり，抽象的理解，
抑制，被影響性の亢進などを評価することができます。特別な検査器具や検査
セットを必要とせず，短時間で簡便に行うことができ，前頭側頭型認知症の人
にみられるような症状のほか，アルツハイマー病との鑑別にも優れています。
現病歴において行動異常や人格変化が目立つケースでは有益な情報をもたらす
ことの多い検査です。

13.4.6　高齢者を対象とする心理検査の実施

　加齢に伴って，一般に，視覚，聴覚，嗅覚，味覚，触覚などの感覚器官の感
度は低下します。年齢を重ねると老眼（老年性遠視）となることや，白内障，
緑内障などの有病率も高くなります。聴覚についても高周波数の音（高い音）
が聞こえにくくなったり，周囲の音と会話の音声の判別が難しくなったりしま
す。特に聴覚情報の理解に障害があることも多く，そのような場合には，単純
に音を大きくすることでは聞こえは改善しません。

　心理検査を行う場合は，こうした高齢者の特徴を念頭に，クライエントにと
って有効なコミュニケーションの手段をその都度考え，工夫する必要がありま
す。MMSE-J や HDS-R などのように主に言語的教示に行われる検査では，失
語などがある人の場合，実際の認知機能より低い評価となることがあります。
そのため，言語障害がある場合には，レーヴン色彩マトリックス検査やコース
立方体組合せテストによる簡易的な知能検査を実施し，臨機応変に対応する必
要があります。

　これまでに紹介した検査以外にも，COGNISTAT，MoCA（Montreal Cog-
nitive Assessment），地域包括ケアシステムにおける認知症アセスメントシー

ト（Dementia Assessment Sheet for Community-based Integrated Care System-21 items; DASC-21）など優れた検査があり，それぞれに特徴があります。クライエントの特性や能力，意欲や負担感，検査の実施可能性などを十分に考慮した上で，目的に合わせて適切な心理検査を組み合わせてテスト・バッテリーを構成することになります。

　心理検査を実施する際には，クライエントが理解しやすい言葉で検査の目的を説明し，同意を得た上で実施しなければなりませんし，評価されることに対する心理的抵抗感にも配慮が必要です。検査の実施前に「とても難しい問題もある」と説明しておくと失敗に対する挫折感を少なくできるかもしれません。逆に，簡単な課題では「バカにされている」と感じることもあるので，「みんなにやってもらっている検査ですので，簡単すぎると感じてしまう問題もあるかもしれません」などと説明するのもよいでしょう。また，複数の検査を行う場合は，実施日を複数に分けたり，途中で休憩をはさむことも大切です。

　心理検査の際，注目すべきは課題の正否や得点だけではありません。たとえば，アルツハイマー病の人には，「今日は何日ですか？」と尋ねられた場合に「今日は新聞を見てこなかったから」などと答える取り繕い反応がみられることがあります（Matsushita et al., 2018）。また，前頭側頭型認知症の人では立ち去りや前の問題の答えを繰り返す保続など，それぞれの認知症に特徴的な態度や行動が検査中に現れます。このような検査時の態度や行動は疾患の診断や症状の評価において重要な情報になります。

13.5 社会的な取組み
——認知症者と家族を支える社会づくり

　2015年1月に政府は「認知症施策推進総合戦略～認知症高齢者などにやさしい地域づくりに向けて～」（新オレンジプラン）を策定しました。この政策は，認知症は誰もが関わる可能性のある身近な病気であることを前提とし，認知症になっても本人の意思が尊重され，できる限り住み慣れた地域で，自分らしく生きていくことができる社会の実現を目指すものです。新オレンジプランでは，以下の1～7を柱とし，認知症者が認知症と共により良く生きていくこ

とができるよう総合的な環境整備の施策を推進することを謳っています。

1. 認知症への理解を深めるための普及・啓発の推進

　認知症が身近な病気であることを一般の人々に広く知ってもらい，それが社会全体の認識となるよう働きかけていきます。具体的には，認知症について正しく理解し，認知症者と家族を温かく見守り支援する人を意味する「認知症サポーター」の養成を進め，そうした人たちが地域や職場などで活躍できるような取組みを拡充させます。また，学校においても認知症者を含む高齢者への理解を深めるような教育の実践を推進します。

2. 認知症の容態に応じた適時・適切な医療・介護等の提供

　認知症の早期診断・早期対応を軸に，本人を中心とした医療と介護の連携により認知症の容態の変化に対応して，切れ目のない適切な医療や介護などが提供される仕組みの実現を目指します。かかりつけ医を対象とした研修や地域でかかりつけ医の認知症診断や治療に関する相談役の役割を担う医師である「認知症サポート医」の養成を推進し，研修会などの開催の役割を担う認知症疾患医療センターの計画的な整備や，認知症に関する初期の支援を包括的に行う認知症初期集中支援センターの設置を行っています。

3. 若年性認知症施策の強化

　これまでに支援が行き届きにくく，就労など経済的問題を抱えやすかった若年性認知症の人に対して，病気の特性に配慮した就労や社会参加の支援を推進していくことが掲げられています。

4. 認知症の人の介護者への支援

　認知症の人の介護をする人を支援することは，認知症者自身の生活の質の向上にもつながるため，家族介護者の心身の負担の軽減や，介護をする人の生活と介護の両立を支援する取組みの推進を図ります。認知症者と家族が地域の人や専門家と情報を共有し，互いに理解し合う「認知症カフェ」の設置を推進し，認知症の人を介護する際の負担の軽減を図っています。

5. 認知症の人を含む高齢者にやさしい地域づくりの推進

　高齢者の生活を支援（買い物や家事の支援，宅配サービス，高齢者サロンの設置など）するとともに，生活しやすい環境（高齢者向けの住居の確保の支援，

公共施設のバリアフリー化の推進，公共の交通手段の充実など）の整備を行い，就労や地域活動やボランティア活動などの社会参加の支援，そして，地域での見守り体制の整備などの安全確保を行い，高齢者にやさしい地域づくりを推進していきます。

6. 認知症の予防法，診断法，治療法，リハビリテーションモデル，介護モデル等の研究開発及びその成果の普及の推進

　認知症の原因疾患に応じた病態解明や認知症に伴う行動・心理症状のメカニズムの解明により，認知症の予防や診断，治療，リハビリテーション，介護支援に関する研究開発の推進を行っていきます。

7. 認知症の人やその家族の視点の重視

　これまでの認知症者を支援する施策は，医療や介護，福祉を提供する支援者の視点に偏っていたのではないかという観点から，上記の1〜6のすべてに共通する理念として，認知症者やその家族の視点を重視するというのが，新オレンジプラン全体の理念です。

　日本の高齢化は加速度的に進んでおり，総務省の統計によると2021年は前年に比べて人口が51万人減少しているにもかかわらず，高齢者は22万人増加し，65歳以上の人口は3,640万人と過去最高となりました。そして，総人口に占める高齢者の割合は29.1％で，前年の28.8％から増加しています。2013年の厚生労働省の研究班の推計では，65歳以上の高齢者における認知症の人の割合は約15％ですが，高齢者ほど認知症の割合は増えることが報告されています。日本社会の高齢化は認知症の人の増加につながり，医療や介護のための国の予算を圧迫することからも，社会全体で認知症の人やその家族を支える仕組みづくりが社会的な課題といえます。

　このような社会的背景から2015年に新オレンジプランが策定され，全国各地でさまざまな取組みが行われるようになりました。新オレンジプランの前身となる「認知症施策推進5か年計画（オレンジプラン）」（2012年）が発表された当時は30カ所程度であった認知症カフェは，2019年には全国に8,000カ所近くまで増え，支援の輪は着実に広がっているといえます。その他，認知症サポーターが学ぶ機会を増やし，一般市民が認知症の人とふれ合う活動に参加

することを促すため，各地でさまざまな取組みが行われています。

復 習 問 題

1. 認知症の中核症状と周辺症状を説明してください。
2. アルツハイマー病，脳血管性認知症，レビー小体型認知症，前頭側頭葉変性症について，それぞれ症状や特徴を概説してください。
3. レビー小体型認知症で多くみられる幻覚について説明してください。

参 考 図 書

松田 修（編著）（2018）．最新老年心理学──老年精神医学に求められる心理学とは
　　──　ワールドプランニング
　　認知症だけなく，高齢者を理解するために重要なテーマが，最新の知見に基づいてまとめられています。老年心理学を学ぶためにはとても優れた著書です。
日本老年精神医学会（編）（2009）．改訂・老年精神医学講座；各論　ワールドプランニング
　　認知症や老年期のこころの病気についてより詳しく学ぶことができます。
池田 学（責任編集）（2010）．前頭側頭型認知症の臨床　中山書店
　　専門職向けの書籍ですが，日本を代表する前頭側頭型認知症の研究者が各章を執筆しています。前頭側頭型認知症の概念から診断，治療・ケア，研究の動向を詳しく解説しており，さまざまな側面から前頭側頭葉変性症を理解できます。

引 用 文 献

第1章

外務省 JAPAN SDGs Action Platform 外務省 Retrieved from https://www.mofa.go.jp/mofaj/gaiko/oda/sdgs/index.html（2023年6月23日）

内閣府（2017）. 平成28年度市民の社会貢献に関する実態調査 報告書 内閣府NPOホームページ Retrieved from https://www.npo-homepage.go.jp/uploads/h28_shimin_1.pdf

全国民生委員児童委員連合会（2018）. 民生委員制度創設100周年記念全国モニター調査報告書 第2分冊 全国民生委員児童委員連合会 Retrieved from https://www2.shakyo.or.jp/old/pdf/mjassist/100syunen2_zentai.pdf

第2章

Helliwell, J. F., Layard, R., Sachs, J. D., De Neve, J.-E., Aknin, L. B., & Wang, S.（Eds.）.（2022）. *World happiness report 2022.* New York: Sustainable Development Solutions Network.

United Nations Development Programme（2022）. *Human development report 2021/2022: Uncertain times, unsettled lives, shaping our future in a transforming world.* New York: United Nations Development Programme.

第3章

厚生労働省（2020）. 2019年 国民生活基礎調査の概況 厚生労働省 Retrieved from https://www.mhlw.go.jp/toukei/saikin/hw/k-tyosa/k-tyosa19/index.html

厚生労働省（2021）. 令和3年 障害者雇用状況の集計結果 厚生労働省 Retrieved from https://www.mhlw.go.jp/content/11704000/000871748.pdf（2023年6月23日）

厚生労働省（2022a）. 障害福祉分野の最近の動向 厚生労働省 Retrieved from https://www.mhlw.go.jp/content/12401000/000918838.pdf（2023年6月23日）

厚生労働省（2022b）. 令和3年度 児童相談所での児童虐待相談対応件数（速報値） 厚生労働省 Retrieved from https://www.m2022hlw.go.jp/content/000863297.pdf（2023年6月23日）

内閣府（2019）. 生活状況に関する調査（平成30年度）報告書 内閣府 Retrieved from https://www8.cao.go.jp/youth/kenkyu/life/h30/pdf/s3.pdf

内閣府男女共同参画局（2021）. 男女間における暴力に関する調査 報告書 厚生労働省 Retrieved from https://www.gender.go.jp/policy/no_violence/e-vaw/chousa/pdf/r02/r02danjokan-12.pdf（2023年6月23日）

齊藤万比古（研究代表者）（2010）. ひきこもりの評価・支援に関するガイドライン 厚生労働省 Retrieved from https://www.mhlw.go.jp/file/06-Seisakujouhou-12000000-Shakaiengokyoku-Shakai/0000147789.pdf（2023年6月23日）

第4章

Figley, C. R.(1995). Compassion fatigue as secondary traumatic stress disorder: An overview. In C. R. Figley(Ed.), *Compassion fatigue: Coping with secondary traumatic stress disorders in those who treat the traumatized*(pp.1-20). New York: Brunner/Mazel.

Greenberg, M. S.(1980). A theory of indebtedness. In K. Gergen, M. S. Greenberg, & R. H. Willis(Eds.), *Social exchange: Advances in theory and research*(pp.3-26). New York Plenum.

小畑 文也(2017). 福祉心理学へのいざない 太田 信夫(監修)小畑 文也(編)福祉心理学 北大路書房

Stamm, B. H.(2002). Measuring compassion satisfaction as well as fatigue: Developmental history of the Compassion Satisfaction and Fatigue Test. In C. R. Figley(Ed.), *Treating compassion fatigue*(pp.107-119). New York: Taylor & Francis.

田中 優(2011). 非被災地における被災者支援の社会心理学的問題 大妻女子大学人間関係 学部紀要 人間関係学研究, *13*, 79-88.

第5章

Beauchamp, T. L., & Childress, J. F.(2001). *Principles of biomedical ethics*(5th ed.). New York: Oxford University Press.
（ビーチャム, T. L. ・チルドレス, J. F. 立木 教夫・足立 智孝（監訳）(2009). 生命 医学倫理 第5版 麗澤大学出版会）

Frampton, S. B., Guastello, S., Hoy, L., Naylor, M., Sheridan, S., & Johnston-Fleece, M.(2017). Harnessing evidence and experience to change culture: A guiding framework for patient and family engaged care. *National Academy of Medicine*, 1-38.

Jonsen, A. R., Siegler, M., & Winslade, W. J.(2002). *Clinical ethics: A practical approach to ethical decisions in clinical medicine*(5th ed.). New York: McGraw-Hill/Appleton & Lange.
（ジョンセン, A. R.・シーグラー, M・ウィンスレイド, W. J. 赤林 朗・蔵田 伸雄・ 児玉 聡（監訳）(2006). 臨床倫理学──臨床医学における倫理的決定のための実践的な アプローチ── 第5版 新興医学出版社）

金沢 吉展(2006). 臨床心理学の倫理をまなぶ 東京大学出版会

日本心理研修センター（監修）(2019). 公認心理師現任者講習会テキスト 改訂版 金剛出 版

第6章

相川 充(2000). 人づきあいの技術──社会的スキルの心理学── サイエンス社

相川 充・佐藤 正二（編）(2006). 実践！ソーシャルスキル教育 中学校──対人関係能力 を育てる授業の最前線── 図書文化

Cohen, J. A., Bukstein, O., Walter, H., Benson, R. S., Chrisman, A., Farchione, T. R., ...Stock, S. (2010). Practice parameter for the assessment and treatment of children and adolescents with posttraumatic stress disorder. *Journal of the American Academy of Child and Adolescent Psychiatry, 49*, 414-430.

後藤 雅博（2004）．心理教育的アプローチ　氏原 寛・亀口 憲治・成田 善弘・東山 紘久・山中 康裕（編）心理臨床大辞典　改訂版（p.1262）　培風館

市橋 直哉（1999）．学校における心理教育的アプローチの構造——形式的側面を中心にして——　東京大学大学院教育学研究科紀要, *39*, 245-253.

市川 千秋（1999）．アクションリサーチとしてのいじめ解決プログラム——肯定的メッセージ法の実践と効果——　日本教育心理学会総会発表論文集, *41*, 96.

國分 康孝（監修）小林 正幸・相川 充（編著）（1999）．ソーシャルスキル教育で子どもが変わる　小学校——楽しく身につく学級生活の基礎・基本——　図書文化

厚生労働省（2021）．公認心理師の活動状況等に関する調査　日本公認心理師協会　Retrieved from https://www.jacpp.or.jp/document/pdf/00-all-FY2020_mhlw_shogaifukushi_research_final.pdf（2023 年 11 月 1 日）

Masia-Warner, C., Klein, R. G., Dent, H. C., Fisher, P. H., Alvir, J., Albano, A. M., & Guardino, M. （2005）．School-based intervention for adolescents with social anxiety disorder: Results of a controlled study. *Journal of Abnormal Child Psychology, 33*, 707-722.

Mayer, G. R.（2002）．Behavioral strategies to reduce school violence. *Child and Family Behavior Therapy, 24*, 83-100.

浦田 重治郎（主任研究者）（2004）．心理教育を中心とした心理社会的援助プログラムガイドライン　統合失調症の治療およびリハビリテーションのガイドライン作成とその実証的研究　心理社会的介入共同研究班

第9章

Diener, E., Suh, E. M., Lucas, R. E., & Smith, H. L.（1999）．Subjective well-being: Three decades of progress. *Psychological Bulletin, 125*（2）, 276-302.

Kahn, R. L., & Antonucci, T. C.（1980）．Convoys over the life course: Attachment, roles, and social support. In P. B. Baltes, & O. G. Brim（Eds.）, *Life-span development and behavior*. Vol.3 （pp.253-286）．NewYork: Academic Press.

国際連合日本政府代表部（2016）．ステートメント　国際連合日本政府代表部　Retrieved from https://www.un.emb-japan.go.jp/jp/statements/okamura071316.html（2023 年 7 月 10 日）

厚生労働省（2013）．平成 25 年国民健康・栄養調査報告　厚生労働省　Retrieved from https://www.mhlw.go.jp/bunya/kenkou/eiyou/dl/h25-houkoku-07.pdf（2023 年 7 月 10 日）

厚生労働省（2020）．平成 30 年国民健康・栄養調査報告　厚生労働省　Retrieved from https://www.mhlw.go.jp/content/000615344.pdf（2023 年 7 月 10 日）

厚生労働省（2022）．年齢（5 歳階級）別にみた熱中症による死亡数の年次推移（平成 7 年〜令和 3 年）——人口動態統計（確定数）より——　厚生労働省　Retrieved from https://

www.mhlw.go.jp/toukei/saikin/hw/jinkou/tokusyu/necchusho21/dl/nenrei.pdf（2023 年 7 月 10 日）

Lawton, M. P.（1975）. The Philadelphia Geriatric Center Moral Scale: A revision. *Journal of Gerontology, 30*（1）, 85-89.

内閣府（2018）. 平成 30 年版 高齢社会白書　日経印刷

内閣府（2019）. 老後の生活設計と公的年金に関する世論調査　内閣府　Retrieved from https://survey.gov-online.go.jp/h30/h30-nenkin/index.html

内閣府（2021）. 令和 3 年版 高齢社会白書　日経印刷

内閣府（2022）. 令和 4 年版 高齢社会白書　サンワ

日本老年学会・日本老年医学会（2017）. 高齢者に関する定義検討ワーキンググループ 報告書　日本老年学会・日本老年医学会

Park, D. C., Lautenschlager, G., Hedden, T., Davidson, N. S., Smith, A. D., & Smith, P. K.（2002）. Models of visuospatial and verbal memory across the adult life span. *Psychology and Aging, 17*（2）, 299-320.

Schaie, K. W.（1994）. The course of adult intellectual development. *American Psychologist, 49*（4）, 304-313.

Schaie, K. W., & Willis, S. L.（2001）. *Adult development and aging*（5th ed.）. Englewood Cliffs, NJ: Prentice Hall.
　（シャイア，K. W. ・ウィルス，S. L.　岡林 秀樹（訳）（2006）. 成人発達とエイジング 第 5 版　ブレーン出版）

島井 哲志・山宮 裕子・福田 早苗（2018）. 日本人の主観的幸福感の現状──加齢による上昇傾向──　日本公衆衛生雑誌, *65*（9）, 553-562.

総務省統計局（2018）. 平成 29 年就業構造基本調査　結果の概要　総務省統計局　Retrieved from https://www.stat.go.jp/data/shugyou/2017/pdf/kgaiyou.pdf（2023 年 7 月 10 日）

第 10 章

Bonta, J., & Andrews, D. A.（2016）. *The psychology of criminal conduct*（6th ed.）. New York: Routledge.
　（ボンタ，J. ・アンドリュース，D. A.　原田 隆之（訳）（2018）. 犯罪行動の心理学　原著第 6 版　北大路書房）

福永 英彦（2019）. 児童相談所　吉田 幸恵・山懸 文治（編著）新版　よくわかる子ども家庭福祉　ミネルヴァ書房

法務省（2023）. 少年院　法務省　Retrieved from https://www.moj.go.jp/kyousei1/kyousei_kyouse04.html（2023 年 6 月 10 日）

柑本 美和（2020）. 通告の対象──要保護児童──　磯谷 文明・町野 朔・水野 紀子（編集代表）実務コンメンタール 児童福祉法・児童虐待防止法　有斐閣

森 丈弓・荒井 崇史・嶋田 美和・大江 由香・杉浦 希・角田 亮（2021）. 司法・犯罪心理学　サイエンス社

裁判所（2023）．家庭裁判所調査官　裁判所　Retrieved from https://www.courts.go.jp/saiyo/saiyoujyouhounabi/message/tyousakan/index.html（2023 年 6 月 10 日）

第 11 章

厚生労働省（2012）．病床区分別の状況と経緯　第 1 回精神科医療の機能分化と質の向上等に関する検討会 資料 3　厚生労働省　Retrieved from https://www.mhlw.go.jp/stf/shingi/2r985200000264pr-att/2r985200000264x9.pdf（2023 年 6 月 24 日）

厚生労働省（2015）．合理的配慮指針　平成 27 年厚生労働省告示第 117 号　厚生労働省　Retrieved from https://www.mhlw.go.jp/file/06-Seisakujouhou-11600000-Shokugyouanteikyoku/0000082153.pdf（2023 年 6 月 24 日）

厚生労働省（編）（2019）．平成 30 年度版 厚生労働白書――障害や病気などと向き合い，全ての人が活躍できる社会に――　日経印刷

厚生労働省（2022）．参考資料　第 13 回 地域で安心して暮らせる精神保健医療福祉体制の実現に向けた検討会参考資料 1　厚生労働省　Retrieved from https://www.mhlw.go.jp/content/12200000/000940708.pdf（2023 年 6 月 24 日）

厚生労働省社会・援護局障害保健福祉部・こども家庭庁支援局障害児支援課（2023）．障害福祉サービス等について　第 28 回障害福祉サービス等報酬改定検討チーム参考資料 1　厚生労働省　Retrieved from https://www.mhlw.go.jp/content/12401000/001098286.pdf（2023 年 6 月 24 日）

文部科学省（2012）．通常の学級に在籍する発達障害の可能性のある特別な教育的支援を必要とする児童生徒に関する調査結果について　文部科学省　Retrieved from https://www.mext.go.jp/a_menu/shotou/tokubetu/material/__icsFiles/afieldfile/2012/12/10/1328729_01.pdf（2023 年 6 月 24 日）

内閣府（2022）．令和 4 年版 障害者白書　日経印刷

内閣府（2023）．障害者に関係するマークの一例　内閣府　Retrieved from https://www8.cao.go.jp/shougai/mark/mark.html（2023 年 6 月 24 日）

「障害」の表記に関する作業チーム（2010）．「障害」の表記に関する検討結果について　第 26 回障がい者制度改革推進会議資料 2　内閣府　Retrieved from https://www8.cao.go.jp/shougai/suishin/kaikaku/s_kaigi/k_26/pdf/s2.pdf（2023 年 6 月 24 日）

第 12 章

Allport, G. W.（1954）．*The nature of prejudice.* Cambridge, MA: Addison-Wesley.
　　（オルポート，G. W. 原谷 達夫・野村 昭（訳）（1961）．偏見の心理　培風館）

男女共同参画局（2021）．令和 3 年版 男女共同参画白書　勝美印刷

芳賀 康朗・青木 天平（2021）．共感性と統制可能性が援助行動に及ぼす影響　皇學館大学紀要，*59*，286-302.

河内 清彦（2004）．障害学生との交流に関する健常大学生の自己効力感及び障害者観に及ぼす障害条件，対人場面及び個人的要因の影響　教育心理学研究，*52*，437-447.

河内 清彦（2006）．障害者等との接触経験の質と障害学生との交流に対する健常学生の抵抗
　　感との関連について──障害者への関心度，友人関係，援助行動，ボランティア活動を
　　中心に──　教育心理学研究，*54*，509-521．

厚生労働省（2021a）．児童虐待防止対策　厚生労働省　Retrieved from https://www.mhlw.
　　go.jp/stf/seisakunitsuite/bunya/kodomo/kodomo_kosodate/dv/index.html（2021 年 9 月
　　10 日）

厚生労働省（2021b）．令和 3 年度　児童相談所での児童虐待相談対応件数（速報値）　厚生
　　労働省　Retrieved from https://www.mhlw.go.jp/content/11900000/000987725.pdf（2023
　　年 11 月 1 日）

日本公認心理師協会（2021）．公認心理師の活動状況等に関する調査　厚生労働省　Re-
　　trieved from https://www.mhlw.go.jp/content/12200000/000798636.pdf（2021 年 9 月 10
　　日）

日本小児科学会こどもの生活環境改善委員会（2022）．子ども虐待診療の手引き　第 3 版
　　日本小児科学会　Retrieved from https://www.jpeds.or.jp/uploads/files/20220328_g_tebiki
　　_3.pdf（2023 年 11 月 1 日）

酒井 貴庸（2016）．発達障害（傾向）のある生徒にかかわる教職員を支える──学校教職員
　　に対する研修の実際──　日本学校心理学会第 18 回大会教育講演

酒井 貴庸・金澤 純一郎・坂野 雄二（2012）．高等学校教師の自閉症スペクトラム障害理解度
　　と ASD 傾向の生徒における精神的健康状態の関連　日本教育心理学会第 54 回総会発表
　　論文集，438．

山﨑 晃資・牛島 定信・栗田 広・青木 省三（編著）（2012）．現代児童青年精神医学　改訂第
　　2 版　永井書店

第13章

Albert, M. S., DeKosky, S. T., Dickson, D., Dubois, B., Feldman, H. H., Fox, N. C., ...Phelps, C.
　　H.（2011）. The diagnosis of mild cognitive impairment due to Alzheimer's disease: Recom-
　　mendations from the National Institute on Aging-Alzheimer's Association workgroups on
　　diagnostic guidelines for Alzheimer's disease. *Alzheimer's and Dementia, 7*, 270-279.

American Psychiatric Association（2013）. *Diagnostic and statistical manual of mental disorders:
　　DSM-5*. American Psychiatric Association.
　　（アメリカ精神医学会　髙橋 三郎・大野 裕（監訳）（2014）．DSM-5 精神疾患の診断・統
　　計マニュアル　医学書院）

Dubois, B., Slachevsky, A., Litvan, I., & Pillon, B.（2000）. The FAB: A frontal assessment bat-
　　tery at bedside. *Neurology, 55*, 1621-1626.

Folstein, M. F., Folstein, S. E., & McHugh, P. R.（1975）. "Mini-mental state": A practical method
　　for grading the cognitive state of patients for the clinician. *Journal of Psychiatric Research,
　　12*, 189-198.

Hashimoto, M., Kazui, H., Matsumoto, K., Nakano, Y., Yasuda, M., & Mori, E.（2005）. Does donepezil treatment slow the progression of hippocampal atrophy in patients with Alzheimer's disease? *The American Journal of Psychiatry, 162*, 676-682.

Hashimoto, M., Sakamoto, S., & Ikeda, M.（2015）. Clinical features of delusional jealousy in elderly patients with dementia. *The Journal of Clinical Psychiatry, 76*, 691-695.

池田 学・今村 徹・池尻 義隆・下村 辰雄・博野 信次・中川 賀嗣・森 悦朗（1996）. Pick病患者の短期入院による在宅介護の支援　精神神経学雑誌, *98*, 822-829.

加藤 信司・下垣 光・小野寺 敦志・植田 宏樹・老川 賢三・池田 一彦…長谷川 和夫（1991）. 改訂長谷川式簡易知能評価スケール（HDS-R）の作成　老年精神医学雑誌, *2*, 1339-1347.

Matsushita, M., Yatabe, Y., Koyama, A., Katsuya, A., Ijichi, D., Miyagawa, Y., …Hashimoto, M.（2018）. Are saving appearance responses typical communication patterns in Alzheimer's disease? *PLoS ONE, 13*（5）, e0197468.

Mohs, R. C., Rosen, W. G., & Davis, K. L.（1983）. The Alzheimer's Disease Assessment Scale: An instrument for assessing treatment efficacy. *Psychopharmacology Bulletin, 19*, 448-450.

森 悦朗・三谷 洋子・山鳥 重（1985）. 神経疾患患者における日本語版 Mini-Mental State テストの有用性　神経心理学, *1*, 82-100.

Neary, D., Snowden, J. S., Gustafson, L., Passant, U., Stuss, D., Black, S., …Benson, D. F.（1998）. Frontotemporal lobar degeneration: A consensus on clinical diagnostic criteria. *Neurology, 51*（6）, 1546-1554.

日本神経学会（監修）「認知症疾患診療ガイドライン」作成委員会（編）（2017）. 認知症疾患診療ガイドライン 2017　医学書院

Schenck, C. H., Boeve, B. F., & Mahowald, M. W.（2013）. Delayed emergence of a Parkinsonian disorder or dementia in 81% of older men initially diagnosed with idiopathic rapid eye movement sleep behavior disorder: A 16-year update on a previously reported series. *Sleep Medicine, 14*, 744-748.

Simard, M., van Reekum, R., & Cohen, T.（2000）. A review of the cognitive and behavioral symptoms in dementia with Lewy bodies. *The Journal of Neuropsychiatry and Clinical Neurosciences, 12*, 425-450.

杉下 守弘・朝田 隆（2009）. 高齢者用うつ尺度短縮版――日本版（Geriatric Depression Scale-Short Version-Japanese, GDS-S-J）の作成について――　認知神経科学, *11*, 87-90.

Tsoi, K. K. F., Chan, J. Y. C., Hirai, H. W., Wong, S. Y. S., & Kwok, T. C. Y.（2015）. Cognitive tests to detect dementia: A systematic review and meta-analysis. *JAMA Internal Medicine, 175*, 1450-1458.

綿森 淑子（2002）. 行動学的記憶検査法――日本版リバーミード行動記憶検査（日本版RBMT）の有用性について――　神経心理学, *18*, 157-162.

Wilson, B. A., Cockburn, J., & Baddeley, A.（1985）. *Rivermead Behavioural Memory Test*. London: Thames Valley Test Company.

人名索引

事 項 索 引

著 者 紹 介

八田　純子（はった　じゅんこ） （第 1〜5 章）

1999 年　東北大学文学部卒業

2001 年　東北大学大学院文学研究科人間科学専攻博士前期課程修了

2006 年　東北大学大学院文学研究科人間科学専攻博士後期課程修了

現　　在　愛知学院大学心理学部心理学科教授

　　　　　博士（文学）　公認心理師　臨床心理士

主 要 著 書

『感情マネジメントと癒しの心理学』（分担執筆）（朝倉書店，2011）

『ミス・コミュニケーション──なぜ生ずるか　どう防ぐか』（分担執筆）（ナカニシ
　　ヤ出版，2011）

山本　佳子（やまもと　よしこ） （第 11 章）

1980 年　福島大学教育学部卒業

1986 年　上越教育大学大学院学校教育研究科学校教育専攻教育基礎コース修了

2010 年　東北大学大学院文学研究科人間科学専攻心理学専攻分野修了

現　　在　医療創生大学心理学部臨床心理学科教授

　　　　　博士（文学）　公認心理師　臨床心理士

主 要 著 書

『やさしい統合失調症の自己管理』（分担執筆）（医薬ジャーナル社，2009）

『心の科学──基礎から学ぶ心理学』（分担執筆）（明星大学出版部，2011）

酒井　貴庸（さかい　たかのぶ） (第6，12章)

2012-2014 年　日本学術振興会特別研究員（DC1）

2014-2017 年　名古屋大学大学院教育発達科学研究科助教

2018 年　筑波大学大学院人間総合科学研究科障害科学専攻博士課程後期課程単位取
　　　　　得退学

現　　在　甲南女子大学人間科学部心理学科准教授

　　　　　修士（臨床心理学）　公認心理師　臨床心理士

主要著書・訳書

『場面緘黙の子どもの治療マニュアル──統合的行動アプローチ』（分担訳）（二瓶社，
　2018）

『教職をめざす人のための特別支援教育──基礎から学べる子どもの理解と支援』（分
　担執筆）（福村出版，2021）

松下　正輝（まつした　まさてる） (第13章)

2011 年　大阪大学大学院医学系研究科予防環境医学専攻博士課程修了

2014 年　Division of Behavioral Neurology, Department of Neurology, National Cheng
　　　　　Kung University, Research Fellow

2015 年　熊本大学大学院生命科学研究部附属臨床医学教育研究センター特任助教

現　　在　甲南女子大学人間科学部心理学科講師

　　　　　博士（医学）　公認心理師　臨床心理士

主要著書

『不眠の医療と心理援助──認知行動療法の理論と実践』（分担執筆）（金剛出版，
　2010）

『心のサイエンス──精神医学の進む道』（分担執筆）（メディカルレビュー社，
　2015）

川島　芳雄（かわしま　よしお）　　　　（第7, 8章）

2014 年　兵庫教育大学大学院学校教育研究科臨床心理コース卒業

2023 年　兵庫県立大学大学院経営専門職大学院卒業

　　　　　元甲南女子大学教授，立命館大学嘱託教員

現　　在　福祉介護事業メンタルヘルス研究室主宰

　　　　　修士（教育学）　MBA　公認心理師　臨床心理士　社会福祉士

主 要 著 書

『入門心理学――実験室からフィールドまで』（分担執筆）（ナカニシヤ出版，2016）

『保健医療福祉職に必要な社会福祉学』（丸善出版，2017）

八田　武俊（はった　たけとし）　　　　（第9章）

1998 年　信州大学理学部卒業

2001 年　東北大学大学院文学研究科人間科学専攻博士前期課程修了

2005 年　東北大学大学院文学研究科人間科学専攻博士後期課程修了

現　　在　京都女子大学発達教育学部心理学科教授　博士（文学）

主 要 著 書

『社会心理学概説』（分担執筆）（北大路書房，2007）

『紛争・暴力・公正の心理学』（分担執筆）（北大路書房，2016）

森　文弓（もり　たけみ）　　　　（第10章）

1993 年　東北大学文学部卒業

2004 年　筑波大学大学院教育研究科カウンセリング専攻カウンセリングコース修了

2014 年　東北大学大学院文学研究科博士課程後期課程人間科学専攻単位取得退学

現　　在　甲南女子大学人間科学部心理学科教授

　　　　　博士（文学）　公認心理師　臨床心理士

主 要 著 書

『犯罪心理学――再犯防止とリスクアセスメントの科学』（ナカニシヤ出版，2017）

『司法・犯罪心理学』（共著）（サイエンス社，2021）

ライブラリ 心理学の杜＝17

福祉心理学

2024 年 1 月 25 日ⓒ　　　　　　初 版 発 行

著　者　八 田 純 子　　　発行者　森 平 敏 孝
　　　　山 本 佳 子　　　印刷者　中 澤　　眞
　　　　酒 井 貴 庸　　　製本者　小 西 惠 介
　　　　松 下 正 輝
　　　　川 島 芳 雄
　　　　八 田 武 俊
　　　　森　　丈 弓

発行所　　**株式会社　サイエンス社**

〒151-0051　東京都渋谷区千駄ヶ谷 1 丁目 3 番 25 号
営業 TEL　(03)5474-8500(代)　　振替 00170-7-2387
編集 TEL　(03)5474-8700(代)
FAX　　　(03)5474-8900

組版　ケイ・アイ・エス
印刷　㈱シナノ　　　　　製本　ブックアート
《検印省略》

サイエンス社のホームページのご案内
https://www.saiensu.co.jp
ご意見・ご要望は
jinbun@saiensu.co.jp　まで.

ISBN978-4-7819-1583-8

PRINTED IN JAPAN

心理学研究法

本多明生・山本浩輔・柴田理瑛・北村美穂 共著
A5 判・304 頁・本体 2,600 円（税抜き）

本書は，心理学研究法をはじめて学ぶ方のための教科書です。途中で挫折することなく，最後まで楽しく読み終えることができるよう，最近の話題や身近な例，時にはユーモアを交えて，親しみやすくわかりやすく執筆されました。初歩的な内容にとどまらず，研究を行うときに役に立つ実践的な情報も含められています。公認心理師，認定心理士等の資格取得を目指す方にもおすすめの一冊です。

サイエンス社

司法・犯罪心理学

森　丈弓・荒井崇史・嶋田美和
大江由香・杉浦　希・角田　亮 共著
A5判・344頁・本体2,800円（税抜き）

本書は，司法・犯罪心理学の最新の教科書です。学識・実務経験豊かな著者陣が，多岐にわたる領域をカバーし，斯学の基礎から発展までを統一的にまとめています。構成についても，大学の標準的な講義に対応した章立てとし，通読することで総合的な理解が得られるよう配慮しています。また，公認心理師試験等の資格試験の設問にも対応できるよう，各章末に復習問題を用意しています。

【主要目次】

サイエンス社

臨床心理学概論

若島孔文・佐藤宏平・平泉　拓・高木　源 共著
A5判・320頁・本体2,800円（税抜き）

本書は，臨床心理学の入門的な教科書です。公認心理師カリキュラムを参照しながら初学者が把握すべき事項を厳選し，臨床心理学の基本的な考え方，心理に関する支援の方法について，できるだけ平易な表現で説明しています。公認心理師試験も視野に入れ，各章末には復習問題を設け，学習を深めるための参考図書を紹介しています。初めて学ぶ方から心理職を目指す方まで，おすすめの一冊です。

【主要目次】

サイエンス社